国家自然科学基金青年科学基金项目（41201165）
杭州市哲学社会科学规划课题（M15JC035）
浙江工业大学人文社会科学后期资助项目
浙江省自然科学基金项目（LY16D010008）
浙江省哲学社会科学规划课题（16NDJC211YB）

城市综合体

——零售业态演变视角下的消费空间

Urban Complex: Consumption Space based on the Evolution of Retail Industry

武前波　黄　杉　著

中国建筑工业出版社

图书在版编目（CIP）数据

城市综合体——零售业态演变视角下的消费空间/武前波，黄杉著．—北京：中国建筑工业出版社，2016.5
ISBN 978-7-112-19230-4

Ⅰ．①城…　Ⅱ．①武…②黄…　Ⅲ．①城市经济-经济发展-研究-中国　Ⅳ．①F299.2

中国版本图书馆CIP数据核字（2016）第050074号

城市综合体是近年来中国城市出现的特定商业空间现象。本书针对以购物中心为核心业态的商业综合体或城市综合体开展深入研究，包括空间分布、规模等级、功能业态、运营机制等方面，由此揭示当前大都市空间组织的重要特征及其面临的问题挑战，以更好地推动城市经济社会的健康发展。

全书可供广大城市规划师、城市管理人员、高等院校城市规划专业师生员工等学习参考。

责任编辑：吴宇江
责任校对：李欣慰　张　颖

城市综合体
——零售业态演变视角下的消费空间
武前波　黄　杉　著

*

中国建筑工业出版社出版、发行（北京西郊百万庄）
各地新华书店、建筑书店经销
唐山龙达图文制作有限公司制版
北京中科印刷有限公司印刷

*

开本：787×1092毫米　1/16　印张：9½　字数：232千字
2016年6月第一版　2016年6月第一次印刷
定价：**35.00**元
ISBN 978-7-112-19230-4
（28436）

版权所有　翻印必究
如有印装质量问题，可寄本社退换
（邮政编码 100037）

前　　言

亚里士多德曾经说过，“人们为了生活来到城市，为了生活得更好留在城市”。2010年全世界的城市人口比重达到51.6%，超过半数的人口开始居住在城市。2011年中国城市化率首次突破50%，城镇人口合计6.91亿，这意味着城镇人口超过农村人口，中国开始全面进入城市社会新时期。2014年我国成为继美国之后第二个国内生产总值（GDP）达到10万亿美元的国家，人均GDP约为7485美元，东部沿海发达地区突破1万美元，全国海外出境游突破1亿人次，这些意味着我国已经进入国际经验的消费高峰值区。

城市作为“神圣、安全、繁忙”之地，自古以来与发达的商业经济息息相关，消费空间的形式也被一次次刷新，从传统沿街店铺到近代百货商场，以及现代超级市场、便利店、购物中心的兴起，互联网信息技术也正在解构与重构传统零售业态。但由于城市的地点性和人类的群聚性，实体消费空间至今仍然充满着勃勃生机，甚至将更多的地方场所纳入消费空间范畴，如主题公园、历史街区、博物馆、创意园区、特色小镇等。同时，国内外资本与全球消费文化正在重塑我国大都市的经济、社会、文化及其空间形态，如“新天地”、万达广场、商业步行街、购物中心等消费空间的快速复制。

城市综合体是近年来中国城市出现的特定商业空间现象，从北上广深一线城市到各个省区的首位城市及二、三线城市，乃至沿海发达地区的县级城市，均投入到城市综合体或购物中心的商业地产开发过程中，似乎具有愈演愈烈的发展趋势。不同于发达国家由零售商或金融商主导操纵的购物中心开发，国内城市综合体更多是由地产开发商介入运作，由此出现了没有充分考虑城市消费市场，而进行盲目过度开发的行为，给城市经济社会发展带来负面影响作用。同时，在电子网络零售商风起云涌的背景下，作为新时期消费空间的重要形式，商业综合体能否代表未来消费空间的主要发展趋势，以满足城市居民的日常生活所需，这也是一个值得深入思考的重要问题。

基于以上城市商业发展态势以及国内外城市现实背景，我们有必要认真梳理消费空间的历史演变脉络及其未来发展趋势，从中明晰较长时期内商业空间变化与重构的重要影响因素。同时，针对以购物中心为核心业态的商业综合体或城市综合体开展深入研究，包括空间分布、规模等级、功能业态、运营机制等方面，由此来揭示当前大都市空间组织的重要特征及其面临的问题挑战，以更好地推动城市经济社会的健康发展。

本书是笔者在教学科研工作之余思考的结果。2008年针对西方消费文化理论及其空间特征进行过梳理分析。2011年受绿城置业发展有限公司资助委托，开展了商业空间的演变脉络回顾及其未来趋势判断，对国内外城市综合体类型模式进行总结，并提出了中国一、二、三、四线城市评估开发体系。2014年选取杭州3个典型商业综合体，指导浙江工业大学城乡规划专业本科生实地调查，并形成相关调研报告。在上述工作基础之上，笔者进行了全面总结提炼和修改完善，最后形成了本书的主要内容，其中部分成果已发表在《经济地理》、《现代城市研究》、《中国名城》等期刊，并被中国人民大学复印报刊资料

《贸易经济》全文转载。

本书的章节撰写情况如下：第一、二、八章由武前波完成，第三、五章由武前波、黄杉、崔万珍完成，第四章由黄杉、武前波、崔万珍完成，第六章由武前波、王圣云、黄杉完成，第七章由武前波、崔万珍完成。同时，参与相关数据资料整理的有城乡规划专业2006级本科生陈濛、徐峰，参加杭州典型商业综合体调查的包括2010级本科生蔡安娜、丁浪、吴松霖、吴苇杭。

本书的研究工作得到国家自然科学基金项目“社会网络视角下的长三角全球城市区域空间组织”、杭州市哲学社会科学规划课题“杭州商业综合体建设现状绩效评价与优化策略研究”以及浙江工业大学人文社科后期资助项目的支持。特别感谢华东师范大学宁越敏教授在国内商业地理领域早期的开创性研究，以及对笔者的指导启示。浙江工业大学陈前虎教授在教学、科研及日常生活中给予了笔者关怀和支持，在此也深表感谢。

武前波

2015年7月于杭州

目　录

第一章　导论……1
一、研究背景与理论回顾……1
（一）研究背景……1
（二）理论回顾……2
二、基本概念辨析……5
（一）零售业态……5
（二）城市综合体……9
第二章　城市消费文化与消费空间……13
一、城市经济形态：从生产到消费……13
（一）生产方式转型——从福特主义到灵活积累……13
（二）消费经济浮现——全球消费主义兴起……14
（三）符号消费与文化、创意产业……14
（四）文化经济与城市发展……15
二、后工业城市空间结构：消费空间崛起与社会空间异化……15
（一）城市商业模式：从麦当劳化到迪士尼化……15
（二）城市空间迪士尼化及消费主义批判……16
（三）城市创意与消费空间崛起……16
（四）城市社会空间异化……18
（五）小结：后工业城市消费空间的理论框架……18
三、中国大城市空间形态：生产空间与消费空间并存……19
（一）城市进程具有“时空压缩”的特征……19
（二）消费经济逐步成为新兴经济重要增长点……20
（三）“生产空间”与“消费空间”并存……20
四、消费经济——中国大城市发展的机遇？……21
第三章　城市消费空间的演变历程及其发展趋势……22
一、历史时期城市商业空间的产生与发展……22
（一）中国城市商业空间的发展历程……22
（二）欧洲城市商业空间的发展过程……24
（三）近现代城市商业空间的发展态势……25
（四）小结：城市与商业的共存……28

二、现代城市消费空间的演变特征与未来趋势 …… 28
（一）西方发达国家城市消费空间的演变过程 …… 28
（二）我国城市消费空间的发展历程 …… 30
（三）城市消费空间演变的动力机制分析 …… 31
三、从人类需求特征变化到城市生活综合体开发 …… 35
（一）基于消费者群体的城市商业空间演进 …… 35
（二）从人类需求特征到城市生活设施 …… 36
（三）人类理想生活空间的设定——城市综合体 …… 38
第四章　国内外城市综合体的发展特征与类型模式 …… 39
一、城市综合体的分布特征与功能业态 …… 39
（一）空间分布特征 …… 39
（二）等级规模演化 …… 40
（三）功能类型与业态比例 …… 40
二、城市综合体开发模式的归类与总结 …… 44
（一）主流城市综合体 …… 44
（二）非主流城市综合体 …… 45
三、城市综合体的内涵与反思 …… 47
第五章　城市综合体的演变格局与开发运营：以万达广场为例 …… 49
一、万达广场的发展历程与产品特征 …… 49
（一）综合体发展历程 …… 49
（二）综合体产品特征 …… 49
二、万达广场的空间分布与建筑规模 …… 50
（一）城市开发布局 …… 50
（二）建筑体量规模 …… 52
（三）区位选择的动因机制 …… 54
三、万达广场的业态组合与运营模式 …… 56
（一）业态组合与空间布局 …… 56
（二）持有商业比例与运营模式 …… 58
四、万达广场的发展趋势 …… 61
（一）海内外扩张步伐加快 …… 61
（二）文化旅游型综合体崛起 …… 61
（三）电子商务积极融入 …… 63
（四）经营模式轻资产化 …… 63
五、小结 …… 64
第六章　城市综合体开发的中国城市评估体系 …… 65
一、中国一、二、三、四线城市的发展阶段 …… 65

（一）经济周期规律与我国城市化发展趋势 …… 65
（二）一、二、三、四线城市的基本内涵及其界定 …… 68
（三）当前中国城市发展阶段判断 …… 69
二、中国一、二、三、四线城市评价与分析 …… 71
（一）城市范围界定 …… 71
（二）评价理论模型与指标体系 …… 73
（三）城市评价分析解读 …… 77
三、长三角地区城市评估与类型划分 …… 81
（一）城市体系定量评估 …… 81
（二）城市等级类型划分 …… 84
四、中国城市综合体开发的标准体系 …… 86
（一）中国城市坐标体系 …… 86
（二）长三角城市坐标体系 …… 87
第七章　城市消费空间与商业综合体：杭州案例研究 …… 89
一、杭州商业与消费空间发展历程 …… 89
（一）古代都市沿街商业的繁华 …… 89
（二）近代商业街市的扩散与转移 …… 90
（三）现代城市商业体系的形成 …… 91
二、杭州商业综合体开发建设特征 …… 92
（一）商业综合体的日渐浮现 …… 92
（二）商业综合体的现状特征 …… 94
（三）商业综合体的发展趋势 …… 97
三、杭州典型商业综合体特征分析 …… 103
（一）研究对象与研究方法 …… 103
（二）建设布局特征 …… 105
（三）消费者行为 …… 108
（四）小结 …… 114
第八章　结论和展望 …… 116
一、主要结论 …… 116
二、研究展望 …… 118
参考文献 …… 120
附录 A　国内外城市综合体典型案例汇总 …… 126
附录 B　国内外典型综合体分类 …… 133

第一章　导　　论

一、研究背景与理论回顾

（一）研究背景

1. 后工业化时代新型消费空间大规模出现

自18世纪后期开始的工业革命至20世纪50年代在西方发达国家达到顶峰，此后服务业兴起，产业结构转型，由此产生后工业社会理论（Bell D，1973）。彼得·霍尔（Hall P，1996）指出，20世纪后期决定城市发展的主要影响力有4个：第三产业化、信息化、新的劳动分工和全球化。西方世界的经济与社会文化的深刻转型，使得鲍德里亚所称的消费社会广泛出现，并随着全球化的进程而向世界各地渗透（鲍德里亚，1997）。在此过程中，文化、艺术成为物质商品消费的一部分，支持并引导着人们的消费，消费不再只是一种满足物质欲求的简单行为，而成为了社会与空间关系建构过程中的某种特殊动因，同时也是保证资本主义社会空间再生产的途径，消费空间也因而大规模出现。正如列斐伏尔（2008）指出，人们为了娱乐开始征服大海、高山和沙漠，娱乐业与建筑业相结合，以便让边缘地区和山区的城市和都市化进程得到延续，由此资本为了空间的“消费”而离开消费的“空间”。由此，消费空间的文化转向，逐步把购物中心、历史街区、生态公园、博物馆等不同类型公共场所纳入资本主义逻辑运作，将文化符号镶嵌其中，为城市居民及游客打造出一个看似平等、自由、安全的私人化公共空间。

2. 传统商业地理日益转向消费文化地理

20世纪80年代以前，城市地理领域相关研究主要聚集于商业空间的概念，基于中心地理论，研究商业中心分布、区位、职能、体系结构，以及商业网点的分布与规划等内容。20世纪90年代以来，经济地理领域相关研究开始从大型零售公司视角关注于零售业地理格局，如大型超市全球化趋势、郊区购物中心崛起、节日集市场出现、便利店连锁经营等表现特征（尼尔·寇等，2012）。近期伴随着消费空间的文化转向，相关城市学者更加关注于具体的消费空间，如商店、街道、购物中心和主题公园，研究消费空间的设计者和策划者是如何操纵这些空间的布局以刺激消费的，各种消费空间究竟在多大程度上是真正开放、可自由进入和使用的空间，在多大程度上又是受到企业利益的密切监控和管束的，由此深入到消费空间建构的各种主体、机制与过程的研究中。

3. 消费空间是大都市空间组织的重要特征

19世纪以来资本主义市场空前扩大，创造出诸多新型消费空间，如拱廊街、百货商店和世界博览会（迈克·克朗，2005），以及商业步行街、购物中心、主题公园等新兴业态，甚至传统历史街区改造和新型居住区建设，都深刻植入了全球消费文化意义，或直接转变为消费空间（武前波、宁越敏，2008）。这种城市空间重构现象不仅发生在西方发达国家，也日益兴起于中国大都市区城市化进程中，前者如上海“新天地”项目，后者如松江新城泰晤士小镇（斯蒂芬·迈尔斯，2013）。20世纪初期西方学者所提出的同心圆、扇形、多核心模型，成为现代城市地理与城市规划研究的重要理论范式，但其主要基于工业化时代生产空间的模式总结，未曾充分考虑后来所出现的多元化与碎片化的消费空间，如工业时期芝加哥与后工业时代洛杉矶的巨大差异性（Dear M，2000）。当前消费空间已经成为国内外大都市空间组织的重要表现特征，也是其典型组成要素之一，这种空间现象的形成难以运用传统商业地理学进行解释，需要综合地理学、规划学、建筑学、社会学、文化学等相关理论深入阐释，以更加明晰城市空间组织演变格局及其生产机制。

4. 我国大城市消费空间生产具有典范意义

2014年底我国已成为继美国之后第二个国内生产总值达到10万亿美元的国家，人均GDP约为7485美元，东部沿海发达地区已经突破1万美元，全国海外出境游突破1亿人次，这些意味着我国已经进入国际经验的消费高峰值区，作为“世界工厂”的生产空间正在转型升级，并成为全球重要的资本与需求来源地。国内外资本与全球消费文化正在重塑我国大都市的经济、社会、文化及其空间形态，各种消费文化符号率先在北京、上海、广州等城市兴起，并同步扩散到各个省区的首位城市，促使相互之间的消费文化氛围趋同化（张京祥、邓化媛，2009），如“新天地”、万达广场、商业步行街、购物中心等消费空间的快速复制。

截至目前，城市综合体或商业综合体正在国内一、二、三线城市如雨后春笋般地崛起，并有力地重构了传统城市商业业态及其空间布局。但是，学术界对之的相关研究大大滞后，所出现的文献数量极少，主要集中于城市综合体的形态设计，还缺乏从时空发展视角对其进行本质探索与规律总结（龙固新，2011；董贺轩，卢济威，2009；李蕾，2009）。所以，本书将从城市综合体形成演变的前因后果、现状特征、类型模式、典型案例及其对城市体系、城市空间的重塑作用等方面，探索性分析零售业态演变视角下的消费空间——城市综合体的发展规律，以供城市经济与城市规划学界、政府决策者及商业地产开发企业借鉴参考，从而更好地推动我国城市空间组织合理有序地演进。

（二）理论回顾

1. 传统商业地理研究

区位论是城市地理与经济地理的重要理论基础，也是商业布局遵循的基本原理，对零售业的成功具有决定性影响。所以，对商业区位的研究始终贯穿商业地理研究进程。20世纪30年代以来，国外商业地理研究相对活跃，形成了相对规范的理论与方法，如中心地理论、重力模型、地租理论、行为理论、熵最大值模型等（Christaller W，1998；Converse P D，1949；Reilly W J，1931），研究内容涉及零售业、市场区与市场、商业中心、批发业、商业地域空间等方面。除了区位研究，商业地理也关注于零售业态及其经营模式的变化，如零售业连锁店、购物中心、仓储式百货商店在城市不同地域的增减趋势，包括CBD、社区与郊区等，以适应城市形态与人口流动的变化特征（尼尔·寇等，2012）。同时，商业地理从国家、城市到商业带、商业区及CBD开展了不同尺度的商业空间研究，并把重点集中于城市CBD（管驰明、崔功豪，2003）。

20世纪80年代以来也是我国商业地理研究的活跃时期，出现了许多以中心地理论为基础的城市商业网点规模等级结构的研究成果，如针对北京、上海、广州的商业地理格局，分别开展了大量实地调查研究（徐放，1984；宁越敏，1984；吴郁文，1988；杨吾扬，1994）。结合消费者行为特征，学界也积极关注商业空间的多中心化、郊区化、社区化等现象及其深层次原因（仵宗卿等，2000；王德，张晋庆，2001；林耿，许学强，2004）。近期相关学者基于消费文化视角，在不同空间尺度层面评价分析城市的商业消费特征（韦江绿、罗震东，2012；汪明峰，孙莹，2013；薛东前等，2014）。

2. 消费者行为研究

20 世纪 50 年代末，Berry（贝里）首次将消费者行为纳入理论框架，重建中心地理论（Berry J L，Garrison W L，1958）。由此，国外学者开始关注消费行为问题，试图通过消费行为解释商业业态实体空间的形成和演化机制，如戈勒吉（Golledge，1966）等人根据消费者购物出行模式的空间弹性对商业职能归类总结出基于空间弹性和空间非弹性的两类商品，认为商业活动的职能等级并不一定与中心地理论等级吻合，还取决于消费者购物行为和空间距离承受能力。20 世纪 70 年代后，消费惯性、多目的购物行为及其基本模型构建等消费行为研究日益受到重视（Hanson S，1980；Thill J C，1986），消费者行为研究逐步关注于个人偏好、态度、信息等更敏感的领域（Scarlett Wesley，2006）。

国内消费者行为地理研究兴起于 21 世纪以后，如仵宗卿等（2000）从居民购物活动出发探讨了天津居民购物的空间特征和等级结构模式。王德（2001）分析了上海消费者出行特征与空间结构的关系。柴彦威等（2005）对比了北京、深圳、上海 3 个城市老年人日常购物行为的空间特征。林耿等（2004）通过实际问卷调查，对广州整体消费结构和消费的空间差异进行分析。冯健等（2007）通过问卷调查分析北京居民购物行为空间结构的演变特征及其影响机制。周素红等（2008）选择广州 8 个街区的 1428 位居民为调查对象，深入研究商业业态空间与居住空间的特征及其关系。总体上来看，国内消费者行为地理研究在理论与方法上日益成熟，并出现了相关专著研究以及大数据获取方法的新探索（柴彦威等，2010；王德，朱玮，2012；周素红等，2014）。

3. 消费文化地理研究

随着消费社会的全面到来，消费逐步走向生活、社会、经济和政治的核心（张敏、熊帼，2013）。由于消费空间在城市日常生活中大量出现，受社会科学的空间转向与地理科学的文化转向影响，它已经成为不同学科领域关注的焦点问题，这样有助于深入探讨消费空间的产生、形成及其内在演变机制。

（1）在城市文化研究领域，突出文化作为消费空间研究的重要视角与内容，在宏观层面，关注消费文化的全球化所带来的文化均质化，以及对地方化消费空间的侵蚀与变异，或地方文化因之而转变与复兴（George Ritzer，1993，2006；Zukin S，1995）；从时间维度出发研究消费空间及其文化的历史演变与空间特性（Zukin S，1998；约翰·汉涅根，2011）。同时，基于后工业化或新城市文化视角，城市将文化作为振兴策略，结合绅士化街区及不同类型消费空间的相继涌现，分析并批判新型消费空间如何参与地方塑造与营销，城市以何种方式变为消费空间，以及所带来的一种不太真实的城市生活体验（Sorkin M，1992；Sorkin M，1992；Davis M，1992；Warren S，1996；Lowe M，2000；Chatterton P，2002；Mansvelt J，2008）。在微观层面，解读消费空间的文化意义，关注符号、审美和象征意义与由此形成的权利与控制，强化社会及空间隔离、阶层化与不平等（Featherstone M，1991；迈克·克朗，2005）。

（2）在文化地理研究领域，受行为主义、结构主义及文化转向的影响，传统商业地理日益向消费地理转变，由宏大的零售资本空间转向具体的消费空间（Glennie P、Thrist N，1993），以及两者的相互结合，认识到消费过程不仅是交易活动，将消费的空间从交易进行的空间，延伸至个体、家庭和社会生活的方方面面（Hughes A，1999）。由于新文化地理转向空间的文化研究（唐晓峰等，2008），对消费空间等日常空间的文化现象较为关注，由此与消费地理结合在一起（Crewe L，2000），剖析各种具体消费空间和消费内容、模式与所蕴含文化的关系，以及消费空间与日常的相关性，包括消费者身份认同、地方认同的建构及消费空间的建构（Gregson N，Crewe L，2001）。

（3）在国内相关研究领域，消费地理研究还处于转型发展时期，也体现出社会学的空间转向与地理学的文化转向，形成了一些代表性理论与案例分析成果。①城市文化与城市社会研究领域对消费地理的关注，如包亚明（2004；2006；2008）相继对上海酒吧、购物、新天地的生产等进行了剖析，从中揭示了上海都市空间的流变以及上海复杂的社会文化现实，并组织翻译了多部城市文化专著，对城市地理及消费地理研究影响较大。李程骅（2004）分析了零售业新业态的兴起、演变及其对城市空间的影响作用。郑也夫（2007）、张鸿雁（2010）相继出版或组织翻译消费文化或城市文化相关著作，推动了国内城市社会与城市文化的相关研究。②文化地理与消费地理对消费空间的关注，这是由于全球化和消费主义通过大众文化的渗透，使中国城市在城市建筑、公共空间、消费方式、居住空间和生活方式等多方面发生了很大的变化，从而塑造出新的城市文化景观（奥罗姆、陈向明，2005）。周尚意等（2010；2011）分别对北京前门—大栅栏商业区景观改造、北京798、上海M50进行了解读，分析了消费空间在城市地方性塑造中的作用。林耿（2009；2011）以广州为案例，将符号消费理论引入城市商业中心及其消费空间形成的分析，并相继剖析了酒吧、市场、健身消费等消费空间与地方建构的相互关系。张敏、熊帼（2013）运用新文化地理学理论与视角，结合列斐伏尔三元空间概念提出消费空间的文化研究框架。孔翔等（2011）将上海田子坊作为案例分析对象，运用文化景观理论剖析了田子坊产业演替、空间重塑及社会关系变迁的过程。谢晓如等（2014）以广州市太古汇方所书店为例，从消费者的感知和认同视角，探究了文化表征和变迁过程中文化消费空间的建构与生产。

4. 小结

在当前国内由制造类企业主导的城市生产空间背景下，商业企业所主导的消费空间现象被学界相对忽视，尽管出现了对消费者行为个体的关注，以及利用文化符号解读微观消费空间的生产，但缺少中观层面的消费空间的研究，如针对当前购物中心、商业综合体或城市综合体现象的系统化研究。目前国内出现的城市综合体或购物中心相关文献，主要集中在纯粹的商业管理或建筑设计领域，缺乏对消费文化与消费空间理论方面的探讨，更是忽视了消费空间对城市结构的重塑作用，如城市综合体作为一种消费类企业对城市空间组织的重要影响。

本书的研究意义主要表现为以下3个方面：

（1）运用消费空间理论来尝试分析城市综合体这一新兴零售业态，并对消费文化、符合经济、创意产业等相关理论脉络进行梳理，从而延伸出消费空间成为当代城市空间特征的主要表现形式。由此，基于商业空间的发展演变历程，探索分析不同时期消费空间的表现特征、动力机制及未来趋势。

（2）对国内外城市综合体发展演变及类型特征进行总结，深入分析其与城市等级体系、城市空间组织、城市功能内涵的相互关系，并以万达广场为典型案例，从其投资布局、规模体量、运营模式及功能业态，探索中国城市综合体的发展演变格局。由此，重新评价传统一、二、三线城市的划分，以更加深入理解当前中国城市体系及其商业投资潜力的现状特征。

(3) 基于消费空间与商业综合体视角，运用文献查阅、数据统计、社会调查等方法，对典型城市杭州的消费空间发展演变及其现状特征进行分析，这既不同于传统的人口、产业、设施等分布的经济学视角，也有别于战略构想或空间设想的城乡规划学视角，有利于重新诠释与理解当前杭州大都市区空间生产与扩张的现实。

二、基本概念辨析

(一) 零售业态

城市商业综合体的业态分类 表 1-1

序号	店铺分类		细分类
1	主力店		百货店、影院、冰场、超市
2	奢侈品牌		顶级奢侈品、国际一线
3	服饰类	鞋包服饰	鞋包、服饰
4		珠宝配饰	珠宝、名表、饰品
5		休闲运动	牛仔、运动、休闲、快消
6		童装玩具	童装、玩具
7	休憩类	餐饮娱乐	美食广场、大型餐饮、小型餐饮、儿童职业体验中心、KTV、电玩
8		个人护理	护理用品零售、美容美体
9		家居影音	家居、书店、礼品、电子产品、影音
10		服务配套	教育、服务

资料来源：王超．基于多目标平衡的商业综合体营建体系及实证研究［D］．杭州：浙江大学，2011。

商业业态是指零售企业为满足不同的消费需求而形成的不同的经营形态，即商业设施的经营形态。“业态”一词是 20 世纪 80 年代国内学者在研究日本商业发展时引入的。2004 年国家商务部发布的《零售业态分类》新标准，将零售业态按照不同特性划分为 18 种，包括便利店、折扣店、超市、大型超市、仓储会员店、百货店、专业店、专卖店、购物中心、网上商店，等等。其中，购物中心（Shopping Mall）可涵盖多种商业业态，城市综合体则是融合以上多种业态并具有商务功能的复合型消费空间（表 1-1）。

1. 作为零售业态的城市综合体业态特征

城市综合体业态主要包括商场、酒店、办公楼、服务式公寓、住宅、博物馆等，并聚集着购物中心内的百货、超市、大卖场、专卖店、书吧、美食广场等（王超，2011）。同时，在社会发展过程中向海洋世界、冰场、美容护理、教育培训、生活服务等新型业态转变，不断满足日益出现的各类社会需求。业态构成则是指综合体根据自身的市场定位确定的商业业态的种类、分布状况、成分组合配比，由此可以满足特定环境中购物、休闲、娱乐等不同的生活消费需求。

按照国际通行的中心商业区结构和业态、业种分布规律，商业占 30%～50%，餐饮企业占 20%～25%，休闲、娱乐、酒店、服务等占 30%～40%，此种商业业态和业种的分配比例较为合理，后期经营较易获利（表 1-2）。若将国内城市综合体与国际标准对比，国内综合体各功能性业态比重分别为：零售 64%；餐饮 20%；休闲娱乐 12%；服务 5%。其中，零售业比国际标准高出 12 个百分点，而娱乐休闲和服务要低 13 个百分点（图 1-1），这表明国内综合体的业态结构还不够成熟，消费业态相对单一，缺乏休闲娱乐及其他服务性项目。

日本东京银座商业业态比例　　表 1-2

名称	数量(家)	比例(%)
零售商业	876	42.8
餐厅、茶馆、咖啡厅	534	26.1
画廊、展览馆、博物馆等文化交流设施	454	22.2
酒吧、歌舞厅	182	8.9
合计	2046	100

资料来源：龙固新．大型都市综合体开发研究与实践［M］．第 2 版．南京：东南大学出版社，2011。

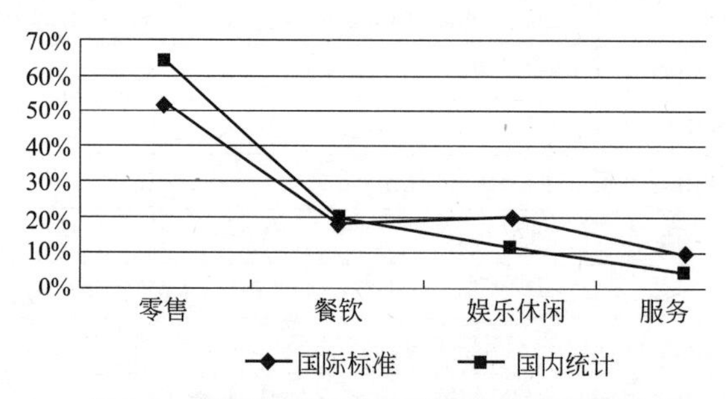

图 1-1　国际与国内城市综合体的业态构成

资料来源：房超．中国商业地产蓝皮书［M］．北京：中国建筑工业出版社，2009。

进入 2000 年以后，随着房地产市场的日趋火热，城市综合体也进入了快速发展时期，在全国范围内掀起了一场轰轰烈烈的造 Mall 运动，不少二线、三线城市也开始进行了综合体开发，而在城市内的分布也呈现多样化，如市区型、郊区型、新区型等各种主题化综合体。目前，中国大城市综合体的业态构成以购物中心为主，其次是办公楼、酒店，服务式公寓或高端住宅也占据较大的比重。以万达广场为例，二线城市最新开发的综合体均在 50 万 m^2 以上，购物中心业态比例均高于 15%，住宅比重约在 20%～30%之间（图 1-2）。

2. 从商业中心到城市综合体的业态构成

当代城市综合体的消费业态与结构特征产生于传统商业中心，以日本东京为例，零售业、饮食业、服务业、商务金融、文化交流、娱乐消遣为其主要业态，并分别形成了一级、二级、三级和四级商业中心，业态细分种类也随着商业中心级别的递减而逐步缩减，商业中心数量则呈现递增的特征（表 1-3）。其中，零售业以百货店、超市、专卖店等类型为主，饮食业主要是高中级餐馆、食品店、点心店、快餐店等，商务金融、文化交流、娱乐消遣包括银行、保险、证券、美术馆、博物馆、剧场、音乐厅、酒吧、健身房、电影院等类型。

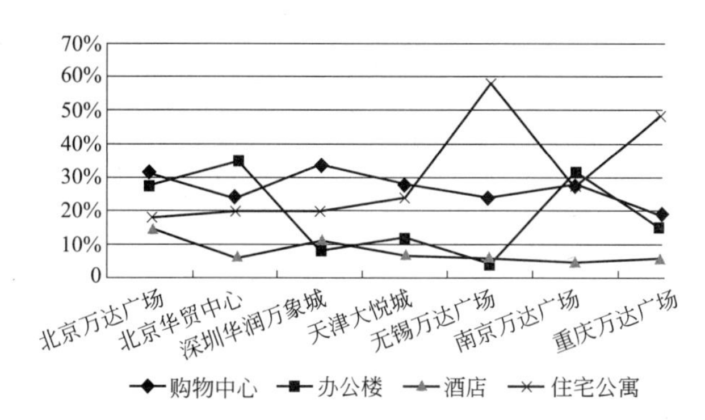

图 1-2　中国大城市典型综合体的商业业态构成

资料来源：刘贵文，曹建宁．城市综合体业态选择及组合比例［J］．城市问题，2010（5）：41-45。

日本东京商业中心规模与业态内容　　**表 1-3**

业态	一级中心	二级中心	三级中心	四级中心
	银座、新宿、池袋、日本桥、涩谷	上野、浅草、自由之丘、赤羽、北千住、大森等	武藏小山、上板桥、江古田、巢鸭、松江等	根津、白山、王子、户越银座、月岛、大冈山等
零售业	高级百货店 站前百货商场 高级专门店 大型超市 高级时装店 高档电器店 老铺、名店	站前百货商场 高、中级百货店 大型超级市场 专门店 时装店 大型电器店	超级市场 一般百货商场 专门店 中型电器店	小型超市 小型百货店 专门店 小型电器店 日常生活用品店 日用杂品店 旧货店、当铺
饮食业	高级餐馆 高级外国餐馆 高级日本餐馆 高档食品店 名点心店	高、中级餐馆 大型食品店 点心店、名点心店	一般餐馆 一般食品店 点心店	餐馆 快餐店 小型食品店 点心房
服务业	高级美容店 高级照相馆 高级按摩店 声像出租中心	高级美容店 美容店、按摩店 照相馆 声像出租中心	美容店 照相室 声像出租室	公共浴室、理发店 声像出租室 洗衣店、维修店
商务金融	商品展示设施 陈列中心 各大银行 各大证券公司 智能商务办公楼 各大保险公司	主要大银行 主要大证券公司 出租商务办公楼 主要保险公司	银行 证券公司 保险公司	银行 信用社
文化交流	各类美术、博物馆 高级画廊 中心剧场 中心音乐厅 高级酒店、宴会厅 举行婚礼的场所 大型多功能厅	美术馆 画廊 剧场 高级酒店 一般酒店 多功能厅	画廊 一般酒店 多功能厅	街区多功能室

续表

	一级中心	二级中心	三级中心	四级中心
业态	银座、新宿、池袋、日本桥、涩谷	上野、浅草、自由之丘、赤羽、北千住、大森等	武藏小山、上板桥、江古田、巢鸭、松江等	根津、白山、王子、户越银座、月岛、大冈山等
娱乐消遣	高级酒吧 高级俱乐部 高级电影院 各类游戏设施 高级舞厅 健美中心	高级酒吧 一般酒吧 俱乐部 电影院 主要游戏设施 舞厅、健美设施	酒吧 电影院 游戏设施 舞厅 健身房	弹子房 老虎机房 健身房

资料来源：胡宝哲．东京的商业中心［M］．天津：天津大学出版社，2001。

现代城市综合体是将以上商业中心的各种业态融合到一个巨大的建筑或建筑群空间内，并在城市不同的地理区位形成一定的规模等级和服务半径。以美国购物中心为例，在大都市内部可以划分为超地区型、地区型、社区型和邻里型，业态主要以超级市场、专卖店、百货店等类型为主，其店铺数量随着服务规模的减小而减少，如超地区型专卖店可达200多家，而社区型仅20多家（表1-4）。

美国购物中心的基本分类 **表1-4**

	服务规模	业态构成	店铺数量	停车能力
邻里型	服务半径：1～2km	超级市场	1家	50～100辆
	到达时间：3～5min	专卖店	10～20家	
	服务人口：1～2万人			
社区型	服务半径：3～5km	超级市场	1家	300～500辆
	到达时间：5～10min	便民中心	1家	
	服务人口：5～10万人	专卖店	20～40家	
地区型	服务半径：10～20km	百货店	2家	2000～5000辆
	到达时间：10～15min	专业超市	2家	
	服务人口：50～100万人	专卖店	100～200家	
超地区型	服务半径：30～40km	百货店	2～6家	5000～10000辆
	到达时间：20～30min	专业超市	2～3家	
	服务人口：200万人以上	专卖店	200～400家	

资料来源：张红．房地产经济学［M］．北京：清华大学出版社，2005。

中国大城市不同类型购物中心的业态特征 **表1-5**

类型	主力店	零售	比例(%)	餐饮	比例(%)	娱乐休闲	比例(%)
都市型	品牌专卖店、超市、影院、美食广场、健身/SPA、KTV等	品牌专卖	55.3	中餐	39.6	影院	80
		超市	12.9	美食街	34.7	音乐吧	5
		运动服饰专卖	10.7	休闲餐	16.5	其他	15
		合计	78.9		90.8		100

续表

类型	主力店	零售	比例(%)	餐饮	比例(%)	娱乐休闲	比例(%)
区域型	百货、超市、专卖市场(建材、家居)、大型餐饮、影院、健身/娱乐	百货	35	中餐	60.3	儿童乐园	31.2
		家居广场	18	东南亚餐	10.8	电影院	26.6
		超市	14	日韩料理	10.1	KTV	15.6
		合计	67		81.2		73.4
社区型	儿童娱乐(卖场)、超市、家电/家居卖场、社区型百货、影院、大众餐饮、健身/娱乐中心	百货	26.4	中餐	51	KTV	38.8
		超市	24.9	快餐	23	电影院	37.6
		电器卖场	18.3	风味小吃	15	儿童乐园	23.6
		合计	69.6		89		100

注：表中比例数据为细分业态在大类业态中的比重，如都市型购物中心影院占休闲娱乐业的80%。

资料来源：房超．中国商业地产蓝皮书［M］．北京：中国建筑工业出版社，2009。

目前，中国大城市综合体也已经形成了都市型、区域型和社区型等不同等级规模的消费空间形式（表1-5）。以上海港汇广场、金源时代购物中心、西郊百联、正大广场等为案例统计分析对象，可以发现以下主要特征：①品牌专卖店是都市型综合体的主力零售业态，百货、超市及专业卖场属于区域型和社区型综合体的主力零售业态。例如，都市型的品牌专卖占零售业的55.3%，超市为12.9%；区域型的百货占35%，其次为家居广场；社区型零售业的26.4%为百货，超市则为24.9%。②都市型综合体的餐饮业日渐休闲化，区域型日渐商务高档化，而社区型在提供大众餐饮和满足社区居民消费需求的同时，低档次的快餐也成为发展重点。如都市型餐饮业的39.6%为中餐，其次是美食街；区域型、社区型的中餐分别占60.3%、51%，其他餐饮业态为10.8%、23%。③都市型综合体的娱乐休闲业态以影院为主，区域型和社区型则以儿童乐园、电影院、KTV为主。由此可见，国内综合体的娱乐休闲业态发展较为单一，缺乏趣味性、娱乐性及适合室内游乐的大型游艺项目。

（二）城市综合体

1. 从建筑综合体到城市综合体

综合体一般理解为“建筑综合体”，《中国大百科全书》（2011）对建筑综合体的定义是：“由各个使用功能不同的空间组合而成的建筑。一种是单体式，即只有一幢建筑；一种是组群式，有多幢建筑。”《美国建筑百科全书》（1994）则称：“建筑综合体是在一个位置上，具有单个或多个功能的一组建筑。”（Robert T P，1994）“建筑综合体”的雏形可以追溯到19世纪早期法国巴黎“WALR-UP”住宅，可以说是综合体的最初模式。这种建筑的底层用作商场、餐馆、咖啡厅和剧院，楼上是4～5层的公寓住房。街道的底层有一个连续的长廊，以遮挡风雨，同时在视觉上有一个统一的街道立面。后来这种多功能的商业居住模式得到了进一步发展，如公寓街区水平地汇集成一个长长的连续的商业街，两边有人行道，上面加玻璃顶，而街道的两端是开敞的（凌晓洁，2008）。综合而言，建筑综合体具备如下特征：①包括两种或两种以上的不同性质、用途和社会生活空间（居住、商业、办公、酒店等）；②作为一个统一的设计项目下建成或是一组整体性的建筑；③土地利用效率高，强度大（王桢栋，2010）。

与建筑综合体相比，城市综合体具有完整街区的特点，是建筑综合体向城市空间巨型化、城市价值复合化、城市功能集约化发展的结果，同时通过街区的作用，实现了与外部城市空间的有机结合、交通系统的有效联系，成为城市功能混合使用中心，延展的城市的空间价值。所以，建筑综合体能够成为城市综合体要具备3方面条件：①自身由若干城市功能单位组成；②上述城市功能均可以独立对外；③建筑内部空间（包括交通空间）可以成为城市公共空间。

城市综合体基本具备了现代城市的全部功能，所以也被称为“城中之城”。大型城市综合体适合经济发达的大都会和经济发达城市，在功能选择上要根据城市经济特点有所侧重，一般来说，酒店功能或者写字楼跟购物中心功能是最基本的组合。城市综合体与建筑综合体的差别在于，建筑综合体是数量与种类上的积累综合，这种综合不构成新系统的产生，局部增减无关整体大局。而城市综合体则是各组成部分之间的优化组合，并共同存在于一个有机系统之中。

一个城市的中心商务区（CBD）往往集中了最多、最大的建筑综合体，所以，从CBD的内涵可以将建筑综合体理解为，是城市活动中多种不同的功能空间进行有机的组合（商业、办公、居住、酒店、展览、餐饮、会议、文娱等），通过一组建筑来完成，并与城市的交通相协调。根据国务院发展研究中心等机构对2003年以来建成或在建的100个建筑综合体的研究表明，从建筑综合体的复合功能或业态来看，65%的建筑综合体具有办公、商业、酒店、公寓四大基本功能，充分说明了大多数建筑综合体的功能组合特征。

城市综合体具有建筑综合体的主要特征，因此又被称为“复合型建筑”、“建筑综合体”、“街区建筑群体”、“建筑集合体”等，目前还没有形成完全统一的定义。一般意义上认为，城市综合体是指在城市中的商业、办公、酒店、居住、餐饮、展览、交通、文娱、社交等各类功能复合、互相作用、互为价值链的高度集约的街区群体。部分文献将之称之为“HOPSCA”，即Hotel（酒店）、Office（写字楼）、Parking（停车场）、Shopping mall（购物中心）、Convention（会议会展）、Apartment（公寓），其核心功能为商务办公、商业零售、酒店公寓和住宅（张威，2012）。

2. *城市综合体发展溯源*

结合中外建筑与城市发展史，国外最早的建筑综合体可以上溯到古希腊的广场建筑和古罗马的公共浴场，如著名的有卡拉卡浴场和戴克利提乌姆浴场。我国最早的城市综合性市场可以追溯到北宋时期东京开封出现的瓦子，它是坊市制打破以后一种城市综合性市场（图1-3）。我国最早比较成型的综合性商业街区则是建于1903年的北京东安市场。1918年上海南京路出现了永安公司，这是一家综合各种商业功能在内的大型建筑物，包括购物、旅馆、酒楼、茶室、游乐场、银业部等各种设施，可以被认为是中国最早的建筑综合体。

18世纪工业革命以后，欧洲最早的商业拱廊将购物、餐饮、娱乐等不同功能混合，成为现代建筑综合体的雏形，至1940年出现的美国纽约洛克菲勒中心成为建筑综合体的典范。二战以后，郊区购物中心陆续出现，如1956年出现的第一个封闭型购物中心南代尔中心（Southdale Center）在明尼阿波利斯郊区开放。20世纪七八十年代以来城市综合体开始在西方国家大量兴起，包括世界第一个城市综合体——法国巴黎的拉德芳斯，以及日本东京六本木、加拿大多伦多的伊顿中心等。

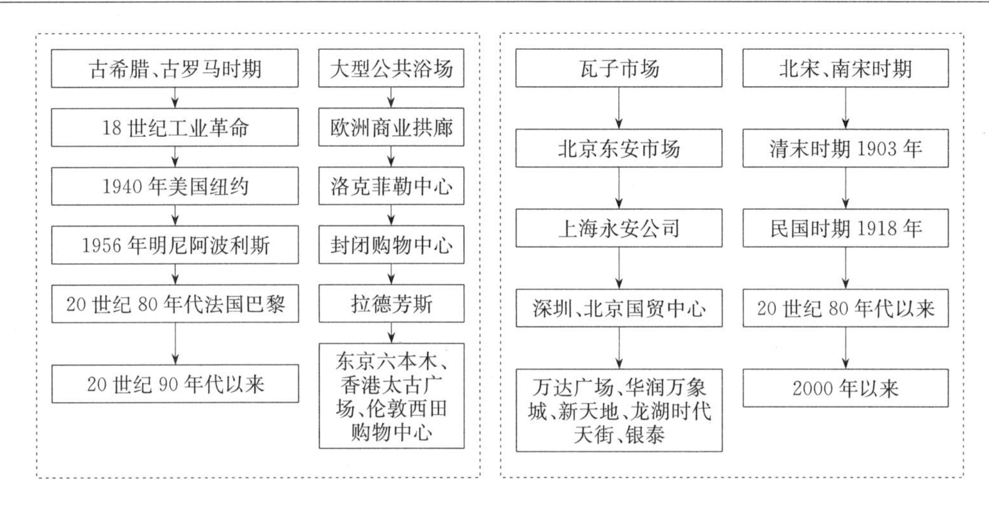

图 1-3 国内外城市综合体发展历程谱系

资料来源：黄杉，武前波，崔万珍．国内外城市综合体的发展特征与类型模式［J］．经济地理，2013，33（4）1-8。

20 世纪 80 年代改革开放以来，我国开始相继建成一批城市综合体，最早的是被合称为“双峰并世”的深圳国贸中心和北京国贸中心，其后陆续出现了上海的新天地、北京的燕莎和华贸中心、深圳的帝王大厦、广州的天河城等。至今，城市综合体更是以前所未有的速度在国内各地开花，许多二线、三线城市也开始把城市综合体建设作为改变城市形象、进行新区建设和旧城改造的主要载体和手段。如近期杭州提出了建设 20 个新城，涵盖旅游、商贸、商务、金融、奥体、博览、枢纽、高教等 100 个多功能城市综合体的宏大计划，以此来实施杭州“城市国际化”战略和“生活品质之城”建设。

综上所述，城市综合体是城市发展到一定阶段的产物。城市本身属于一个聚集体，当人口聚集、用地紧张到一定程度的时候，首先会在这个聚集体的核心部分出现城市综合体这样一种综合形态。城市综合体是现代城市发展背景下建筑综合体的升级与城市空间的延续。例如，《中国大百科全书》将建筑综合体定义为“多个功能不同的空间组合而成的建筑”；《美国建筑百科全书》则称“建筑综合体是在一个位置上，具有单个或多个功能的一组建筑”。

3. 城市综合体产品特征

第一代综合体：美国纽约的洛克菲勒中心在出现之初就被认为代表了城市设计的新方向，它可以说是美国最早的大型多功能综合体之一，并且引领了美国诸多大型城市综合体建设的潮流。其主要特点是：①尊重传统的城市街道格局，同时建筑组合所形成的城市空间，成为市民公共生活、文化娱乐的场所。②低于街道层的地下步行系统与商场大厅、地下铁道及各种不同用途的综合楼相连，这点是区别于当时大部分功能主义规划的前瞻之举。③设计者创造了一个充满活力的公共空间——下沉式广场，直到今天仍然是曼哈顿的主要景点。该中心的实践证明，城市综合体是城市中心区活力汇聚的方向，城市综合体功能的重要组成是办公、酒店、购物、居住、娱乐，具有这几个组成部分是形成协调的充满活力的人性场所的基础。

第二代综合体：20 世纪 60 年代初期，一方面工业化国家城乡之间，生活条件的差异已经开始消失，中产阶级远离城市到郊区居住，强烈要求从各方面提高生活舒适度；另一方面，简·雅各布斯（2005）《美国大城市的生与死》一书出版后，专业人士与普通人都逐渐认识到，城市是一个生命体，从而开始对传统规划思想的反思和修正。在这种形势下，首先促进城市郊区的综合体和步行商业街结合起来。如美国的休斯敦长廊建于20世纪60年代初。长廊内设办公、旅馆、商店等，是一个综合的商业中心。城市综合体的发展也经历了由室内化回归开放性的布局特征。这一时期，是城市综合体进一步与城市融合，并且高速发展的阶段。综合体的主要特点是：①人车分行，交通规划变得比以往更为重要；②室外空间的室内化，结合步行商业街，而多有顶盖；③跨越多个街区的地下商业街，互相连成一片。

第三代综合体：出现于20世纪60年代末到20世纪70年代初，主要以中庭为标志。它是根据人们喜欢和活动要求为目的而进行设计的。不仅具有第一、二代综合体的优点，而且中庭具有空调、阳光和绿化，空间具有趣味性。有代表性的有美国明尼阿波利斯的I. D. S中心。该中心建于1973年，高57层。该中心的庭院被称为“水晶院”大体是五边形的空间，上层有回廊。它既是人流交通的广场，又起到吸引顾客的作用。随着综合体的发展，近些年出现了大量规模更大、功能更完善、集约度更高的综合体建筑，如日本的六本木，占地面积达12万m^2，总建筑面积达约76万m^2，共分为4个街区，同时与地铁站相连，集成了零售、餐饮、艺术中心、美术馆、教育学院、电影院、剧场、办公、酒店、公寓、住宅等功能，充分整合了城市资源，展示了大都会的魅力。

第二章　城市消费文化与消费空间

自18世纪末工业革命以来，社会文明取得了巨大进步，并于20世纪50年代在西方国家到达顶峰，此后西方城市服务业兴起，产业结构转型，由此产生后工业社会（Post-Industrial Society）理论。贝尔（Bell，1973）认为，重工业地位正在下降并逐步被服务业所取代。自20世纪60年代以来，伴随着工业生产由福特制向后福特制过渡，全球进入新一轮"时空压缩"（哈维，2004），以欧洲与北美为代表的西方国家开始步入后工业化社会，城市经济结构和产业空间组织发生明显变化。彼得·霍尔（Peter Hall，1996）认为：20世纪末决定城市发展的主要影响力有四个，即第三产业化、信息化、新的劳动分工和全球化。全球化与信息化是推进当今世界经济发展的两大动力，在其影响下促进了新国际劳动空间分工产生，从而使世界各国城市经济逐步由工业化阶段向后工业化阶段转变，诸如以纽约、伦敦、东京、巴黎等为代表的全球城市或世界城市，与以新加坡、香港、首尔、台北等为代表的东亚地区国际化城市，已经形成一种新的经济空间形态，即消费文化空间。

一、城市经济形态：从生产到消费

（一）生产方式转型——从福特主义到灵活积累

20世纪初期，工业生产福特制有力地推动了现代城市经济的发展，无论是社会经济总量，还是就业人口或消费水平，都得到了显著提高。但是，大规模生产意味着产品的标准化和大众消费，这引起已获得商品使用性功能满足的消费者的日益不满，导致了公众文化对福特制的批评。同时，资本主义社会劳资矛盾的日趋激化和第三世界对现代工业化进程的反对，促使着传统福特生产体制的转型。从20世纪60年代开始，"灵活积累"作为福特主义的对立面开始显现。斯科特（Scott）在分析北美和西欧新工业空间时指出，西方国家中以大批量生产为核心的福特制正在衰落，而灵活生产系统，即以不那么刚性的，更高适应性的技术和制度结构为基础的制造业正在大规模扩张。他把这种与灵活生产系统相联系的积累制度称为灵活积累制度（Scott，1988）。哈维（Harvey）认为，灵活积累依靠的是同劳动过程、劳动力市场、产品和消费模式等有关的灵活性，并出现了全新的生产部门、金融服务的新方式、新市场等，特别是商业、技术和组织创新得到强化。

对于这两种不同工业化时代出现的生产体制能否相互替代的问题，引起了诸多学者的讨论。例如，哈拉勒（Halal，1986）从企业创新的角度，提出了新资本主义与旧资本主义的区别，拉什（Lash）和厄里（Urry，1987）则从经济文化权利关系角度认为组织化资本主义已经终结，斯科特则认为资本主义具有灵活生产系统将替代传统福特制的发展趋势。中国学者宁越敏指出，生产体制是选择福特制还是灵活生产系统，取决于工业产品所处的生产阶段，一般来说，上游产品的生产较多采取规模生产的方式，而下游产品更多地转向灵活生产系统（宁越敏，1995）。从中可以看出，灵活积累制成为一种工业生产新体制是不争的事实，与此相对应却是城市新经济和新文化的兴起，即由消费者要求的变化而引起的市场重新组合是造成新的生产体制的重要因素，如最终消费品面临的是复杂多样的市场，从而使生产纵向分解不断深化，有利于灵活生产系统的发展。由此，城市经济逐步由工业生产向商品消费过渡，工业生产流程纵向分解并使周期时间缩短，而商品交换与消费开始加速，并成为资本获取利润的主要环节。

（二）消费经济浮现——全球消费主义兴起

20 世纪 80 年代英国的一份年度预算报告大胆地对所得税的高额部分和基本税率进行了大幅度削减，这预示着政府开始鼓励个人消费，而大众消费标志着全民富裕社会的到来，同时也显现出消费成为社会生活的主流（弗兰克，2001）。20 世纪 80 年代以来，英国社会理论大师齐格蒙特·鲍蒙（Zygmunt Bauman）发现消费主义是理解当代社会的一个中心范畴，他认为消费主义主要体现在对象征性物质的生产、分布、欲求、获得与使用上，消费不只是一种满足物质欲求或满足胃囊需要的行为，而且还是一种出于各种目的和需要对象征物进行操纵的行为（包亚明，2004）。

针对消费主义随着工业灵活积累制的诞生而出现，哈维（Harvey）认为，灵活积累体制促使生产周转时间加快，同时也需要并行加速商品交换与消费，在消费领域发展中，调动大众消费和由商品消费向服务消费转变是两种重要而突出的形式。20 世纪 60 年代中期以来资本主义迅速向文化生产的众多部门渗透，因为消费的多样性及其周期短暂性导致了时尚、产品、技术、过程、观念、实践的易变性与瞬时性，由此促使资本主义更加关注符号、形象和符号系统的生产，而不是商品本身。可见，资本积累由生产的逻辑开始转向消费的逻辑。

19 世纪和 20 世纪也就是工业主义与消费主义相互并存的历史，只是到了 20 世纪后期消费主义才更加凸现出来。消费主义与工业主义同样具有一个全球化的历程。20 世纪 80 年代以来，跨国公司是全球经济的主导力量，消费主义文化思想体系与信息通信技术相结合，那些跨国公司通过鼓励消费主义来带动全球生产的通畅，消费主义可以使人们相信大大超出物质需求的消费是美好生活的真谛，鼓励大众去积极获取这些公司所提供的商品与服务，并告诉人们永远不要为自己所拥有的而感到满足（时尚总是在变化）（莱斯利，2002）。

（三）符号消费与文化、创意产业

资本主义商品生产的扩张，引起了消费商品、消费空间场所等物质文化的大量积累。但对于后工业时代城市的消费，法国哲学家博德里亚尔（Baudrillard，1997）认为，目前消费的对象并非是物质性的物品或产品，而是一种符号的系统化操控活动。费瑟斯通（Featherstone，2000）也认为，在大众文化中，由于人们对商品的消费不仅是其使用价值，而主要是消费它们的形象，或从形象中获取各种各样的情感体验。符号消费促使后工业社会开始转向消费的审美化（aestheticization of consumption）。拉什与厄里认为，正在被不断生产的不是物质实体，而是符号；它不仅仅发生在由大量美学成分组成的非物质实体（如流行音乐、电影、电视等）的增值中，而且不断增长的符号价值成分或意象也发生在物质实体中。日常生活消费的审美化使产品设计或形象创意成分占物品价值生产的比重不断提升，具体的劳动过程对增值的贡献日益变得不那么重要。

由此，符号消费促使创意设计密集型产业崛起。1998 年，在英国的一份关于创意产业路径文件中，首次出现了创意产业（Creative Industries）这一名词，即指源自个人创意、技巧及才华，通过知识产权的开发和运用，具有创造财富和就业潜力的行业。关于文化产业概念，英国大伦敦会议最早界定为：在我们社会中，那些借助文化生产和服务的商业形成，生产和传播各种信息符号的专业产业组织机构。文化产业勃兴即伴随着福特制生产向灵活积累的转变。拉什和厄里（Lash&Urry，2006）从吉登斯（Giddens）的“自反性”（reflexivity）社会理论出发，认为文化产业的生产属于设计密集型的，审美自反性在文化产业的生产消费中具有一定地位，文化产业属于一种柔性生产系统，也是自反性生产。

（四）文化经济与城市发展

尽管目前文化产业与创意产业相互混同，但这种以创意产业为主导的文化经济已经成为后工业化城市的一种新型经济形态。贝尔（Bell）从知识密集型生产的立场出发，尤其是生产流程中（工程师和技术专家）理论知识为第一性，来定义后工业社会。斯科特（Scott，2007）认为对这种经济形态最简单的界定方法是，当代经济中增长和创新的前沿是由诸如高技术产业、新工艺制造、商业、金融服务和文化产业等部门组成，它们共同组成了“新经济”（new economy）。20 世纪 70 年代以来，文化经济在西方城市发展中起到重大作用。若以美国为例，1900 年，创意工作人员仅占全部劳动力的 10%，到 1980 年上升到 20%，而进入 21 世纪以来，占到全部劳动力的 30%，而创意财富占全美国 47%（诸大建，2006）。佐京（Zukin，2006）指出，纽约正是由于世界文化之都的地位，使之没有出现经济衰退的任何迹象，在城市发展中，承认文化的经济意义可以超越政治分歧。

在文化经济与城市发展理论方面，佛罗里达（Florida，2002）提出了著名“3T”理论，即创意城市的 3 个评价指标：人才（Talent）、技术（Technology）、宽容（Tolerance）。他认为，若为了吸引有创意的人才、产生创意和刺激经济发展，创意城市必须具有这 3 种条件。斯科特（Scott，2007）却对佛罗里达创意城市理论作了批判，他从灵活生产系统理论出发，认为创意城市的经济动力由生产者网络、地方劳动力市场、创意场（creative field）等组成，创意城市具有外部经济性、生产差异性、集聚性等特性，并可以吸引创意阶层集聚，而创意阶层正是通过这些要素条件推动城市创造力的发挥；即创意城市建设要侧重于营造地方生产系统。

二、后工业城市空间结构：消费空间崛起与社会空间异化

（一）城市商业模式：从麦当劳化到迪士尼化

目前，城市商业经营模式正逐步由麦当劳化（McDonaldization）到迪士尼化（Disneyization）演变，其中包含着符号与体验的生产与消费，也正是迎合后工业时代城市新经济特征及其消费方式，即城市商业主体开始由企业转向个人或消费者，消费也从单纯的物质使用功能消费向符号消费转变。

以麦当劳快餐为代表的全球消费文化曾经改变着这个社会，包括世界各地人们的生活方式以及社会各个方面，这是由于麦当劳化具有四大优势因素：效率、可计算性、可预测性和控制（里泽，2006）。但是，这种社会麦当劳化近似于现代工业生产的福特制与泰勒科学管理，消除了社会的多样性和情感性，并逐步引起人们的不满。由此，以迪士尼主题公园为代表后现代消费空间开始出现于人们的视野，其商业经营模式的多样化和人性化正

在引起后工业化社会消费文化的变革。英国拉夫堡大学教授艾伦·布里曼（Alan Bryman）认为，迪士尼化是根植于后福特主义的多样性理念，在迪士尼化世界中，消费者是中心，商品和服务提供者的目的是为消费者奉上一次激动人心的娱乐体验，从而取代同质性消费的乏味，这正是由于我们生活在一个体验经济中。迪士尼化是现代商业社会发展模式和趋势的一个隐喻，它的特征主要体现在主题化、混合消费、商品化、表演性劳动（布里曼，2006）。

（二）城市空间迪士尼化及消费主义批判

迪斯尼乐园和迪斯尼世界是20世纪晚期最重要的城市公共空间，它使城市公共空间理想化，并成为城市推销的符号，其最大的贡献在于在物质限制日益严重的世界里显示出文化产业无限的可塑性。特别自20世纪80年代以来，迪斯尼成为商业创新、全球扩张、高额赢利以及良好的股市业绩的代名词，它指明了一条完全建立在文化的基础上，即“非生产性的”基础上实现经济发展的道路。佐京（Zukin，2006）与阿彻（Archer，1997）都对佛罗里达奥兰多的城市迪士尼化进行了分析，并分别认为迪士尼化有利于城市营销，可以促使城市经济发展和充分就业，消除社会极化等。

由于迪士尼化城市表现为一种超现实空间（hyperspace）或想象工程（imagineering），它宣扬了舒适、卫生、自由、传统等观点，掩盖了暴力、剥削和冲突等反面因素，甚至在消费过程中表现出“欺骗性”，从而造成一种“迪斯尼化假象”，所以有学者对迪士尼化世界颇多微词。索金（Sorkin，1992）认为在后现代时代，城市作为一个整体正在变成一个巨大的“主题公园”，各种模拟物表现出一个高度扭曲的世界观或非地理化（ageographia）空间，其结果是当代城市中各种各样的后现代主义建筑代表了文化的肤浅表面，这可称之为“迪士尼化”（Disneyfication）。诺克斯（Knox，1993）观察到与现代主义城市反映进步而奋斗的统一性建筑物不同，这种后现代空间表现出消费、享乐主义和不顾社会后果地创造利润，并具有高度流动性和不稳定性。在中国，针对已经在上海落户的迪士尼乐园事件，有人认为迪士尼乐园是一个商业味道极其浓厚的城市开发项目，它不仅仅属于游憩的“乐园”，还是一个国外文化产品展示的橱窗，并已经成为一个具有象征意义的文化符号，代表着一股强大的霸道文化力量抢占脆弱的文化产业地域。

无论商业模式的麦当劳化还是迪士尼化，其实质都是以产生大量消费项目和群体为目的，相对商业的麦当劳化，迪士尼化消费形式显得更为隐蔽，这也导致人们对后工业消费主义的批判。早期，鲍蒙就表示对与工业化相互伴生的消费主义的不满，他认为消费主义对人们具有欺骗性，它藐视社会的公正原则和自我实现原则。博德里亚尔则认为消费社会同时也是一个媒介社会，消费主义借助大众媒介及文化将人们的消费经验与日常实践统一化或大众化，从而将消费社会的大众塑造成为与媒介力量相对立的“黑洞”或“沉默的大多数”。中国学者郑也夫（2007）指出，消费社会舆论由两种力量把握，一个是媒体，另一个是商人，而大众的自我实现价值却要靠物质来进行炫耀，由此形成高消费的误区或怪圈。

（三）城市创意与消费空间崛起

法国社会学家列斐伏尔（Lefebvre，1973）认为，城市空间具有生产资料、消费对象、政治工具、阶级斗争介入等功能。当城市发展到后工业化时代，城市空间功能开始出现转向，逐步由传统制造业生产空间向符号与形象的生产空间或创意空间转变，而传统商业空间也转向后现代消费空间，其产业形态更加趋向于资本和知识密集型，空间作为生产资料的附加值也大大提高了。地理及城市研究学家对后现代城市空间进行了关注，如哈维认为由巨型商场、购物中心宣告了一种新的“无地方性”的城市的诞生；佐京认为绅士化街区和梦幻般的主题公园是两种重要的后现代空间；与现代城市所反映的工业生产空间相比，后现代城市是一种新消费主义的场所（宁越敏，2003）。

格特·霍斯珀斯（Gert Hospers）划分出 4 种类型创意城市，即技术创新型，文化—智力型，文化—技术型和技术组织型等。斯科特（Scott，2008）认为，以“智力—文化”维度所表征的新城市经济，其文化产品具有静止性和流动性两种特征，前者包括旅游胜地或休闲场所、中心城市文化消费区、暂时性或周期性文化区等，后者包括消费者手工艺产业、专业性设计服务业、媒体及相关产业等（图 2-1）。

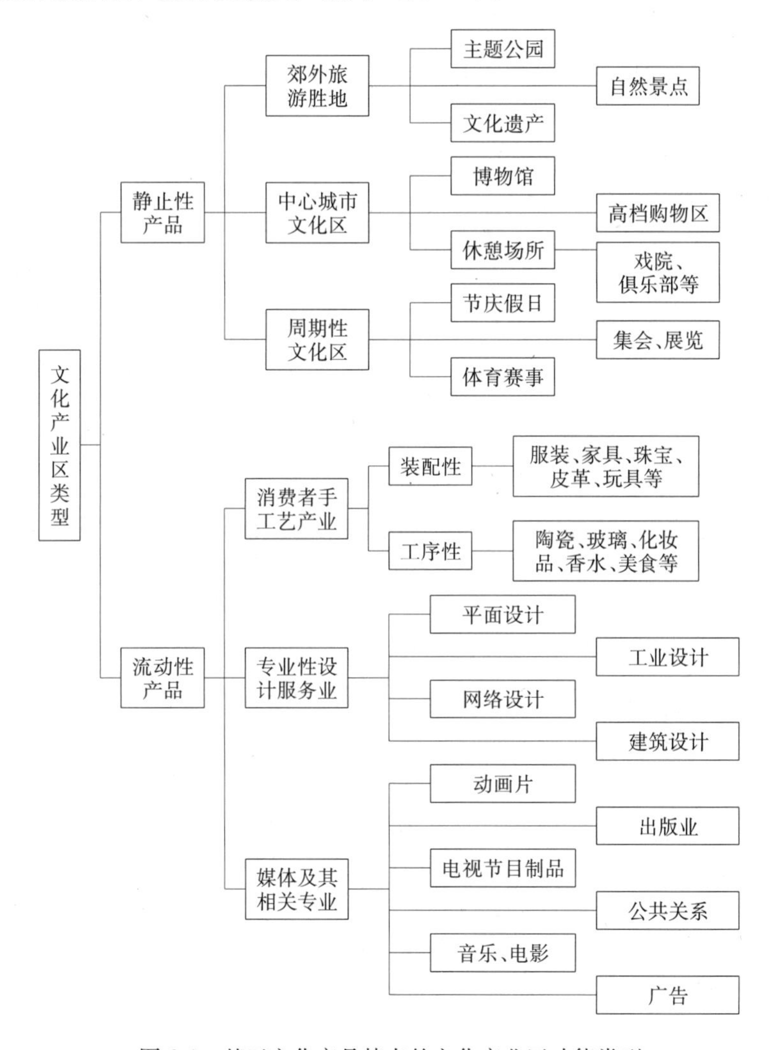

图 2-1　基于文化产品特点的文化产业区功能类型

资料来源：Allen J. Scott. 新城市经济：智力—文化的维度［C］//上海：华东师范大学大夏论坛，2007。

笔者认为，一方面，符号与形象的生产需要占有相应的城市空间，即创意与文化产业所拥有的空间，同时，有些符号或形象在生产的同时也被消费；另一方面，消费地位的突出促使城市空间越来越多表现为购物、游憩、休闲等消费空间。由此，可以依据城市空间使用功能，将后工业城市消费空间归纳为3大类型（图2-2）：①创意生产型，包括诸如高新技术工艺园区、文化艺术创意园区、设计咨询中心等；②文化消费型，包括传统商业文化街区、大型现代消费中心等；③生产消费混合型，如艺术演出及文化展览中心、体育赛事娱乐活动场馆、迪士尼化主题公园等。

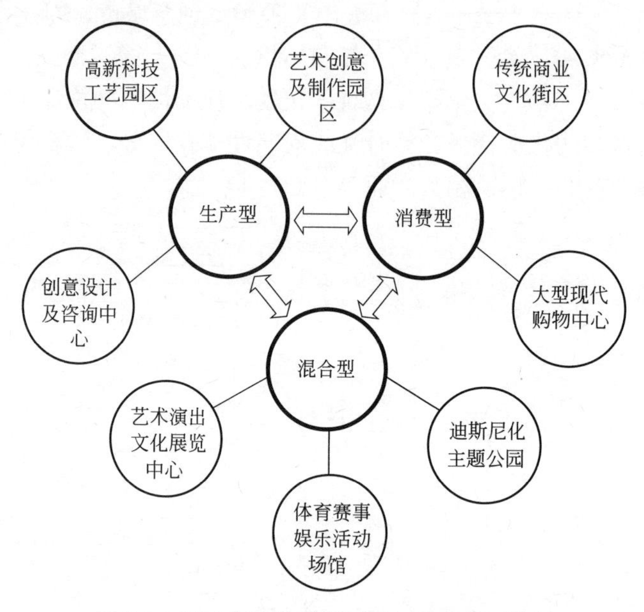

图 2-2　后工业时代城市创意与消费空间类型

（四）城市社会空间异化

处于后工业化城市的社会阶层并非趋于均衡，而是更加分化。国际都市研究专家弗里德曼（Friedmann，1986）和萨森（Sassen，1990）同时指出，大都市发展也伴随着社会阶层的极化，从而导致社会空间异化。受到后工业化社会排斥的阶层正是那部分无法融入"新经济"的生产与消费的群体，正如用信息化城市所表征的社会形态出现"数字鸿沟"一样，由于这部分群体不完全具备后工业城市"新经济"所要求的资本、知识和技能，从而在社会不同部门或同一行业不同职能机构中，处于劳动分工的最底层。

都市研究的洛杉矶学派尝试分析了新经济对城市发展的影响，并展示了这些影响所带来高水平的创造性和创新性，但同时对社会也造成了相当压力。正如斯科特（Scott）认为，一方面，许多新经济产业集群与大规模低工资、低技能来自世界外围不同地区工人组成的血汗工厂有关；另一方面，许多集群也雇佣大量的高技能工人，包括专业人士、管理人员、科学家、工程师、艺术家、设计师等。这种阶层组合在不同部门和不同城市都能够被发现，而洛杉矶正是这种地区的鲜活案例，在收入和自由接近城市文化艺术和生活便利设施方面，这些群体存在着相当大的差异。

（五）小结：后工业城市消费空间的理论框架

基于以上理论探索，本书尝试提出一个城市消费空间的理论分析框架。伴随着后工业城市经济形态由生产转向消费，生产方式随之由标准化的福特主义演变为个性化的灵活积累，传统物质经济转型为文化经济，工业空间转变为创意空间，而对物质的消费被赋予符号价值的消费，由此也促进了“以消费为本”的传统商业空间向“以消费者为本”的消费空间转变。与之相对应，商业零售方式由标准化的“麦当劳化”模式演替为人性化的“迪斯尼化”模式，这也意味着城市经济已经由工业化时代进入后工业化时代（图 2-3）。

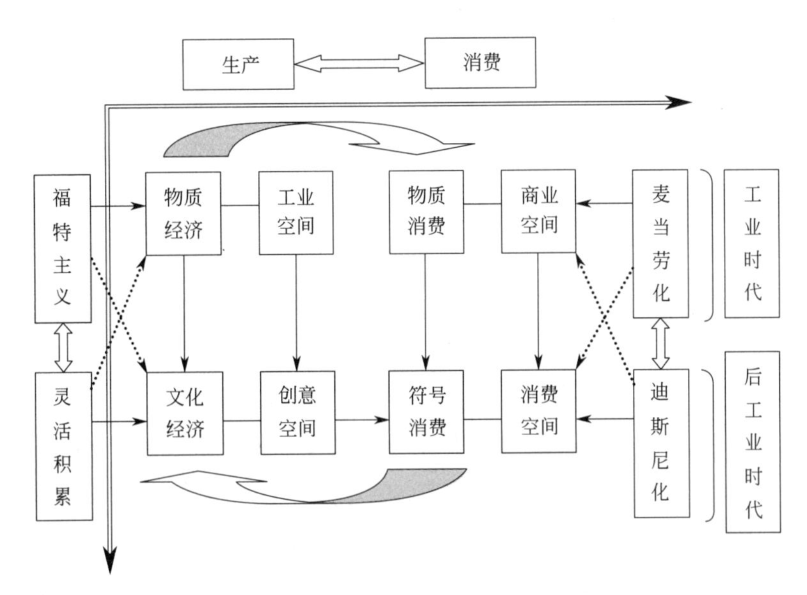

图 2-3　从工业时代到后工业时代城市消费空间演替

三、中国大城市空间形态：生产空间与消费空间并存

（一）城市进程具有“时空压缩”的特征

随着全球化和信息化的推进，中国大城市的经济形态演化具有明显的“时空压缩”特征。西方城市工业化需要上百年的时间，而中国大城市不足百年就能完成这一过程，特别是以北京和上海为代表的超大城市，其“时空压缩”特征更为明显。目前，以北京、上海、深圳、广州、杭州为代表的国内大都市第三产业比重都在 50%以上，其中北京已超过 70%，上海、广州超过 60%，进入以第三产业为重要动力推进城市发展的阶段，但制造业仍然是城市的支柱产业，其比重均超过 20%，深圳、杭州的比重更高，表现出“二、三产业并举”和“生产与消费共存”的鲜明特征，同时也意味着两大城市面临着产业结构的转型升级。

以全球城市为参考，19 世纪末纽约成为美国制造业、金融及文化中心，二战以后制造业开始衰落而金融服务业迅速崛起，并在 20 世纪 60 年代达到一个高峰，但在 70 年代出现了世界级大企业总部外迁的经济波动，当地政府采取“建立城市工业园区和高技术园区”、“实施城市一区域经济互动”、“强化国际金融和贸易中心地位”等一系列战略，促使人口与世界企业总部回流与聚集（赵弘，2004）。由此，继续保持纽约的世界经济与金融中心地位。然而，依据沃勒斯坦的“世界体系理论”或弗里德曼的“世界城市假说”，西方发达国家全球城市形成是基于发展中国家作为外围工业化区域而树立起来的，如全球商品链理论也表明“中国制造”还处于全球价值链增值末端，由此，中国大城市将如何全面跨入后工业化时代仍需要思考。

（二）消费经济逐步成为新兴经济重要增长点

文化创意产业正在作为支柱经济推动着中国大城市发展。如以生产型创意产业为例，2014 年上海的创意产业园区已经达到 89 个，位居全国首位，进驻了 4000 家企业，创意产业增加值近 3000 亿元，约占 GDP 的 12%；北京文化创意产业发展也较为迅速，2014 年增加值为 2794.3 亿元，占 GDP 比重达 13.1%，增速超过第三产业平均水平。生产型服务业也处于高速发展阶段，据统计，2014 年上海年度税收亿元楼近 130 栋，淮海中路、南京路是最具有代表性的总部服务经济、高端服务业和生产性服务业集聚区。文化艺术表演属于生产消费混合型符号经济，在国外成熟的演艺文化功能区，每天上演剧目可达 36 场，演出门票收入和因演出而带动的综合收入之比达到 1∶7。以杭州宋城演艺为例，依靠“主题公园＋文化演艺”核心项目，《宋城千古情》年演出 1300 余场，旺季每天演出 10 场，2013 年营业收入达 6.79 亿元，利润总额为 4.18 亿元，十余年来累计接待观众 4800 余万人次，成为世界上年演出场次和观众最多的剧场演出。

基于中国大城市文化创意经济的蓬勃发展，笔者有以下几点思考：①符号经济属于灵活积累型，文化与创意被更多地赋予生产与服务之中，如工业设计、个性服务、时尚消费、传统文化改造等，它并不能够完全取代传统经济，但属于一种新兴经济增长点。②文化经济界定易于将生产型与消费型经济形态混合，导致统计指标虚高，实质却是以休闲娱乐为代表的消费经济大行其道，生产型创意产业发育不足。③文化经济自主创新能力薄弱，“有园区无创意”，“消费多创意少”，“分散多集聚少”等现象突出，而且创意产业生产系统的形成，需要具备各种要素条件，诸如人才、技术体系、服务设施、知识产权、市场等，并非佛罗里达的“3T”理论所能概括。

（三）“生产空间”与“消费空间”并存

中国大城市经济形态的“时空压缩”决定了“生产空间”与“消费空间”的并存共生。以上海为例，其在中心城区计划形成 12 个现代服务业集聚区，在郊区打造 6 大先进制造业基地，同时，各类型高技术园区及总部经济基地也都在积极建设。其中，在消费空间建造方面，除了当前如火如荼的创意园区，以“新天地”为代表的石库门街区改造，实现了城市空间由传统居住功能向现代消费功能的转换，它将全球化时尚消费元素与地方文化因素融为一体，进而形成一个“无地方性”大型休闲娱乐消费中心。在上海新天地不远处，则是以传统文化休闲消费为主的豫园、城隍庙商业区，与以新天地、淮海路为代表的现代时尚消费空间并行不悖，另如北京前门大栅栏、西单以及王府井，南京夫子庙和新街口等。同时，混合型消费空间也正在成为当前中国大都市的一种重要空间元素，如北京的国家大剧院、奥运会场馆，上海的东方艺术中心、世博会园区及迪士尼乐园，香港的亚洲国际博览馆、迪士尼乐园等。

在中国城市空间的重塑过程中，有 2 种情况均有可能出现：①“生产空间”与“消费空间”配置不当，出现空间资源浪费以及不同空间相互侵犯，如不顾实际需求而进行的大规模新城空间建设，成为地方资本流失的“黑洞”。②消费空间和生活空间的失衡，由于消费经济具有巨大增值性，使得对消费空间的塑造成为许多大都市追求的目标，如历史街区的商业化运动，这可能造成对地方生活空间的影响或破坏，甚至侵犯或剥夺城市弱势群体的生存空间，犹如西方发达国家大城市“迪士尼化”后的假象。

四、消费经济——中国大城市发展的机遇?

随着全球化和信息化的推进，国外发达国家或地区能够进入后工业化时代，这与制造业向全球生产成本洼地转移，以及世界各地巨大需求市场密切相关。由此，后工业城市才可以更加专注于符号经济的创新与输出，以及高额利润资本的流入，从而占据全球商品链的最高端。对于中国大城市发展来说，“符号经济”究竟是机遇还是挑战，需要认清每个城市经济功能在全球生产系统中的地位，以及自身文化产业生产系统的培育能力。同时，符号经济属于资本与知识密集型产业，并非每个城市都能够顺利开展。

首先，在符号经济发展方面，中国城市在充分利用国外发达国家文化品牌的同时，要有学习研究和自主创造能力，通过培育本土文化品牌，实现制造或服务产业增值环节的提升，避免处于全球价值链分工的陷阱。同时，当今世界竞争战略已经由外部资源依赖，转向内部核心竞争力塑造，由此，要重新评价中国的丰富文化资源，加强主要环节竞争优势的培育，可以借助传统文化资源、消费市场、各类型劳动力供应等方面优势，注重专业人才培养、知识产权保护、服务平台构建、政策制度保障等，促进文化产业的地方生产系统形成，逐步增强符号经济的自生能力或输出能力。

其次，在文化创意产业方面，中国的创意产业实力弱小，品牌优势较差。目前，在世界稍有地位的文化产业，也就是中国的电影行业，2014 年国内票房达 296 亿元，占全球市场 13%，仅次于美国，而其他类型产业就相对薄弱。例如，产生不了较好票房的动漫作品，没有出现具有世界竞争力的文学畅销作品，如《哈利·波特》类型创作，以及国产软件市场占有率低等。同时，英语作为世界性垄断语言的地位，也是中国创意产业所要突破的难关，尤其表现在音乐作品、软件产业等领域。

再次，在城市消费与创意空间建设方面，①根据创意产业发展需求，积极营造生产系统的理想栖息地，协调好生产型与消费型空间的关系，减轻消费型空间对创意型空间的侵袭与冲击，如上海田子坊的商业化演替，以有利于创意产业生产系统成长，这可以从资金、政策、设施、制度等方面着手。②每个城市消费空间项目运作，要减少对地方生活空间的影响，避免商业化代替人文化，同时，无论改造或重建，都要遵循原有城市空间演化肌理，在形态结构与使用功能上，努力做到新兴空间与原有空间的有机融合，以及消费空间与生活空间的和谐共处，如创造出新型的“中国元素”型城市空间体系（张鸿雁，2008）。

最后，在意识形态方面，需要正确看待消费与生产的相互关系。由高消费所造成的浮华经济已经对自然和社会产生巨大破坏与心理损害，传统的城市文化空间逐步被单一的生产空间和商业空间所代替，如长三角作为“世界工厂”的代价换来的却是“人间天堂”的消失或泯灭（杨保军，2007）。同时，人们的幸福生活越来越脱离大地和自然，陷入高消费高生产的怪圈，如罗素所说“当代城市人所遭受的那样一种厌烦，是与他们同大地生命的分离密切相关，这种分离使得生活变得灼热、无聊而又干枯，犹如沙漠中的朝圣远行”，而在国外城市已经兴起了简单主义和节欲思想，并开始提倡“慢城运动”。

第三章　城市消费空间的演变历程及其发展趋势

本章将通过回顾历史时期城市商业空间的产生与发展，西方发达国家和我国零售业态及空间形式的演变历程，总结出不同发展时期的重要表现特征，认为每一种新兴业态的产生与不同的城市空间形态密切相关，城市综合体崛起于城市郊区化与多中心大都市区形成的重要时期。由此基于零售业生命周期、消费群体变化、信息网络技术兴起的视角，提出信息化时代城市消费空间的动力机制框架。最后，尝试性探索由人类不同层次需求所延伸的各种类型城市生活设施，城市生活综合体则可以成为未来消费空间的理想假设。

一、历史时期城市商业空间的产生与发展

（一）中国城市商业空间的发展历程

距今 8000 年前的新石器时代，在我国的黄河流域和长江流域已经出现了原始农业，随之产生了永久性的村落和氏族社会，并具有防御功能的壕沟和围墙。距今 6000～4000 年前，开始出现有城墙包围的居民点，成为中国城市产生的萌芽，并在夏商周时代发展成为真正意义上的规模性城市，至春秋战国时期形成完整意义上的“城”与“市”，如出现众多区域性商业都会和最早的封闭式里坊制，其商业经济功能得到强化和完善。进入封建社会以后，按照商贸中心或商业空间的兴盛状况，可以将中国古代城市划分为 4 个典型阶段，分别包括秦汉时期、隋唐时期、两宋时期、明清时期。

1. 秦汉、隋唐时期的商贸城市

自秦统一天下到东汉末年（公元前 221～220 年），共历时 440 年，是中国封建社会形成、发展及走向定型的时期。秦汉时期城市结构形成了中国城市传统的里坊制度。先秦以来，古代城市的居民区“坊”和商业区“市”被严格分开，各自用围墙封闭起来，白天开放，黄昏关闭。坊是随着城市的兴起而兴起的，哪里有城市，哪里便会有居民区的存在，城市的基本特征就是永久性的人类聚居区。市则是伴随着人类对商品经济的需求而产生的，具有商品交易的功能。秦代的市大多是原始市场，故有“市朝则满，夕则虚”的说法。汉代城市商业较先秦发达，市的数量和规模扩大，汉代长安有九市，其中“六市在道西，三市在道东。凡四里为一市”。

隋唐时期（公元 581～907 年）是中国封建经济走向鼎盛的阶段，长江流域开始成为与黄河流域并重的经济区域。据统计，当时全国超过 10 万人口的大城市约 15 个，其中北方 5 个，南方 10 个（顾朝林，1997）。同时，百万人口特大城市出现，城市结构里坊制度成熟。隋唐时期的工农商等各种业态经济得到充分发展，全国人口最高达到 6000 万，成为封建社会的一个巅峰期，也推动了具有百万人口规模的特大城市形成，例如隋唐都城长安和东都洛阳。唐代长安城市结构仍然延续了周朝《考工记》的规划格局，并传承了秦汉时期的里坊制度，设两大市肆——东市和西市在外城，各占两坊，约 $1km^2$ 大小，市内有 4 条南北或东西向的街道将坊分成 9 区，区内四面店铺临街，两市共有 220 行，著名诗人

白居易曾描述为“百千家似围棋局，十二街如种菜畦”。

2. 两宋的商品经济与城市复兴

两宋时期（公元960～1279年）城市商业经济的兴盛，属于中国城市发展史上继春秋战国之后的第二个高峰时期，由于耕作技术的改进和科学技术的发明，农业商品经济和手工业经济得到进一步发展，商品流通领域出现纸币，城市财政收入开始征收商税，反映在城市建设中则表现为传统里坊制度被打破，街市格局逐步形成，由此进入了政治、经济职能并重的城市发展阶段。

（1）城市商业职能突出，城市新经济凸现。两宋时期实施了重商的国家政策和积极的货币经济，晚唐以后商业中心兴起至两宋而大盛。百万人口城市相继兴起，发展成为全国重要的商业城市，如开封和杭州；对外贸易港口城市得到持续发展，继广州之后新增杭州、宁波、温州、泉州、密州、上海等9个市舶司城市。在北宋的经济中，非农和农业经济各占一半，至南宋城市商业税收更是超出农业税收。据统计，北宋人口超过10万的大城市超过40座，开封和杭州均超过百万人口，两宋时期具有全世界最大的10座城市中的5座（薛凤旋，2010）。

（2）新市民阶层崛起，消费性社会形成。两宋时期城市商业经济的繁荣与新社会阶层的出现息息相关，首先，统治阶层形成了皇帝与士大夫阶层共治的新中央集权政体，特别是后者造就了一次中国式的“文艺复兴”，促使两宋在经济、艺术和科学发展上均达到了历史高峰。其次，由大小商人所构成的新城市资产阶级出现，其人数众多，财富力量超出士大夫阶层，所经营的贸易商品供给着海外出口、大众百姓及自身的需求，而不再仅依赖于对王室、贵族和官僚的供给。再次，以店员、奴仆、贩夫走卒等组成位居社会中低阶层的市井之徒，与上流阶层共同孕育出了酒楼、茶艺馆、妓院、酒肆、勾栏、浴堂、赌场、当铺等繁荣的城市商业业态（图3-1）。

图3-1　宋人张择端所画《清明上河图》中表达瓦子与勾栏的片段

（3）传统里坊制崩溃，街市综合体出现。两宋时期商品经济的繁荣发展全面突破了传统里坊制的桎梏，市场交易时间不再受白天定时限制，“夜市”逐步形成，商业区的“市”和居民区的“坊”已没有严明界限，破墙开店开始出现。到北宋中期，东京开封的街路变迁已完成了从坊内店肆—临街店肆侵街店肆—夹街店肆的演变过程，而南宋杭州城的东、西、北三处，各数十里，“人烟生聚，市井坊陌，数百经行不尽”，是居民区和商业区错杂的地方。同时，古代都市综合体——瓦子在两宋时期出现，这是位居城市中的一种方形市场，四周有酒楼、茶馆、妓院和各种商铺，中间是定期集市，属于里坊制打破以后的城市综合性市场，其中也包括多个文娱演出场所——勾栏。据《东京梦华录》和《武林旧事》记载，北宋开封瓦子有10座，南宋杭州有23座（虞云国，2002）。

3. 明清及近代城市商业空间的崛起

至明清时期，古代城市经济未能在两宋时期的基础上取得全面突破，甚至有所倒退，依赖于传统农业的新儒家思想长期控制着城市经济的转型，城市的发展仍然依赖于封建农业经济。同时，明清的海禁政策也阻碍了港口城市发展和全国经济贸易的对外交流，直至清朝末年西方列强的侵入，才诞生出东亚地区最繁荣的港口城市——上海。到清代中后期全国人口已达4亿人，难以通过传统农业达到自给，新技术、新思维引入和新城市经济重建已经到了至关紧要的阶段。

该时期最大的城市是都城北京，至清末已经形成了繁荣的商业市井景象。例如，20世纪初期的北京东安市场是一个集几百家店铺、茶楼、饭馆、杂耍场、戏院、棋社等多种功能为一体的综合性市场（图3-2），始建于清光绪年间，因市场邻近东安门，故得名东安市场，至今已有100多年的历史。由于市场地点适中，交通便利，一时商贾云集，店铺日增，形成了街巷纵横、店铺林立，具有集吃、喝、玩、乐、购物为一体的经营特色，属于20世纪北京最早的一个商业街区综合体（龙固新，2011）。

图3-2　北京东安市场旧貌

（二）欧洲城市商业空间的发展过程

1. 奴隶社会时期城市商业空间特征

欧洲最早的城市出现在公元前2000～前1700年，位于地中海中克里特岛上的王宫城市。克里特岛是由山峦形成的海上岛屿，独特的地理位置形成了它相对独立、安全的环境。温和的气候、肥沃的土地及其来自小亚细亚的移民使得农业成为岛屿的主要经济部门，加上海外商业贸易所带来的大量商品供给着统治阶层的奢华生活。之后由于地震和战争的原因，约在公元前 4 世纪末欧洲文明中心逐渐转移至古希腊城邦。

以雅典为首的这些城邦集政治中心、军事中心、经济中心为一体，成为工商业相互促进的大都市，城中聚集着大量各行各业的手工作坊，由神庙、集会堂与长廊围合而成的广场空间，面向开敞的远方海港，人们聚集在广场可以举行讨论、议事、朗诵、演说等活动，同时为商业贸易提供了场所。至古罗马时期，更是将政治、军事与经济中心的功能发挥到极致，商业格局也是以商业街道和商业广场为主的开放式空间，如古罗马公共浴场将运动场、图书馆、音乐厅、演讲厅、商场等城市功能组合在一起，比较著名的有卡拉卡浴场和戴克利提乌姆浴场（图 3-3）。然而，罗马帝国灭亡后，欧洲整体陷入黑暗之中，城市经济也不可避免地逐步衰落。

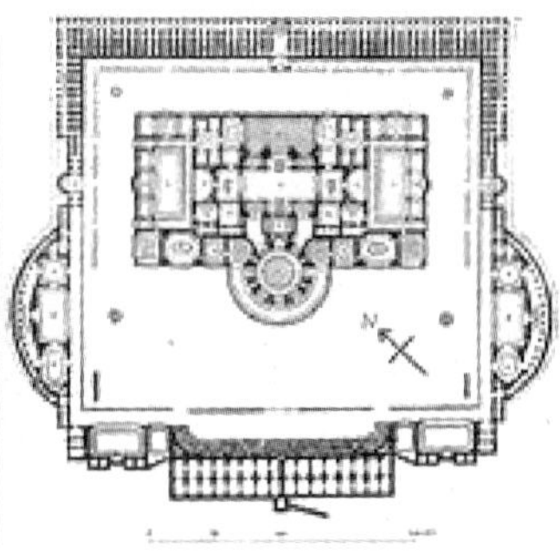

图 3-3 古罗马浴场

2. 封建社会时期城市商业空间演变

公元 10～11 世纪，随着新式轮犁技术的普及和欧洲封建土地所有制的推动，自给自足的庄园经济开始解体，商业逐步有了较大的发展空间，同时手工业者进一步专业化，为市场的繁荣奠定了物质基础，中世纪的城市开始重新崛起，并成为经济和政治中心。例如，地中海沿岸的意大利威尼斯和热那亚属于以国际贸易为主的商业城市，法国的马赛和巴黎、英国的伦敦、德国的科隆均是当时著名的工商城市。然而，将之城市规模与同时期的中国相比则较为逊色，如 14 世纪的伦敦约 4 万人口，巴黎约 6 万人口，都是当时很大的城市。

当时城市的主要商业空间是集市，属于城市居民定期集会的场所，也是商品交易的中心。在形式上，很多集市采用了城市广场的形式，或者借用以前的教会广场和集会广场，如意大利的一些城市；而东欧、中欧的新兴城市直接为商业活动兴建城市广场。同时，随着商业的发展，一些城市还形成根据商品不同而分开交易的专门市场。凭借军事上控制地中海的政治地理优势，意大利是当时商业最发达的地区，如威尼斯、热那亚、米兰和比萨等商业城市。比利时、荷兰等地属于另一个欧洲的商业发达地区，主要以毛纺业为主。在德国以及北欧地区也出现了一系列的商业城市，著名的“汉萨同盟”即是当时几十个商业城市所结成的同盟，以经营各地的农产品为经济来源。

（三）近现代城市商业空间的发展态势

18 世纪英国蒸汽机的改良及应用促使纺织、建筑、采矿、交通、冶炼等行业纷纷加入工业革命的大潮中，由此实现了西方城市从手工业生产到大机器生产的转变过程。工业化的快速发展有力地推动了城市化的进程。据统计，1800～1900 年的 100 年中，发达国家具有 10 万人以上的大中城市数目，从 28 个递增至 195 个，平均每年新增 1.7 个（许学强等，2009）。例如，1850 年，城市人口超过 50 万的城市达到 10 个以上，其中，伦敦、纽约分别达到 232 万、150 万，巴黎、北京也均在 100 万以上（图 3-4）。

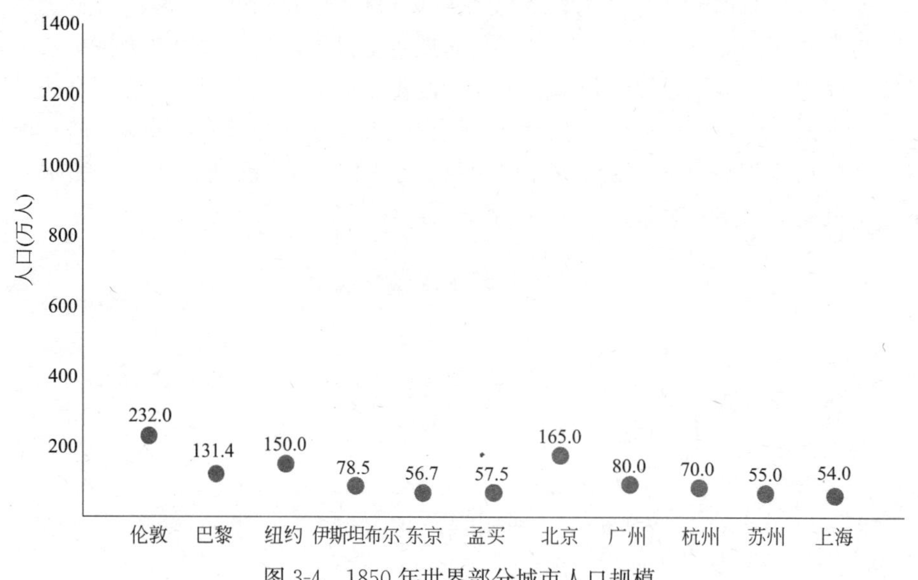

图 3-4　1850 年世界部分城市人口规模

由此，城市工业的集聚和人口的集中促使商业业态更为繁荣，金融、保险、法律、公共设施、教育、医疗、文化、消费等服务功能逐步完善，当时出现了第一次世界博览会——1851 年英国伦敦的“万国工业博览会”。与此同时，巴黎、纽约、柏林、东京等发达国家特大城市纷纷兴起，之后又有上海、加尔各答进入世界前 10 位城市，纽约、伦敦的人口均已经超过 500 万（图 3-5）。截至 1950 年，世界 10 万人口的城市增至 484 个，前十大城市人口均超过 300 万，其中纽约、伦敦达到了 1000 多万（图 3-6）。

该时期大城市的商业空间结构已经具有了中央商业区、工业区、居住区等明显的区分，城市 CBD（中央商业商务区）开始形成，并出现了城市规模的扩大和郊区化现象。伦敦城、巴黎塞纳河两岸、纽约曼哈顿等均是该时期著名的中心商业区，这里分布着银行、保险公司、企业总部、大学、文化机构、政府机关等服务业行业。以东京为例，19 世纪后期相继出现了针对中心区银座的大规模再开发，采用柜台陈列式销售的大型百货商场，设有电梯的高层商业大厦等现象。

20 世纪 30 年代的上海也已经发展成为全国工业制造中心和东亚地区金融贸易中心，并产生了以外滩为中心的中国第一个 CBD（宁越敏，2006）。中央商务区北至苏州河，南至南京东路，方圆近 4km^2，集中了上海 28 家外资银行、58 家华资银行总行，以及证券交易所、信托公司等金融机构（图 3-7）。同时，以南京东路为中心形成了上海的中心商业区，拥有全国最大的 4 家百货公司，其中，永安百货公司可以被认为是中国最早的建筑商业综合体。1934 年落成的 24 层国际饭店是当时东亚最高的建筑，凸显了上海在整个远东地区显赫的经济地位。

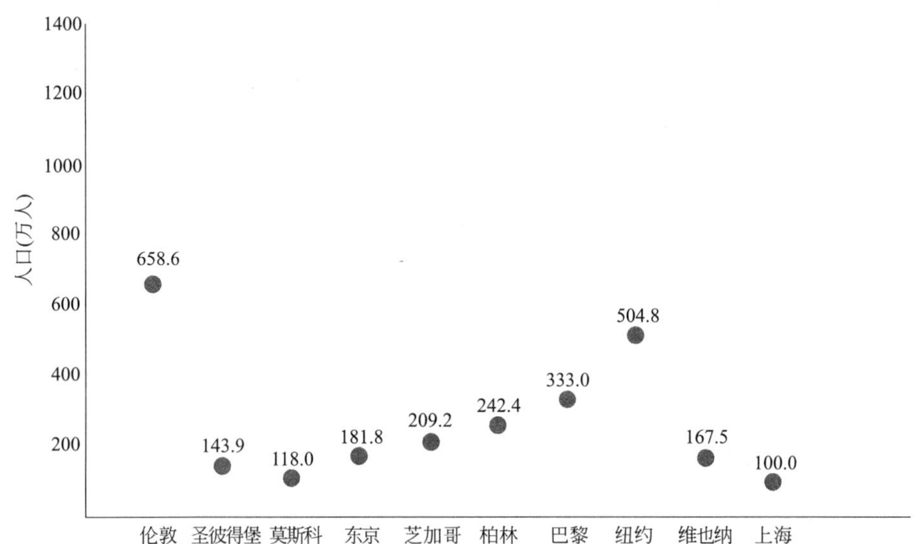

图 3-5　1900 年世界部分城市人口规模

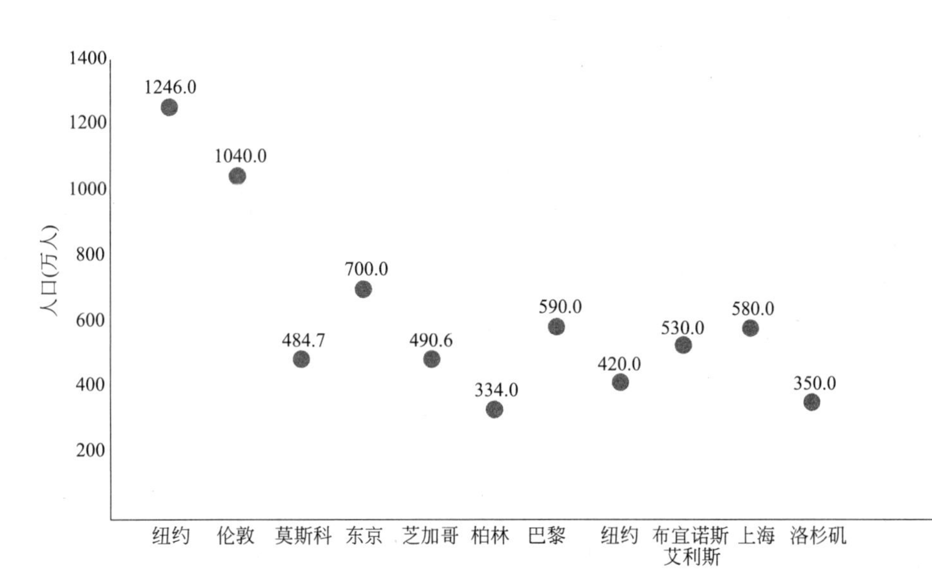

图 3-6　1950 年世界部分城市人口规模

图 3-7　1934 年上海外滩核心区全景

（四）小结：城市与商业的共存

美国学者乔尔·科特金（2006）指出，历史上存在的著名城市都是“神圣、安全、繁忙之地”。纵观人类与城市的发展历史，相继经历了农业经济的古代城市和工业经济的近现代城市，人类向城市集聚是历史时期演化的主要趋势，而人口数量的增多和城市规模的扩大最终仍然要归结于城市文明的兴起，即商业贸易、工业制造、科学技术等产业形态与产业创新的不断进步与繁荣，同时，城市消费与生产群体的扩大也持续刺激和推动着城市经济的发展。所以，本书认为以下几个方面是国内外商业城市所拥有的本质性因素。

（1）城市商业服务与工业制造功能。马克思在《资本论》中指出：“商业依赖于城市的发展，而城市的发展也要以商业为条件。”从农业经济和工业经济时代的城市发展史来看，那些中西方兴旺发达的城市均具有较强的商业服务功能，其次是手工业或工业制造职能较为突出，与商业贸易形成互动发展的趋势。直到人类进入信息化时代，工业职能才开始从这些城市中脱离出来，但仍在大都市区范围内发挥着举足轻重的作用。

（2）城市人口规模及其消费群体。城市的繁荣离不开人口的集聚，保持一定的人口规模是城市产生消费群体的基本条件，而具有经济活力的城市往往拥有相应的消费群体。例如，北宋时期开封的新市民阶层和近现代欧美的中产阶级，均是能够促使城市繁荣发展的动力主体，他们不但具有生产功能而且也拥有较强的消费能力。

（3）城市商业空间的主导地位。世界上可以有没有工业的城市，但绝不存在没有商业的城市。纵观古今中西方城市发展历程，可以发现那些将商业空间置于主导地位的城市往往能够日益兴盛，反之则日渐衰落。所以，在国家政治鼓励下的中西方港口城市均能够实现快速繁荣发展，近现代上海的几番沉浮即是由于如此。若反映到城市内部空间结构，西方工业城市均是将商业区布局在城市中心位置，特别是百货大厦的兴起更是强化了城市商业集中的趋势。

二、现代城市消费空间的演变特征与未来趋势

（一）西方发达国家城市消费空间的演变过程

1. 城市零售业的三次革命

西方发达国家的第一次零售业革命产生了百货商店，而世界第一家百货商店于1852年在巴黎诞生。百货商店拥有巨大的消费空间，是对过去分散的商品和购买行为的“整合”，它将商业零售业引入了“业态店”时代。商业买卖的重心由过去只考虑交易而转向满足消费者的需求，商业的空间具有了消费的意义。从南北战争到20世纪初这几十年间，是美国百货公司的高速发展时期。百货商场的诞生在各大城市的中心区成为标志性建筑群，围绕百货商场的地带，因为人气旺盛而往往很快成为城市的中心或副中心。

第二次零售业革命出现了超级市场、连锁店、仓储商场等新业态，这是伴随着城市信息化和郊区化的发展历程而产生的。该时期所产生的几种新型业态与城市空间组织紧密地结合在一起，超级市场诞生于城郊结合部或城市社区，以中低收入阶层为服务对象，并在其基础上形成了大型仓储式商店，迎合了汽车社会的到来和卫星城的崛起，庞大的中产阶级形成是其兴旺发达的动力。在城市微观尺度上，连锁超市、便利店遍布于城市各个角落的社区和邻里，彻底解构了以百货商店为中心的传统城市形态。由此，消费文化从城市的中心向城市的所有区域撒播，开放式经营、自助式经营及其日常消费性成为主要特征，其

中经营食品、生鲜品占据很高的比例，甚至达到50%以上，彻底贯穿了以满足生活消费为本的新理念（李程骅，2004）。

西方发达国家3次零售业革命　　**表3-1**

主要阶段	表现特征	消费空间	发展理念	城市形态
第一次	陈列式柜台销售	百货商店	以消费为本	单中心城市
第二次	自选式货架销售	超级市场	以消费者为本	郊区化城市
第三次	消费娱乐体验	Shopping Mall	符号体验消费	多中心城市

西方商业的第三次革命是以休闲娱乐为特征，主要为汽车社会打造的Shopping Mall的崛起（表3-1）。这是由于随着城市郊区化和郊区城市化的快速发展，高速、轻轨等快速通道将中心城市与周边城市连接在一起，形成了多中心的大都市区，而单一的仓储商店、超级市场似乎很难辐射到更远的新的城市空间范围，由此促成了集购物、休闲、娱乐为一体、融合多种商业业态的大型购物消费中心的出现。该种商业业态多位于大都市郊区或几个城市之间，体量庞大，无所不包，大卖场、超市、专业店、百货公司、娱乐中心应有尽有。作为一个购物和休闲游乐的综合体，Shopping Mall满足了追求购物便利性、舒适性、体验性、高度选择性和文化性的统一，消费重点完全从物质消费转化为时间、空间、服务和附加值的消费。

2. 信息化时代大都市区形成与城市综合体崛起

伴随着信息网络技术兴起和现代快速交通方式改进，人口、工业制造、商务办公、商业零售等职能也逐步向城市外围迁移，例如，20世纪20年代全美国90%的零售活动发生在城市中心区，至1970年城市中心的零售总额不到全国的50%，由此传统的单中心城市空间结构开始发生重大变化。

西方城市郊区化发展推动了城市规模的快速扩大，形成了多中心大都市区和大都市带，其中，城市综合体与郊区化的超级市场、大卖场或Shopping Mall相结合，共同组成了新城市中心或城市副中心，发挥着服务于郊区或新城市区生活生产服务职能（图3-8）。所以，在此背景下产生了世界上第一个现代城市综合体——法国巴黎的拉德芳斯。作为巴黎的9个副中心之一，它聚集着法国最大的5家银行，17家企业，170家外国金融机构，以及190多个世界著名跨国公司总部或区域总部，成为辐射法国乃至欧洲新的商业商务中心。

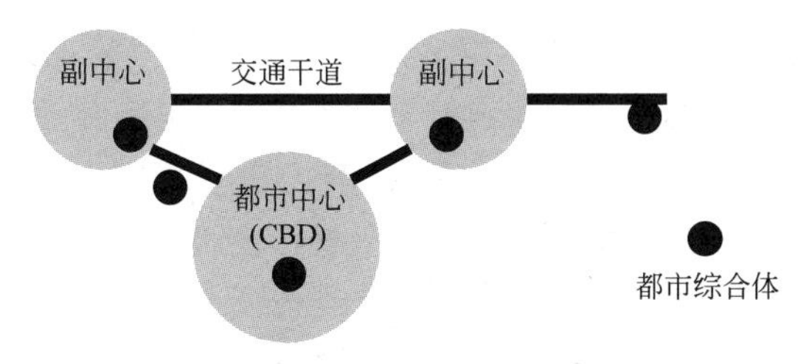

图3-8　CBD、都市副中心、都市综合体的相互关系

同时，为解决城市中心区的衰落问题，二战后西方城市就开始进行城市中心区的改造、更新工作。例如，建造以办公综合体为主的建筑综合体，裙楼是商业零售，塔楼部分

是办公、宾馆和居住用房，这种功能混合方式满足了城市中心办公职员和商务游客的购物、餐饮、住宿要求，也增强了商业空间的集聚影响力。其中，伦敦码头区城市更新是较为知名的案例，1981～1998 年将占地 22km^2 的老港湾区改造成为一个全新的金融商务区，承担着全世界大约 1/3 的外汇交易业务。另如，美国纽约洛克菲勒中心、日本东京六本木也均是经过改造扩建，成为大都市区中著名的商业商务综合体。

（二）我国城市消费空间的发展历程

1. 国内城市零售业的演化进程

百货商店在我国发展历程相对较长，至今有 1 个多世纪的时间。第一家百货店是 1900 年俄国资本家在哈尔滨开设的秋林公司，20 世纪 20～30 年代在上海南京路出现了“先施”、“永安”、“新新”“大新”等著名百货大楼。新中国成立前夕，国家利用之前的商业建筑兴办了哈尔滨第一家百货商店（1947 年）、天津百货大楼（1949 年）等一批国营百货商店，新中国自己投资创建的第一座百货商店是 1955 年 9 月开业的北京市百货大楼（表 3-2）。至 20 世纪 90 年代超级市场在国内兴起之前，百货商店一直属于城市零售业的主流，基本均出现在大城市的商业中心或主要商圈。

我国零售业态的发展演变特征 **表 3-2**

零售业态	主导时期	区位特征	典型案例
大型百货商店	20 世纪 50～80 年代	城市商业中心	北京百货、天津百货、上海第九百货、哈尔滨百货
超级市场、大卖场	20 世纪 90 年代	城市商圈、社区、郊区	香港华润、上海华联、北京物美、广州天河广客隆
购物中心、城市综合体	2000 年以来	城市商业中心、新城 CBD、近郊或远郊	北京华贸购物中心、上海恒隆广场、宁波万达广场、杭州银泰城

1990 年我国第一家超市——美佳超级市场诞生于广东东莞虎门镇，第一家仓储式商店是 1993 年 8 月 8 日开业的广州天河广客隆。随后的整个 20 世纪 90 年代是国内超市、大卖场的快速发展时期，相继出现了香港华润、北京物美、上海华联等著名企业，并有沃尔玛、家乐福、欧尚等世界级大型超市全面进入中国。该时期的超级市场和大卖场选址具有“中心化”、“社区化”和“郊区化”的趋势，主要位居城市商圈、成熟社区及郊区新城。

2000 年以来是我国城市购物中心的兴盛时期，近 5 年则开始出现城市综合体的建设热潮（表 3-2）。2001 年上海恒隆广场在南京西路开业，首次引进大规模世界顶级品牌的店铺；2003 年上海新天地北里荣获国际房地产业界大奖，成为标志性文化旅游型城市综合体。2001～2006 年万达集团相继开发出三代万达广场，目前遍布于全国 70 多座城市，均成为每个城市商业中心的地标。该时期城市综合体与旧城更新、新城建设、郊区化及都市圈发展紧密结合，均选址于区域首位城市或次级城市的商业中心、新城 CBD 或城郊主题休闲区，并逐步向沿海发达地区的三、四线城市或县级市延伸。

2. 国内城市消费空间的发展趋势

对比中西方城市消费空间的演化特征，可以发现，尽管我国城市也出现了显著的郊区化现象，但各种零售业态仍然主要集中于城市商业中心或核心商圈，包括百货商店、大型超市、购物中心等。所以，近年来国内各大城市兴起的商业综合体建设均依托主城商业中心、商圈和新城 CBD，甚至以城市综合体的开发带动城区商业中心的形成。正如万达集团所示，“几乎每一座万达广场都成为了所在城市的地标，即便选址远离原本的中心地带，万达广场的开业总能引发城市商业生态的平移——这里才是市中心”。

同时，大型超市、连锁超市、大卖场向社区的全面渗透属于另一个重要的消费空间特征。当代中国城市家庭已经形成了邻里消费圈、社区消费圈和城市消费圈三重消费出行等级系统，这是一种比较优化的理想模型（图 3-9）。然而，在现实生活中，便利店、连锁超市、大卖场相互冲突、相互竞争的矛盾始终存在，例如超市的社区大卖场化、大卖场的社区超市化、小超市的便利店化、大便利店的小超市化等现象。可以判断，目前由上述零售业态所构建的城市消费空间，特别是邻里与社区消费圈只是一个过渡性体系，未来 10 年或 20 年必将会被一种新的消费空间形式所取代。

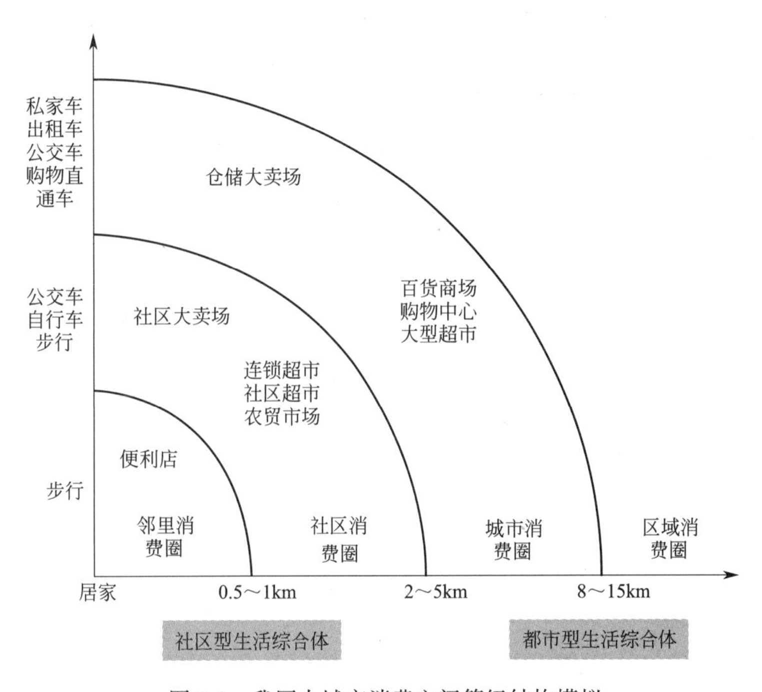

图 3-9　我国大城市消费空间等级结构模拟

所以，我们提出“社区型生活综合体”的概念，即把分割的邻里消费圈和社区消费圈集合在一个大的消费空间内，既可满足家庭日常消费和公共产品服务需求的“一站式”要求，又能构建一个具有多层次社区成员共享的交往空间，强化社区的自组织能力（图 3-9）。作为城市与建筑的中间层，社区型生活综合体规模既不能太大，也不能太小，大了缺乏社区的归属感，小了则不具备互动的交往空间。参考社区超市和大卖场的辐射半径（0.8～1.5km），该生活综合体的最大服务半径可以控制在 1～2km 之内，在此空间范围内，居民日常购物、休闲、游憩、娱乐及寻求公共产品服务，步行或骑车的交通方式均能够接受，对消费和交往空间的归属感也比较强。

（三）城市消费空间演变的动力机制分析

1. 消费群体变化与城市消费空间演进

从美国零售业态 200 多年的发展历程来看，每一种零售业态均有自身的生命周期规律，并与区域城市化进程相互对应（表 3-3）。例如，百货商店具有 80 年的快速发展时期，目前已经达到了成熟发展阶段，具有集中城市化的重要作用；超级市场与购物中心生命周期缩短至 30～40 年，对应着城市郊区化阶段；步行商业街、个人电脑商店是 20 世纪 60 年代后新兴的零售业态，还处在发展的旺盛期。总之，每一种零售业态的兴起到成熟均不少于 10 年，期间都会经历着一个消费方式与文化“内化”于消费者的发展历程。

美国零售业态、零售店演变周期表 **表 3-3**

零售店	发展最快时期	开始到成熟期(年)	目前的生命周期	对应城市化阶段
小百货店	1800～1840 年	100	衰退	集中城市化
单一品种商店	1820～1840 年	100	成熟	集中城市化
百货商店	1860～1940 年	80	成熟	集中城市化
综合商店	1870～1930 年	50	衰退	集中城市化
一价商店	1880～1930 年	50	衰退	集中城市化
邮购商店	1915～1950 年	50	成熟	集中城市化
团体连锁商店	1920～1930 年	50	成熟	集中城市化
合作商店	1930～1950 年	40	成熟	集中城市化
超级市场	1935～1965 年	35	成熟	郊区化
购物中心	1950～1965 年	40	成熟	郊区化
自动售货机	1950～1985 年	35	成熟	郊区化
折扣商店	1955～1975 年	20	成熟	郊区化
快餐店	1960～1975 年	15	成长后期	郊区化
家庭用品中心	1965～1980 年	15	成长后期	郊区化
方便商店	1965～1975 年	20	成熟	郊区化
仓储零售商店	1970～1980 年	10	成熟	郊区化
超级专营商店	1975～1985 年	10	成长后期	郊区化
步行商业街	1967 年至今		成熟	再城市化
个人电脑商店	1980 年至今		成长早期	再城市化

资料来源：菲力普·科特勒．市场营销管理［M］．楼尊译．北京：科学技术文献出版社，1991。

从城市经济结构与社会分工的演变规律来看，农业经济逐步让位于手工业经济、商贸经济、工业经济及服务业经济，人类从农业领域向工业、服务业等领域转移，并形成占据城市主流的社会阶层。一个新社会阶层的出现源于经济发展对之的渴求。美国著名社会学家理查德·佛罗里达（2010）通过相关统计数据分析发现，创意阶层正在成为美国社会的主流，占据着 30％的人口比重，这是属于传统服务业核心阶层的一类人群，包括所有从事工程、科学、建筑、设计、教育、音乐、文学艺术以及娱乐等行业的工作者，广泛分布于知识密集型、技术密集型行业，如高科技、金融、法律、文化艺术、科学教育、卫生保健、工商管理等领域。这是由于美国城市发展已经进入了后工业化阶段，新兴服务经济和创意经济的兴起必然对服务阶层、创意阶层产生巨大的需求。

与之相比，当前我国大中城市还处于工业化中期或后期阶段，以北京、上海、广州为代表的一线城市服务业经济比重约在60%～80%之间，工业经济还占据着较大的比重，特别是表现在二、三、四线城市。所以，服务业阶层、工人阶层及创意阶层共同组成了中国城市社会群体，其中，分布于各个经济领域的中产阶层将是未来城市消费的主体，正如简·雅各布斯（2007）指出，"大都市经济如果运行得很好，就会将很多穷人不断地转变成中产阶级，将新手转变成有能力的市民；城市不仅仅在吸引中产阶级，而且在创造中产阶级。"

2. 信息网络技术对城市消费空间的影响

未来城市消费空间的形式究竟属于何种模式？著名城市学研究权威乔尔·科特金（2010）认为，一方面，郊区化的购物中心努力将之打造成为当地的主街道，专卖店、连锁超市、购物城不断复制人造环境，发展成为各类人工主题购物城或消费点，迪士尼乐园、拉斯维加斯是其中最具有代表性的案例；另一方面，电子商业空间正在逐步替代连锁超市、大型仓储商场，人们逛购物城的时间和面对面的个性化服务逐步减少，网络空间使得人们的消费活动更加自由而便捷。

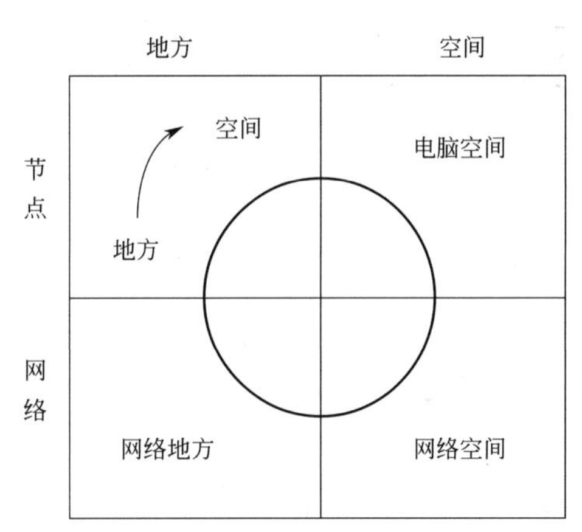

图3-10　实体空间与网络空间

究竟实体空间和网络空间孰轻孰重，目前还处于激烈的学术理论争论与现实商业争夺中。著名互联网专家Batty（1997）将城市空间划分为4种类型（图3-10）：①地方/空间，即指人们所生活的实体空间；②电脑空间，从电脑及其网络提取的计算机空间；③网络空间，电脑通过网络所形成的虚拟关系空间；④网络地方，网络空间对传统地方的影响（汪明峰，2007）。因此，有学者宣称说，"网络空间将是信息时代的家园——是未来公民注定要去居住的地方"（John Perry Barlow，1999）；也有学者认为，尽管网络空间对日常生活城市产生了巨大冲击，但虚拟现实仍然是在现实中或地面上进行的（Michale Dear，2000）。

从我们身边的情况来看，信息网络技术的兴起，加速了城市沿街商铺传统业态的消失，网购、物流、快递将逐步代替传统个体商铺，工厂标准化生产促使许多日常耐用品实体销售方式的消失，如电子、服饰、家电、建材等，甚至书籍、食品、饮料也趋于标准化（图3-11）。而汽车正在以前所未有的速度进入中国人的家庭生活，汽车交通方式的出现，促使道路的主角让位于汽车，城市沿街商铺逐步退入特定的街区，表现为商业步行街，甚至是室内步行街。由于城市规模的扩大，以超级市场、大卖场、购物中心为代表的一站式商业零售点逐步形成。在以上两种动力因素的影响冲击下，未来哪些商业业态将会持续存在呢？

事实上，在人类历史发展的长河中，有2个重要因素是不会随着科技文明的发展而改变的：①城市的地点性，即场所或空间的特殊性，如一些城市或地点由于拥有优越的生态环境、特殊的文化底蕴或良好的区位条件，而成为人类兴盛繁荣的场所，这是电子空间所不能够替代的。②人类的群聚性，无论是古代中国城市还是古希腊城邦，大凡盛世繁华的城市都拥有自身的核心和中坚——中产阶层，并形成相应的市民社会和市民精神，两宋时期城市文明复兴就是源于此，这种人类之间的群聚性或连通性不是电子网络所能够连接的。所以，未来城市消费空间将会同时体现出地点的特殊性和人类的群聚性，从古代商业城市的繁华集市、近代工业城市的百货商场，到现当代城市购物中心或生活综合体，消费空间形式被一次次地刷新，均反映出人类在不断接近理想的生活空间，并体现出以上本质性的内在精神。

图 3-11 无所不在的信息网络技术正在和所有商业模式进行结合

3. 城市消费空间的动力机制分析

综合以上分析，基于城市空间结构发展的动力主体视角（张庭伟，2001；石崧，2004），提出一个城市商业空间转型趋势及其动力机制的分析框架（图 3-12）：①商业空间的动力主体包括市民社会、地方政府和开发公司，其中，市民社会的形成具有重要意义，也是产生城市商业空间的基础条件，国内外历史时期繁荣商业城市的形成均证明了此点。②现代城市消费空间的形成受交通方式革新、信息网络技术的推动，并与虚拟的网络空间相互伴随与替代，两者均产生了形式各异的零售业空间。③生活综合体将成为未来城市主要的消费与交往空间，它可以整合各种新业态的魅力和优势，弥补网络空间所带来的人际关系的疏离与失落，满足城市居民物质与精神层面的全方位需求，并具有城市公共开放空间的重要功能。

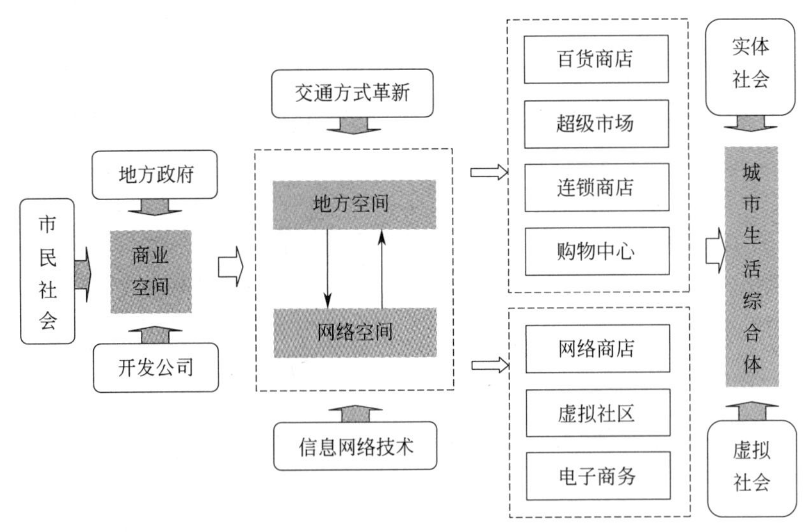

图 3-12　城市消费空间转型趋势及其动力机制
资料来源：武前波，黄杉，崔万珍．零售业态演变视角下的城市消费空间发展趋势［J］．现代城市研究，2013（5）：114-120。

三、从人类需求特征变化到城市生活综合体开发

（一）基于消费者群体的城市商业空间演进

人类发展与城市兴盛密切相关，其中商业形态、消费群体和城市结构互动发展（表3-4）。农业经济时代的集贸市场属于行政型城市的产物，除了大量商品要供给权力阶层之外，其他消费群体主要是农民和手工业者；工业经济时代的百货商场所产生的中心集聚效应促进了单中心城市结构的强化，其消费群体是由工人阶层所组成的中产阶级；由于信息网络技术的兴起，服务经济时代所诞生的新业态与多中心郊区化城市形态密切相关，数量日益增多的服务阶层属于主要消费群体。

城市经济发展阶段及其商业形态　　**表 3-4**

发展时期	农业经济	工业经济	服务业经济
商业形态	分散式集贸市场	集中式百货商场	便利店、连锁超市、大卖场、购物中心、城市综合体
消费群体	农民、手工业者	工人阶层	服务阶层
交通方式	步行、马车	电车、汽车	汽车、高速公路
主导空间	王宫、广场	商业区、工业区	商业、商务办公区
城市结构	行政型城市	单中心城市	多中心郊区化城市

农业经济时代的集贸市场发挥的是最原始的交换功能，其中固定的小店面多属于单一商品经营的“业种店”，除了简单的买卖之外，基本没有附加价值，而古代城市中心布局着政治机构，当时的商业仅是热闹而不集聚，发达而不经济。进入工业社会以后，大规模生产促进销售形式的转变，百货商场（Department Store）出现，将丰富商品汇集在一个大空间的现代商业零售业态诞生后，极大地刺激了人们的消费欲望。在此过程中，商业空间的主角让位于消费者，商业空间转化为消费空间，之后让消费者感觉到更为自由而便捷

的自选商场、连锁超市、便利店乃至大型购物中心快速兴起。

从马斯洛需求层次理论来看，原始的集贸市场仅仅能够解决人类生理温饱的基本需求，这也是古代城市经济依附于农村经济的主要原因，固定店招、商号的出现则满足了人们对商品的安全与诚信的需求，从而实现了古代社会消费层次的升级。至工业社会时期，城市经济摆脱了对农业生产的依赖，用于日常生活的商品大量涌现，百货商场、超级市场的产生既容纳了多样化的商品，也满足了对消费者尊重的需求。当代社会的购物中心是以体验、休闲消费为主，物质商品的消费则处于其次，实现了马斯洛需求层次的顶端——“自我实现”的需求（图 3-13）。

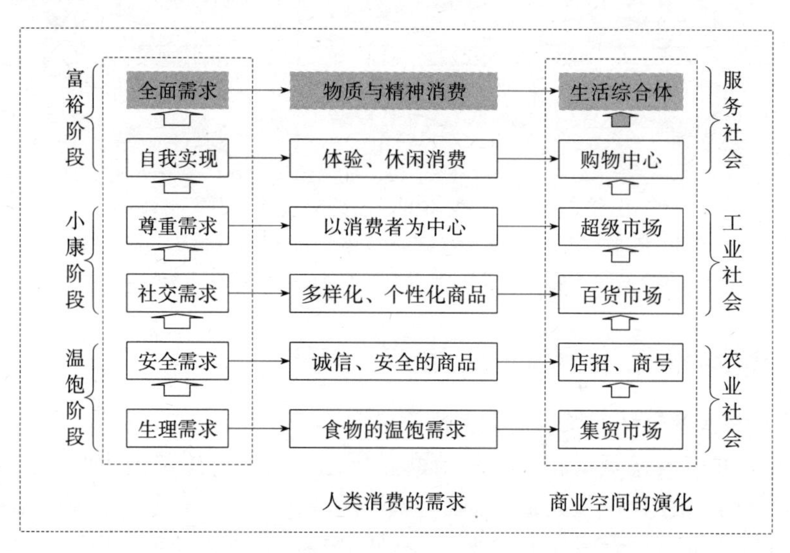

图 3-13　人类需求变化与城市商业空间升级

由此可见，古代城市属于权力型或行政型城市，商品的重要供给对象是权力阶层，导致了城市商业空间的萎缩，如《周礼·考工记》所记载的周王城，以及隋唐长安城。近代城市兴盛于西方发达国家，其城市规划是基于理性经济人的生活行为假设，以地租形式所表现出的商业空间更多地考虑到众多阶层的生活需求，然而却忽视了人类自然本性的需求，由此出现了“田园城市”的理想模型。现当代城市空间形式更加丰富多彩，相继出现了多中心都市区、大都市带或都市圈等城市形态，并伴随着郊区化、逆城市化现象，人们的生活空间不再局限于传统城市，郊区都市、卫星城、中小城镇和乡村同时可以成为城市居民长期生活的地方，百货店、大卖场、连锁超市、24 小时便利店和城市综合体等新型消费空间与城市化进程步调一致，真正并同时体现了人类群聚的需要以及回归自然的精神追求。

（二）从人类需求特征到城市生活设施

一般意义上的人类需求包括物质和精神需求，当前城市的各类商业设施及公共设施基本上可以满足以上 2 种类型需求。但是，长期以来的传统功能分区规划思想对城市建设影响甚重，在空间尺度和人口规模较大的城市内部，各区块的土地利用功能较为单一，往往单纯地划分为居住区、工业区、文教区、商业区等，导致居民的生活、就业、通勤、消费等活动的便捷性受限，造成通勤时间过长、交通堵塞、职住时空错位、日常生活不便、贫富居住分异等诸多社会问题，特别是表现在城市化进程中城市规模越来越大的中国。所以，这将需要一种新的生活空间形式来重构传统城市形态，它能够近距离解决人们的就业、居住、购物、出行、交往、休憩等各方面的生活需求，同时也不会带来各种社会问题，由此推动了城市综合体的出现。

依据马斯洛的五大需求层次理论，即生理需求、安全需求、社交需求、尊重需求和自我实现需求。本书将人类的需求类型、需求内容与商品内容、商业设施进行分类归纳，从中可以发现以下主要特征（表 3-5）：

人类的需求内容与城市的商业设施　　表 3-5

需求类型	需求内容	商品内容	商业设施
生理需求	衣、食、住、行、水、空气、运动	服饰、食品、日用品、房产、餐饮、交通	服饰店、食品店、百货商店、大型超市、住宅、餐馆、车站、运动场
安全需求	舒适、安全、健康、诚信	家电、家具、消防、医疗、保险、金融	家电连锁店、家居广场、医疗机构、保健中心、保险公司、银行、消防站
社交需求	友谊、爱情、亲情、公务、商务	酒吧、美食、礼品、通信、会议、娱乐	酒店、茶楼、美食广场、舞厅、电影院、KTV、滑冰场、交流中心、网吧
尊重需求	形象、地位、名声、成就、财富	时尚、品牌、奢侈品、美容、美体、精品、珠宝、名车、豪宅	品牌服饰店、高级会所、名车展示中心、珠宝店、名表店、美容美体中心、高档公寓、星级酒店、高端住宅
自我实现需求	享乐、求知、休闲、体验、完美	疗养、旅游、教育、探险、创意、研发	技艺培训中心、疗养基地、旅游区、创意园、音乐厅、文化馆、科技馆

（1）生理需求，包括对衣食住行、空气、水等方面的需求，若缺少此方面的最基本生存供给，一个人就不会对其他任何事物感兴趣。与之相对应的商品内容有服饰、食品、日用品、房产等，而能够提供此类商品的设施包括服饰店、食品店、百货店、超市、餐饮店等。

（2）安全需求，即对人身安全、生活稳定以及免遭痛苦、威胁或疾病等方面的需求，可以表征为“舒适、安全、健康、诚信”，仅次于生理需求。能够满足此方面需求内容的商品包括家电、家具、医疗、消防、保险、金融等，可以提供该类商品的场所则有家电连锁店、家居广场、消防器材店、医疗中心、保险公司等。

（3）社交需求，包括对友情、亲情、爱情及公务、商务关系方面的需求，其建立在前两种需求之上，属于人类生活水平提高和社会进步的重要表现。与之对应的商品内容和商业机构涵盖酒店、茶馆、咖啡馆、酒吧、舞厅、KTV、电影院、健身俱乐部、会议交流中心等。

（4）尊重需求，既指对成就或自我价值的个人感觉，也指他人对自己的认可与尊重。有此方面需求的人希望别人按照他们的实际形象来接受他们，其关心的内容包括形象、地位、名声、成就和财富，所需的商品则要能够表现出这一切，从而达到自我满足和自信的目的。所以，各类高档顶级商品和服务项目均为此方面需求而服务，如品牌店、奢侈品店、高级餐馆、名车展示中心、美容美体中心、高档公寓、别墅豪宅等。

（5）自我实现需求，主要表现为在工作、学习和生活中的追求，在满足以上 4 个需求层次的基础上，人们开始寻找生活的乐趣、艺术的享受、科学的奥秘等，从此获取自我精神层面的满足，可以用“享乐、求知、休闲、体验、完美”来表述。所以，能够提供疗养、旅游、教育、探险、创意和研发的城市设施均可以满足此方面的需求。

（三）人类理想生活空间的设定——城市综合体

综上所述，人类需求的不断升级是城市商业进步的主要动力，人类需求的范围扩张则是城市综合体形成的内在机制。反之，城市的本质功能是服务于人们的生产与生活，城市综合体以商务商业为核心即体现如此。

我们认为，以生活综合体为核心的大中小城市将属于一种较为理想的城市空间，综合体是建立在上述各种消费空间形式之上，并被赋予了更多的城市功能，如工作、居住、交往、娱乐、体验等，从而形成了一个社会交换的“新时空”（图 3-14）。早在 1933 年的《雅典宪章》就指出，城市规划的目的是解决居住、工作、游憩和交通 4 大功能活动的正常进行；1977 年的《马丘比丘宪章》强调了各人类群体的文化、社会交往模式，认为城市是有机的构成，必须努力去创造一个综合的、多功能的生活环境；1996 年的《新城市主义宪章》提倡塑造具有城镇生活氛围、紧凑的社区和适宜步行的邻里结构，将商店、办公楼、公寓、住宅、娱乐、教育设施混合在一起，实现邻里、街道和建筑内部的功能混合，追求生态环境的可持续发展和人类社区的高生活质量。可见，当前的生活综合体概念较为符合长期以来城市规划的理想目标，但其内涵意义与规划布局仍需进一步细化和深化。

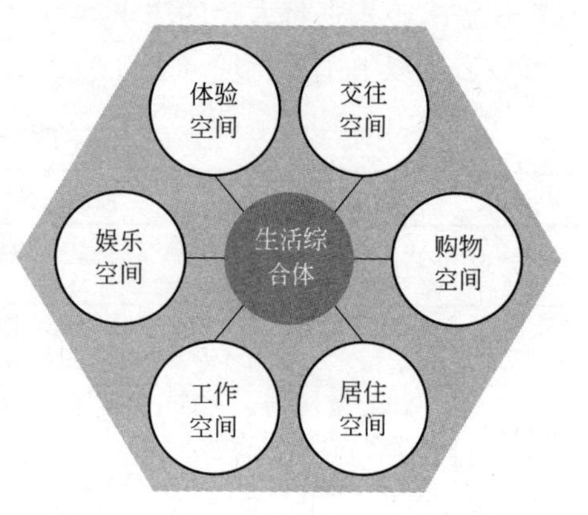

图 3-14　城市生活综合体的空间功能

然而，当前我国城市综合体建设还处于发展起步时期，特别是表现在国内一、二、三线城市。这是由于综合体仍然还属于商业零售机构的升级版，其区位特征表现为城市中心，服务内容以商业商务为主。所以，国内大多数城市综合体主要集中于一线城市，分布于城市 CBD、副中心或新城中心，还没有完全深入到二、三、四线城市，以及各类城市的日常生活圈——邻里社区，即综合体所提供的消费内容仍然是满足于中高端需求，例如，华润集团除了开发出“万象城”大型城市综合体，也设计出“欢乐颂”这样的社区型生活综合体。因此，城市综合体开发还拥有相当大的潜力空间，这既要紧密切合人们的各类需求，也要与城市空间发展趋势相互一致。

第四章　国内外城市综合体的发展特征与类型模式

纵观世界发达地区的现代化都市，无论是美国纽约的洛克菲勒中心、法国巴黎的拉德芳斯，还是日本东京的六本木、中国香港的太古广场，不但很好地满足了城市生产和生活的各类需求，而且避免了城市商业中心功能分区的弊端，也逐步发展成为每个城市的文化象征地标。本章选取当前国内外 71 个典型城市综合体，分别代表着国际城市和国内一、二、三线城市，查询相关统计出版资料及书籍，并辅以网络信息搜索，统计出其地理位置、建成年份、建筑面积、业态比例等重要信息，分别从空间分布、等级规模、功能业态、类型模式等方面，揭示出国内外城市综合体的发展演变特征，并对其内在规律和内涵特征进行总结（见附录 A、附录 B）。

一、城市综合体的分布特征与功能业态

（一）空间分布特征

从国内外城市综合体的空间分布来看（图 4-1），可以发现以下几个方面的特征：

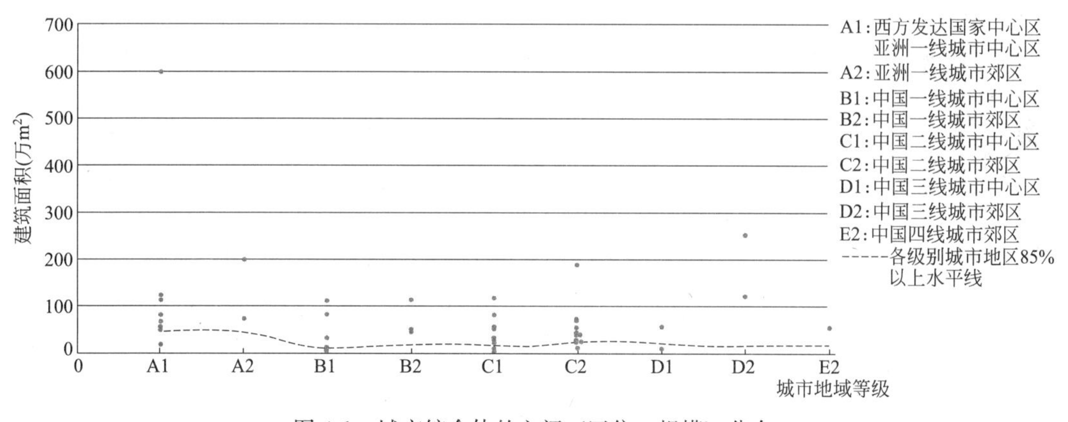

图 4-1　城市综合体的空间（区位—规模）分布

（1）城市综合体较多出现于国际城市和国内一、二线城市，其中，国内二线城市占据较多的数量比例。以上表明，城市综合体与城市经济实力密切相关，并随着城市规模扩大和地位提升而逐步增多。

（2）城市综合体建筑体量以国际一线城市为最，其次是国内一、二线城市，而二、三线城市的发展趋势较为明显。以上说明国内城市综合体建设与城市化进程相对一致，国外发达国家较早完成了城市化过程，因此最早出现城市综合体，而当前国内二、三线城市正处于城市化推进的加速时期。

（3）城市综合体在国内二、三线城市郊区出现的频率较高，其次是一、二线城市中心

区。这表明城市综合体建设与二、三线城市新区扩张相对一致，而与一、二线城市旧城更新结合更为密切，同时说明一、二线城市的核心商圈与商业中心更易于营造城市综合体。

（二）等级规模演化

从国内外城市综合体的规模—时序变化来看（图 4-2），主要表现出以下几方面特征：

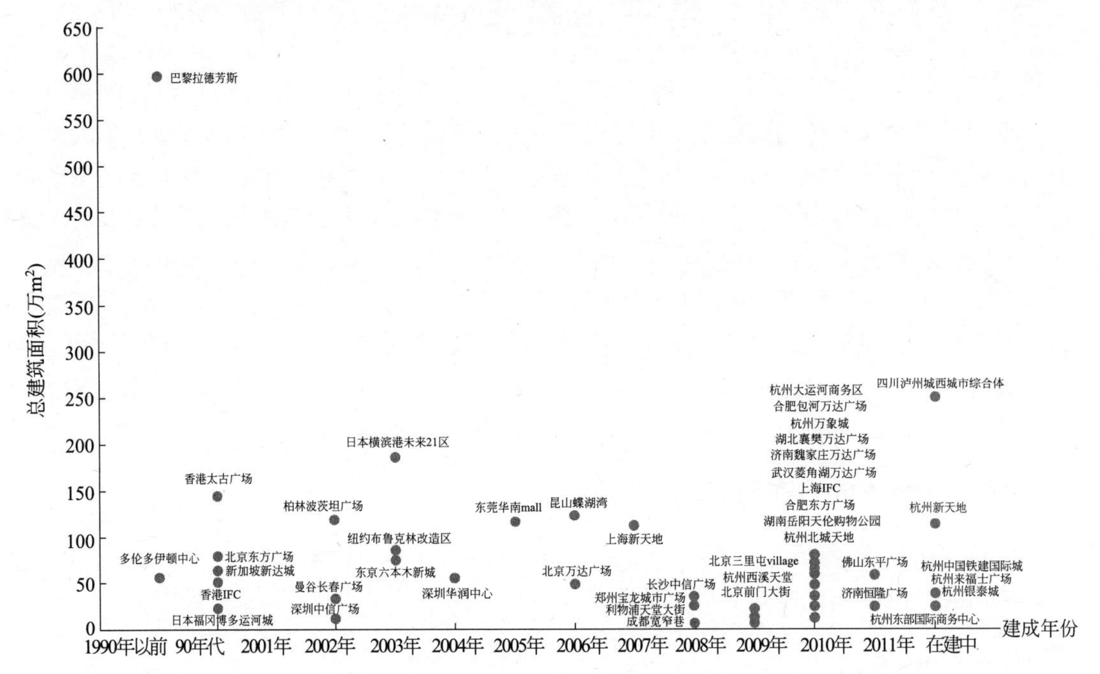

图 4-2　城市综合体的建筑面积与建成时间（规模—时序）分布

（1）2005 年以前是国外城市综合体密集出现时期，之后是国内城市综合体发展的快速时期，至 2010 年达到第一个建设高潮。由此看来，城市综合体还属于商业空间的一种新形式，其规模和功能均在不断的完善之中，并呈现出由国际一线城市向国内一线、二线、三线城市逐步扩散的发展趋势。最早的现代建筑综合体——洛克菲勒中心、城市综合体——拉德芳斯的发展历程即说明如此。

（2）城市综合体建筑规模在国内外城市体系分布相异，国际一、二线城市建筑体量最高，而国内二线城市的建筑规模为最。这是由于国外发达地区城市化水平较高，无论是主城区更新改造还是新城副中心建设，其城市综合体规模较大，服务功能也更为成熟。与之相比，国内一线城市中心区发展相对成熟，用地空间紧张，并以城市集中化为主，近期综合体建设更多集中于二线城市，其建筑规模也较大。

（3）国内二、三、四线城市综合体建设将成为未来发展的主要趋势。无论是从世界城市化的进程来看，还是从国内外城市综合体的“规模—时序”曲线变化来看，21 世纪是属于中国城市化的重要时期，也将是城市综合体的快速发展阶段。

（三）功能类型与业态比例

从国内外城市综合体的功能演变特征来看（图 4-3），20 世纪 90 年代以前城市综合体主要以商务办公功能为主，其次是商业零售；21 世纪第一个 10 年表现为住宅型综合体需求，其次为商业零售；当前的城市综合体以商业零售占主导地位。

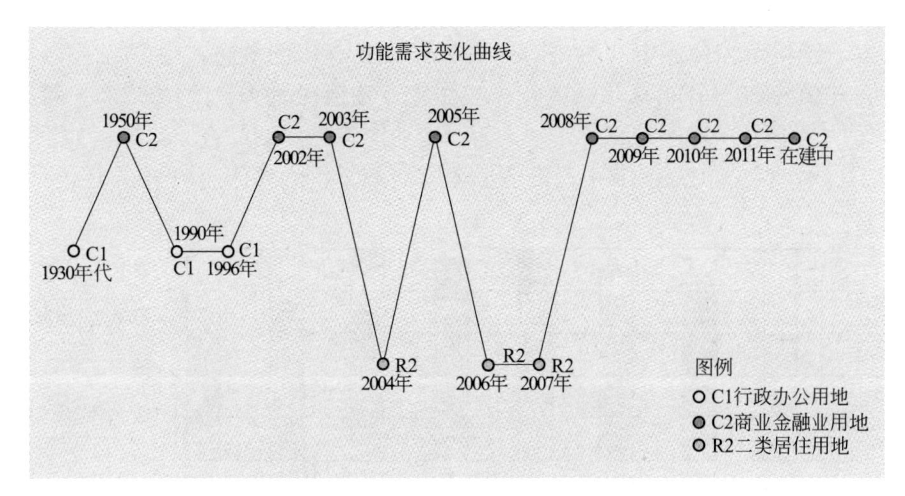

图 4-3　城市综合体的功能需求变化路线

从中可知，早期综合体主要产生于国际一线城市，全球化和信息化背景下对商务办公的需求相对旺盛；中期的城市综合体以国内一、二线城市为主，城市化的快速发展对住宅、商业的需求较强；后期的城市综合体逐步向二、三、四线城市扩散，商业零售开发成为城市需求和地产营利的主流。

同时，从城市综合体功能出现的频率来看（图 4-4），商业零售频率度最高，其次是商务办公，再次是酒店会展，最后是住宅公寓，以上四大业态成为当前国内外城市综合体的主要功能，这也较为符合自古以来城市的本质特性——商业功能。

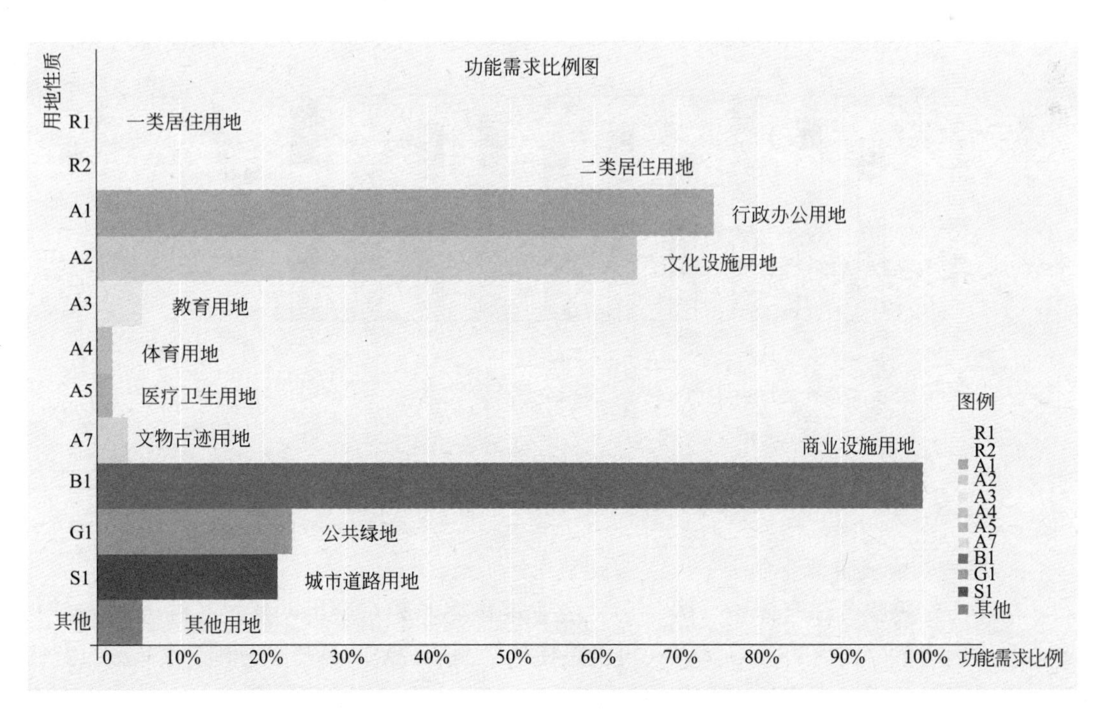

图 4-4　城市综合体的功能复现频率

1. 国际一线城市综合体

在国际一线城市综合体中（图 4-5），商务办公业态比例最高，均值达 44%；其次是商业零售，均值为 23%；再次是酒店公寓和住宅，均值分别为 21%、12%。可见，国际城市综合体的功能更多表现为商务办公，而以商业零售为主的综合体除外，如伦敦利物浦天堂大街、日本博多运河城。其中，商务办公、商业零售的整体比例达 67%。

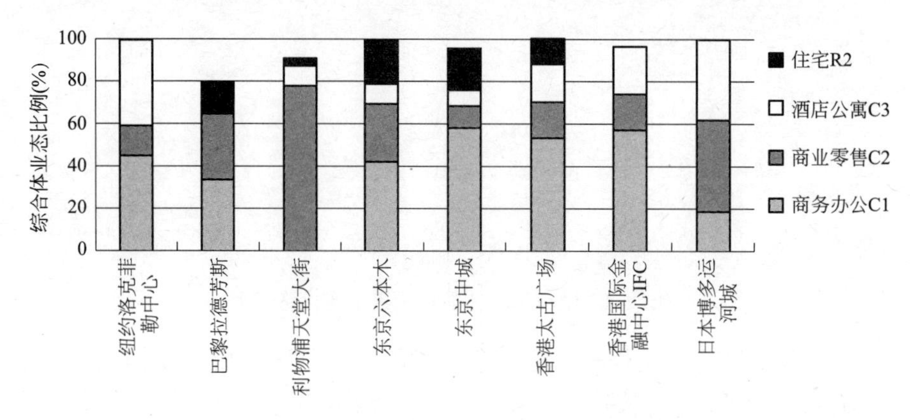

图 4-5　国际一线城市综合体的业态结构

2. 国内一线城市综合体

在国内一线城市综合体中（图 4-6），商务办公功能较为突出，业态比例均值为 32%，其次是商业零售，均值为 25%，而酒店公寓、住宅业态均值比例分别是 13%、24%。从中表明，国内一线城市商务办公、酒店公寓功能要弱于国际一线城市，而商业零售、住宅功能相对较强。其中，商务办公和商业零售的整体比例为 57%。

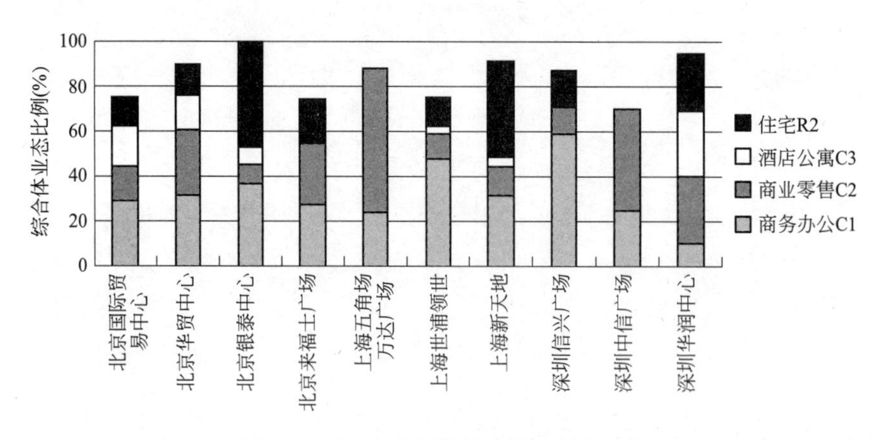

图 4-6　国内一线城市综合体的业态结构

3. 国内二线城市综合体

在国内二线城市综合体中（图 4-7），商业零售功能相对突出，其次是商务办公，二者业态比例均值分别达 29%、26%；再次是住宅、酒店公寓，其比例分别为 33%、12%。以上说明国内二线城市的商业零售、住宅功能要强于一线城市，而商务办公、酒店公寓相对较弱。其中，商业零售、商务办公两种业态比例达 55%。

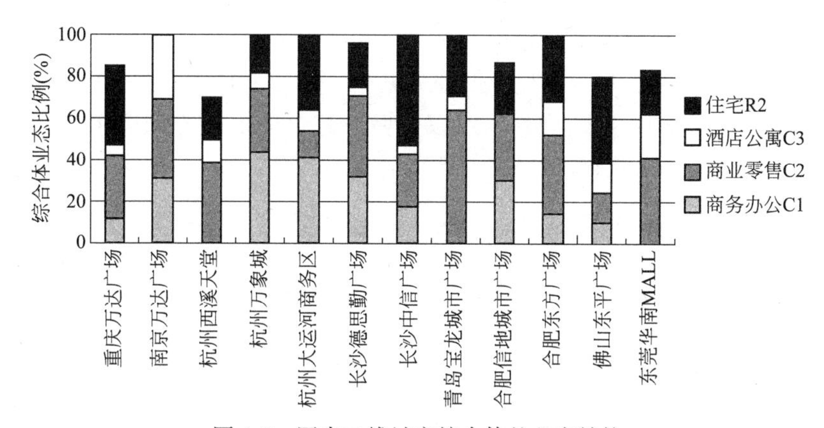

图 4-7　国内二线城市综合体的业态结构

4. 国内三线城市综合体

在国内三线城市综合体中（图 4-8），商业零售、住宅占据主导地位，业态比例均值均达 34%，其次是商务办公、酒店公寓，比例分别为 20%、12%。从中可知，商业和居住是国内三线城市的重要功能，商务办公、酒店公寓的功能相对较弱。其中，商业零售、商务办公的业态总体比例为 54%。

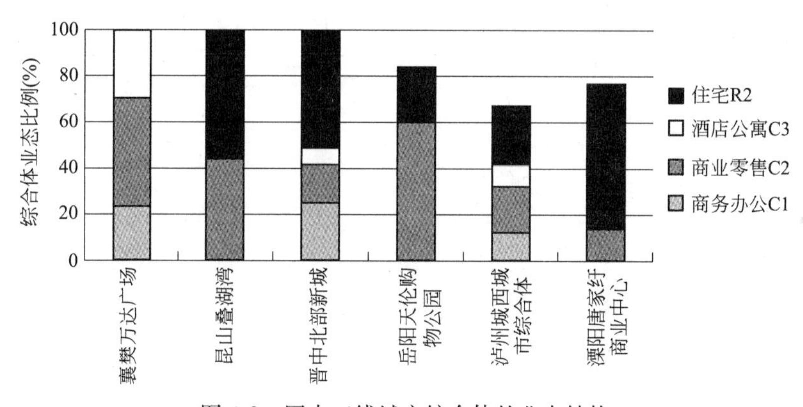

图 4-8　国内三线城市综合体的业态结构

5. 一、二、三线城市综合体开发的业态比例规律

通过对国内外城市综合体业态结构的定量化分析，可以发现综合体的主要功能表现为商务、商业、酒店、住宅四大类型，均值分别为 31%、28%、15%、26%；其中，商务、商业均值都为 30%，酒店、住宅均值都为 20%（表 4-1）。所以，可将城市综合体“商务、商业、酒店、住宅”的业态比例规律总结为“三三二二”的变化特征。

国内外城市综合体开发的业态类型统计　　**表 4-1**

城市	综合型业态	比　例
国际城市	商务办公、商业零售、酒店公寓、住宅	44 ∶ 23 ∶ 21 ∶ 12
一线城市	商务办公、商业零售、酒店公寓、住宅	34 ∶ 26 ∶ 16 ∶ 24
二线城市	商务办公、商业零售、酒店公寓、住宅	26 ∶ 29 ∶ 12 ∶ 33
三线城市	商务办公、商业零售、酒店公寓、住宅	20 ∶ 34 ∶ 12 ∶ 34

注：表格将四大业态比例进行了总和为 100%的规律化处理，因为案例中部分综合体四大业态比例未达 100%。

结合上述对城市及其综合体的发展脉络与现状特征解读，可以发现，随着城市等级规模的提升，综合体功能也逐步复杂化，如商务办公、酒店公寓的业态比例增大，而商业零售、住宅的比例相对下降，反之亦然。所以，城市综合体的核心功能主要表现为商务商业，其次是生活居住，这是城市综合体或城市的本质特性。

二、城市综合体开发模式的归类与总结

当前城市综合体还处于发展起步期，特别是表现在拥有庞大城市人口和巨大消费市场的中国，其类型模式划分也还是基于商务办公、商业购物、酒店公寓、住宅等四大功能。然而，从国内外城市综合体发展趋势以及未来城市的消费需求来看，上述四大功能属于城市综合体的核心要素，并根据各自的市场需求表现出相应的发展模式。由此，我们归纳出以下九大类型城市综合体（图 4-9），并可归并为主流与非主流两大类城市综合体。

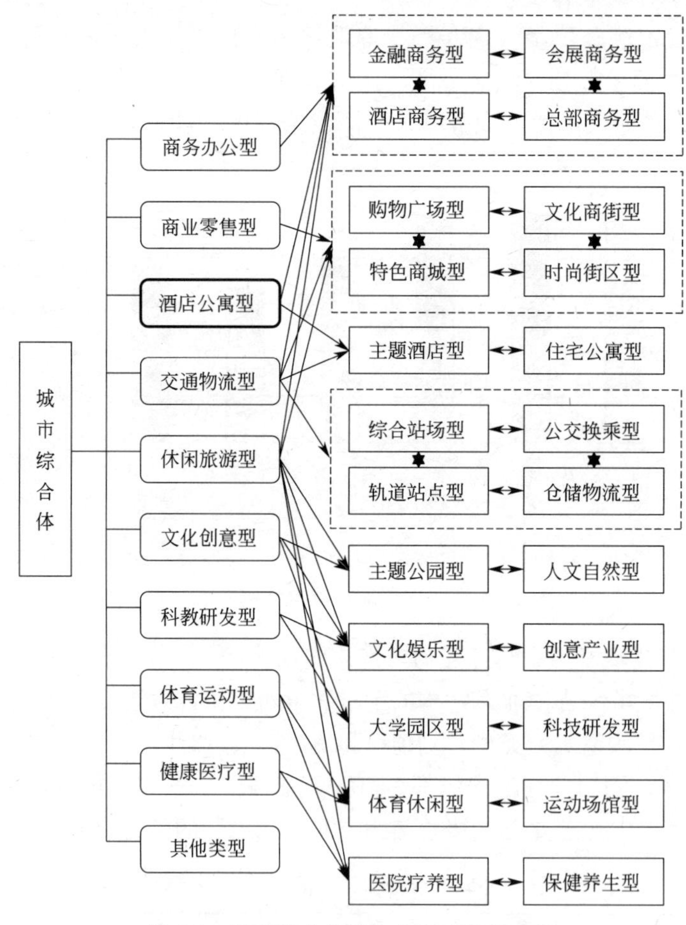

图 4-9　城市综合体的九大类型及其亚类

（一）主流城市综合体

主流城市综合体主要包括商务办公、商业零售、酒店公寓 3 大类型，这在当前的国际城市和国内一线城市的数量最多，出现频率最高，主要位居城市核心商圈或新城核心地段（表 4-2）。其中，商务办公型又可以细分为金融商务型、会展商务型、酒店商务型、总部

商务型，商业零售型有购物广场型、文化商街型、特色商场型和时尚街区型，酒店公寓型包括主题酒店型和住宅公寓型。但是，在各大型城市综合体及其亚类之间，并没有明确的划分界限，例如，纽约洛克菲勒中心、巴黎拉德芳斯既属于金融商务型，也可以归类于总部商务型；国内各城市出现的万达广场更是将商务、商业、酒店等类型融合为一体，还缺乏明显的类型归属特征。

主流城市综合体类型模式　　表 4-2

主要类型		内涵特征	典型案例
商务办公型（C1 型）	金融商务型	位居国内外一线城市 CBD，以金融商务办公为主，汇聚国内外银行、保险、投资、证券等公司机构	纽约洛克菲勒中心、巴黎拉德芳斯、伦敦金丝雀码头、东京新宿副中心、香港国际金融中心、北京东方广场
	会展商务型	位居国内外一线城市，以会展博览服务为核心，汇聚国内外大型贸易公司机构，成为采购商的贸易平台	上海中国博览会会展综合体、广州保利世贸中心、杭州世贸中心
	酒店商务型	以星级酒店、豪华公寓为中心，形成集办公、商场、展览、会所、休闲、娱乐等多种业态的城市综合体	横滨港未来 21 区、上海商城
	总部商务型	位居国内外一线城市 CBD 或郊区总部基地，吸引并汇聚国内外 500 强及各行业大中型企业总部机构	纽约洛克菲勒中心、巴黎拉德芳斯、东京六本木、香港太古广场、北京华贸中心、上海浦东新鸿基、深圳信兴广场
商业零售型（C2 型）	购物广场型	以商业购物为核心，集购物中心、商务办公、酒店公寓、休闲娱乐、餐饮美食为一体	多伦多伊顿中心、北京万达广场、上海恒隆广场、深圳华润中心、深圳中信广场、杭州万象城、东莞华南 Mall
	文化商街型	围绕传统文化商业街区，以商业零售为主要业态，形成文化型、开放式商业综合体	利物浦天堂大街、悉尼情人港、北京前门大街
	特色商场型	以商业零售为核心所形成的具有广泛影响力和吸引力的特色商场型购物综合体	伦敦西田购物中心、蒙特利尔玛丽城、日本福冈博多运河城
	时尚街区型	将时尚文化作为定位标准，继承地方传统文化元素，涵盖商业零售、休闲娱乐各种业态	上海新天地、成都宽窄巷子、天津新意街、武汉楚河汉街
酒店公寓型（C3 型）	主题酒店型	位居城市核心商圈或特色资源旅游区，以国际知名星级酒店、公寓为中心，综合商务、购物、会所、娱乐、餐饮等业态	上海商城、杭州西溪天堂、泰安蓬达国际度假酒店综合体
	住宅公寓型	以住宅、公寓为核心，配套商业零售、商务办公、文化娱乐、生态公园等多种业态	多伦多湖滨区、成都龙湖时代天街、武汉东湖万达广场、昆山世茂蝶湖湾

（二）非主流城市综合体

非主流城市综合体包括文化创意型、休闲旅游型、交通物流型、科教研发型、体育运动型、健康医疗型及其他类型（表 4-3）。其中，交通物流型城市综合体与上述主流城市综合体重叠之处最多，这是由城市综合体的交通功能特性所决定的。但是，根据其形成机制又可区分为核心商圈所形成的城市综合体，以及外围交通枢纽产生的城市综合体，前者如香港太古广场，后者则如上海虹桥枢纽。

非主流城市综合体类型模式　　表 4-3

主要类型		内涵特征	典型案例
文化创意型	文化娱乐型	以文化体验、文化消费为主，包括休闲娱乐、购物餐饮、社交聚会等商业业态	北京三里屯 village、上海新天地、天津新意街
	创意产业型	以文化生产、艺术创作为主，综合办公、零售、展览、休闲、娱乐等商务商业业态	纽约洛克菲勒中心、东京六本木、上海苏河湾、杭州 LOFT49
休闲旅游型	主题公园型	以主题公园为业态核心，整合商业零售、休闲文娱、公寓住宅等多元化业态	香港迪士尼公园、深圳华侨城、天津华侨城
	历史文化型	以历史文化资源为核心，根据不同定位所形成的商业零售、文化体验、餐饮美食综合体	北京前门大街、上海豫园、杭州良渚文化旅游综合体
	自然生态型	以生态旅游资源为核心，涵盖住宿、休闲、度假、体验、购物、娱乐等多种业态	深圳东部华侨城、杭州西溪天堂、珠海海泉湾度假区
交通物流型	综合站场型	依托铁路站、航空港、港口、长途客运中心、旅游集散中心等，涵盖办公、零售、休闲、酒店、住宅等多种业态	香港地铁九龙站联邦广场、上海虹桥枢纽、佛山东平广场、杭州新东站
	公交换乘型	以公交换乘枢纽或公交换乘中心为核心，包括商务、商业、酒店、公寓、会展等综合业态	巴黎拉德芳斯、上海人民广场
	轨道站点型	依托轨道交通站优势，形成购物中心、商务办公、酒店公寓等生活综合体	香港太古广场、上海中山公园
	仓储物流型	位居城市郊区，以物流基地为核心，涵盖商贸、物流、专业市场、大型仓储式购物中心等业态(代码：W 型综合体)	福州国际物流商贸城、杭州空港物流综合体、青岛新世纪物流综合体
科教研发型	大学园区型	以大学城或高教园区为核心，配套商业、办公、培训、酒店、艺术、展览、住宅等综合业态	杭州大学城高教综合体
	科技研发型	以大学科技园或产业园为核心，包括产学研、商业、办公、咨询、设计、研发、酒店等业态	日本筑波中心、杭州浙大科技园综合体
体育运动型	体育休闲型	以体育文化为形象定位，综合商业、会展、休闲、娱乐、演出、比赛、酒店等多元业态	北京奥体文化综合区、杭州奥体博览城
	运动场馆型	以运动场馆设施为依托，涵盖商业、体育、运动、休闲、赛事等业态	上海虹口足球场、南京奥体中心、济南奥体中心
健康医疗型	医院疗养型	以城市中心各类医疗机构为依托，形成医院就医、康体保健、美容美体综合性服务中心	北京燕达国际健康城、南京医疗综合体
	保健养生型	位居城市自然生态区，涵盖养生、健身、商业、休闲、度假、会所、别墅等多元化业态	北京 ONE 低碳养生综合体、杭州金都高尔夫艺墅

相对于主流城市综合体，非主流城市综合体更能够体现出特定的城市功能，与城市的地方优势与区域特色密切结合。例如，上海新天地、北京三里屯、天津新意街、成都宽窄巷子具有明显的文化消费属性，全球化商业地产开发与城市地方文化特征相结合，形成当前一种比较独特的城市功能空间类型。同时，传统上归属城市公共服务的科教文卫也出现

了市场化运作的城市综合体，如杭州浙大科技园综合体、上海虹口足球场、北京燕达国际健康城等。

三、城市综合体的内涵与反思

城市综合体正在成为当代城市空间的一种重要表达形式，并日益融入到人们的日常生活之中。所以，我们在此有必要总结城市综合体的内涵意义，以指导未来城市空间的合理规划与建设，这将需要回归思考城市的本质功能。早期的城市具有“筑城以卫君，造郭以守民”(《吴越春秋》)的防御功能，这是城市最早所具有的公共服务职能。同时，伴随着集贸市场的出现，城市也逐步显现出商业服务的功能。春秋战国时期是我国历史上第一次商业高潮，并形成了“夏则资皮，冬则资絺，旱则资舟，水则仔车，以待乏也（《国语·越语》)”、“人弃我取，人取我与（《史记·货殖列传》)”的商业经，从此最初的生活性服务行业得以形成。工业革命以后，为生产制造而服务的生产性服务业在西方发达城市兴起，并随着全球性工业转移逐步扩散到世界范围，以至影响到当前正处于工业化中后期的我国一、二、三线城市。

工业化是现代城市文明的动力之源，工业革命后的城市功能更多表现为生产服务和经济空间。所以，最初的国内外一线城市综合体开发，主要聚集于商业商务功能，较少体现出对城市居民生活服务的关注，城市综合体也基本位居城市最核心的商业地段。当前城市综合体已经出现了空间布局的细分化，由城市 CBD 渗透到城市居住社区，由一线城市扩散到二、三、四线城市，前者如华润集团所开发的都市型综合体“万象城”和社区型综合体“欢乐颂”，后者如万达广场新兴于晋江、绍兴等县级市，由此逐步实现了城市综合体对城市空间和居民生活的全面覆盖。

可以认为，生产服务、生活服务、公共服务是城市的 3 大职能，也是其本质特征。以此将有利于我们理解城市综合体的内涵特征，即当前的城市综合体还处于主要为生产服务的发展阶段，生活服务已经兴起（如购物、休闲、娱乐等），公共服务逐步显现（如作为公共交流空间（杨保军，2006））（图 4-10）。例如，在现代城市综合体的诞生地也是城市

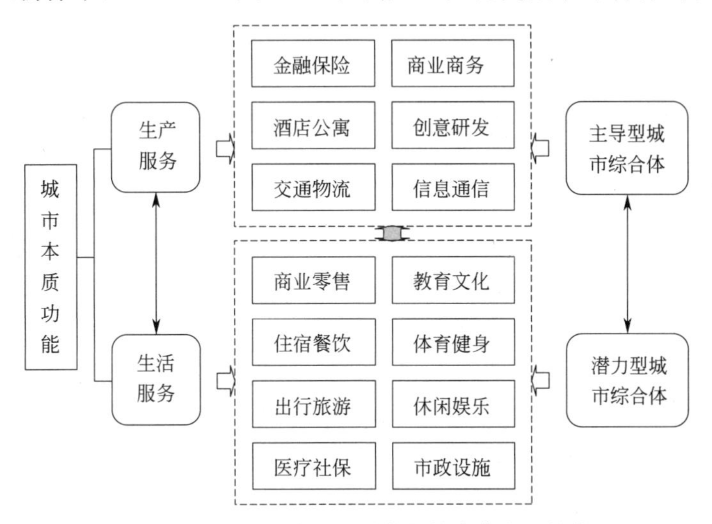

图 4-10　基于城市服务功能的综合体发展趋势

综合体发展最为成熟的北美地区，正在向小规模、低密度，以及城市传统街区的模式方向发展（王桢栋，2010）。国内地产商万科集团从社区物业层面出发，逐步探索教育、医疗、养老及居民的衣食住行等城市配套服务，尽管还不属于城市或社区综合体范畴，但对其功能业态具有重要的引领意义。所以，未来的城市综合体将是围绕 3 种服务类型进而逐步强化，最终实现“人类造城，城市为人”的功能目标。

第五章　城市综合体的演变格局与开发运营：以万达广场为例

万达广场是当前中国典型的城市综合体，已经具有3～4代综合体产品演变历程，以及国内大中小城市的百余个综合体投资项目，本章将通过对其发展历程与产品特征、投资分布与建筑规模、业态组合与持有比例等方面分析，揭示出其宏观格局投资区位特征与城市内部区位选址，如万达广场空间布局特征表现出聚集于中国沿海的环渤海、长三角、珠三角3大经济区，二、三线城市已经成为万达广场投资的热点区，并逐步向沿海发达地区经济强县扩散，特大城市内部仍然是万达广场重点投资区，如上海、武汉，但万达广场的选址布局由城市核心商圈向城市新CBD或副中心转移。由此，万达广场投资布局不但对城市内部空间组织产生重构作用，也正在重构传统一、二、三、四线城市等级类型划分。

一、万达广场的发展历程与产品特征

（一）综合体发展历程

大连万达集团成立于1988年，至今已发展成为以商业地产、高级酒店、文化旅游、连锁百货为支柱产业的大型企业集团。目前，万达集团在全国百余个城市拥有投资项目，其中，万达广场成为许多城市商业中心的地标。1993年万达集团投资由大连走向全国，为万达广场的快速扩张奠定基础。2002年，万达集团在长春开设全国第一家万达广场，开始由房地产向商业地产转型，逐步成为国内外不动产领先企业。

2006年万达集团从单一房地产企业向综合性企业集团转型，文化旅游产业初露头角。宁波万达广场的开业标志着进入了“城市综合体”时代，“让城市更繁华，让生活更美好”是综合体的品牌，“每一座万达广场，每一个城市中心”则是综合体坚持的口号。随后，万达广场在全国城市的扩张速度明显加快，2009年新开业7个，2010年达15个，2011年为16个，2014年达24个，预计今后年均新增25个以上（图5-1）。至2014年底，在中国大中小城市开业的万达广场达109个，遍布国内的71座城市，持有物业面积超过2000万m^2。

（二）综合体产品特征

在近十多年内，万达广场相继形成了3种不同类型的产品模式（表5-1）。①第一代单体店，位居城市中心成熟商圈，建筑面积约5万m^2，地上、地下共5层，涵盖商铺、超市、电影院、停车场等商业业态，经营模式以分割销售为主，商铺经营权分散，相互竞争激烈，商品种类庞杂，人流混乱分散。②第二代组合店，建筑规模超出10万m^2，商业引入了更多的主力店，增添了百货、餐饮、电玩、建材等，属于一种纯商业互补组合店联合发展模式，但经营模式仍然是商铺分割销售，各业态之间并没有对人流、客流形成相互吸引与聚集。③第三代城市综合体，建筑面积基本上均在30万m^2以上，业态类型更加多元化，即一个巨大的综合体内拥有商业中心、五星级酒店、写字楼、公寓，也涵盖酒楼、

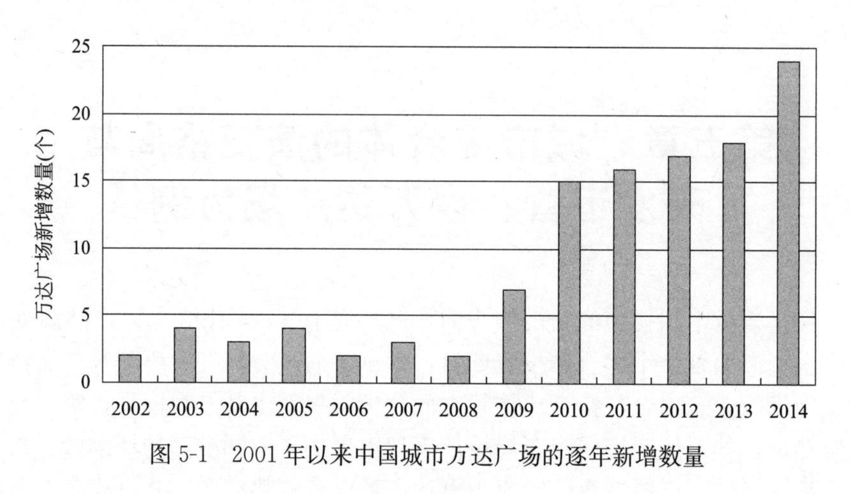

图 5-1　2001 年以来中国城市万达广场的逐年新增数量

国际电影城、电玩城、KTV、健身中心等非零售业态，真正做到购物、工作、居住、娱乐、休闲的多功能组合，其建筑设计的核心灵魂为室内步行街，围绕该步行街可以将消费者人流聚集并分散到各个主力店。

中国万达广场三代产品的发展特征　　表 5-1

指标	第一代 (2002～2003 年)	第二代 (2004～2005 年)	第三代 (2006 年至今)
选址区位	核心商圈黄金地段	核心商圈黄金地段	副中心、开发区、CBD
建筑规模	5 万 m^2	10～15 万 m^2	30 万 m^2 以上
产品种类	纯商业	纯商业	商业、写字楼、酒店、住宅
业态特征	购物功能组合	购物功能组合	24 小时不夜城＋集成功能组合
主力商家	超市＋家电＋影院	百货＋超市＋建材＋家电＋影院	百货＋超市＋家电＋美食＋影院
建筑形态	单个盒子式	组合式、室外步行街	综合体：盒子＋街区＋高层的组合，室内步行街
经营模式	商铺分割销售	分割销售＋整体出售	核心商业只租不售，销售小型商业、写字楼、住宅项目
典型案例	长沙、南京、青岛、长春、南昌、济南	沈阳、天津、武汉、南宁、哈尔滨、大连	上海、北京、广州、宁波、泉州、兰州、合肥

二、万达广场的空间分布与建筑规模

（一）城市开发布局

截至 2015 年 4 月共统计出万达广场 151 个（开业和在建），分布于全国 99 个不同等级规模城市，包括一线、二线、三线和四线城市（图 5-2）。依据经济区、都市圈与城市群理论与方法，现将拥有万达广场的 99 个大中小城市划分为 7 大区域（宁越敏、武前波，2011）（表 5-2）。同时，结合每个城市综合体的规模体量（其中 88 个有建筑面积数据），从中可以总结出以下发展与分布特征：

1. 中国 3 大经济区是万达集团投资的重点区域

首先，万达集团在泛长三角地区投资最为密集，万达广场达 40 个，以江苏的万达广

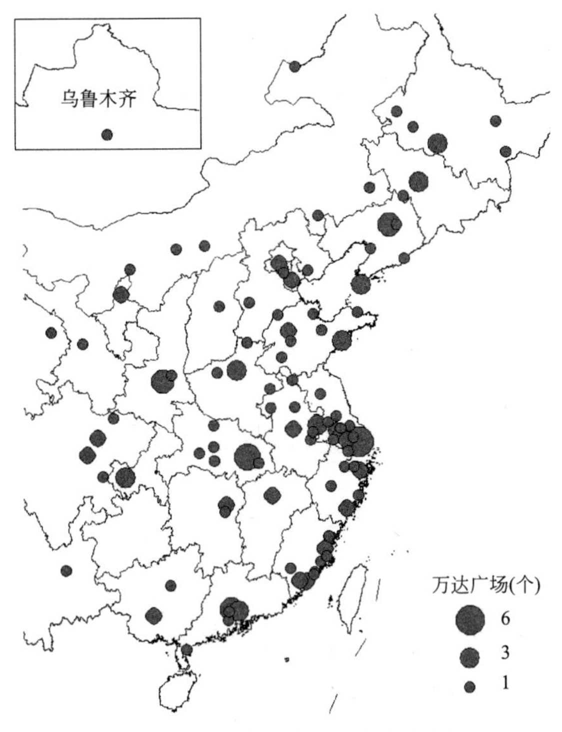

图 5-2　万达广场的空间分布示意图

场数量较多，上海、浙江、安徽次之，整体上分布相对均匀；泛环渤海地区是第二大投资区域，万达广场有 35 个，辽宁、山东、内蒙古居多，北京、天津、河北、山西次之；泛珠江三角洲投资项目达 31 个，重点在福建、广东，湖南、江西、广西、云南次之。上述 3 大地区拥有万达广场占全国的 70%。

中国城市万达广场的空间分布　　　　**表 5-2**

地区	一线城市	二线城市	三线城市	四线城市
泛环渤海地区	北京(2)	天津(2)、沈阳(4)、大连(3)、济南(2)、石家庄(1)、唐山(1)、青岛(3)、太原(1)、呼和浩特(1)、烟台(1)	包头(1)、济宁(1)、潍坊(1)、东营(1)、泰安(1)、德州(1)	抚顺(1)、丹东(1)、营口(1)、赤峰(1)、乌海(1)、通辽(1)、廊坊(1)、满洲里(1)
小计	2	19	13	1
泛长三角地区	上海(6)	南京(3)、苏州(2)、无锡(2)、宁波(2)、合肥(2)、杭州(1)、温州(2)、常州(2)、徐州(1)、南通(1)	芜湖(1)、镇江(1)、泰州(1)、淮安(1)、蚌埠(1)、马鞍山(1)、金华(1)、台州(1)、嘉兴(1)	阜阳(1)、亳州(1)、江阴(1)、宜兴(1)、绍兴(1)、太仓(1)、余姚(1)
小计	6	18	9	7
泛珠三角地区	广州(4)	东莞(3)、佛山(1)、福州(2)、厦门(2)、泉州(1)、长沙(2)、南昌(2)、南宁(2)、昆明(1)	漳州(2)、江门(1)、湛江(1)、柳州(1)	湘潭(1)、龙岩(1)、宁德(1)、莆田(1)、晋江(1)、福清(1)
小计	4	16	5	6
黄河中下游地区		西安(4)、郑州(3)	洛阳(1)	渭南(1)、安阳(1)

续表

地区	一线城市	二线城市	三线城市	四线城市
小计		7	1	2
长江中上游地区		重庆(3)、武汉(5)、成都(2)	宜昌(1)、襄樊(1)、绵阳(2)	荆州(1)、荆门(1)、黄石(1)、广元(1)、内江(1)
小计		10	4	5
东北地区		长春(3)、哈尔滨(3)	大庆(1)、齐齐哈尔(1)	鸡西(1)、佳木斯(1)、四平(1)
小计		6	2	3
西北地区		兰州(1)、乌鲁木齐(1)	银川(2)、西宁(1)	
小计		2	3	
合计	12	78	37	24

注：统计数据截至2015年4月30日，含在建项目。

资料来源：万达集团官方网站。

其次，以武汉、重庆、成都为核心的长江中上游地区，以长春、哈尔滨为核心的东北地区，以西安、郑州为核心的黄河中下游地区，次于上述3大经济区，拥有万达广场数量分别为19个、11个、10个。以兰州、乌鲁木齐为核心的西北地区，万达广场数量较少，仅5个。

2. 二、三线城市成为万达集团投资的热点区

首先，从我国城市万达广场的数量分布来看，主要集中在二、三线城市，共计115个，占全国总数的76%。同时，万达广场在上海、广州一线城市分布也相对较多，每个城市平均达5个，大部分位于城市核心区的外围或边缘区。其中，上海、广州、重庆、沈阳、大连、长春、哈尔滨、青岛、南京、西安、郑州、武汉、东莞的万达广场均大3个及以上。

其次，从我国城市万达广场的规模体量来看，一、二线城市万达广场的总体建筑规模最大，其第三代产品——城市综合体的建筑面积均在30万m^2以上，总体均值达65万m^2（图5-3、图5-4）。其中，武汉东湖万达广场、呼和浩特万达广场、石家庄万达广场、太原万达广场、唐山万达广场、成都金牛万达广场、长沙万达广场、泉州万达广场均超过100万m^2（含住宅面积），而武汉东湖万达广场达328万m^2（属于第四代万达广场）。

（二）建筑体量规模

1. 三、四线城市是万达集团未来扩张的重要区域

首先，万达广场在一、二、三、四线城市的平均数量分布呈现出依次递减的变化趋势，一、二线城市最多可达3～5个，三、四线城市约为1个。其中，拥有万达广场的三线城市基本上是所在省域或都市圈的次级中心城市，如包头、洛阳、芜湖、宜昌、绵阳、柳州等；四线城市除了一般的地级市之外，其他均为经济最为发达的县级市或县城，如江阴、太仓、绍兴、晋江、余姚等。

其次，三、四线城市万达广场的建筑规模都在30万m^2以上，总体均值为58万m^2，属于万达广场的第三代产品（图5-5）。例如，包头、抚顺、淮安、廊坊、宁德、晋江、绍

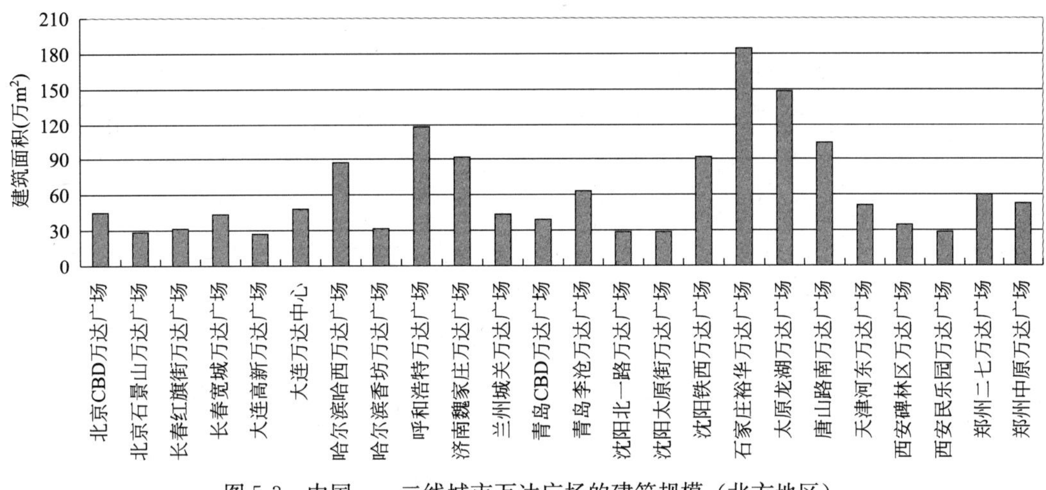

图 5-3　中国一、二线城市万达广场的建筑规模（北方地区）

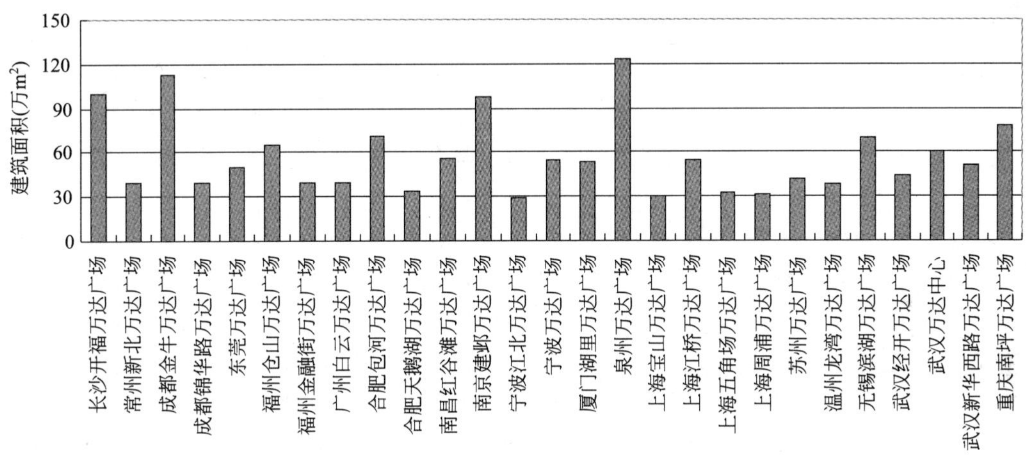

图 5-4　中国一、二线城市万达广场的建筑规模（南方地区）

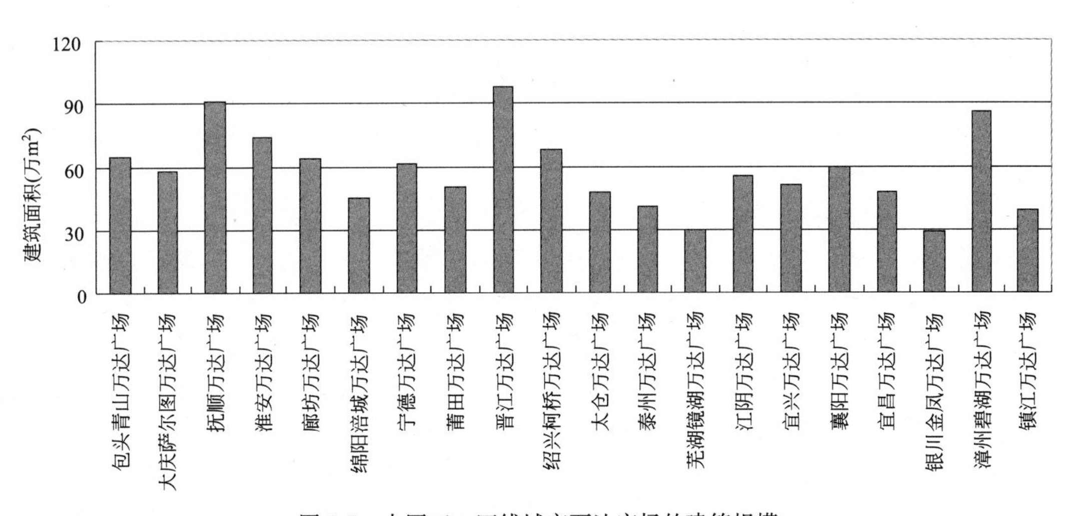

图 5-5　中国三、四线城市万达广场的建筑规模

兴、襄樊、漳州的城市综合体超过 60 万 m^2，其中，作为四线城市的晋江万达广场达 98 万 m^2，成为三、四线城市中规模最大的综合体（含住宅面积）。

2. 特大城市边缘区或新区是重点选址地块

从近十多年万达广场的发展历程来看，第一代、第二代万达广场基本上均出现在国内一线、二线城市，尽管其建筑体量较小，但均位居这些城市的核心成熟商圈。例如，济南、南京、南昌、长沙、青岛、长春等城市的第一代万达广场建筑面积在 5 万 m^2 左右，哈尔滨、天津、大连、武汉、南宁、沈阳等城市的第二代万达广场建筑面积为 10 万 m^2 左右（图 5-6）。

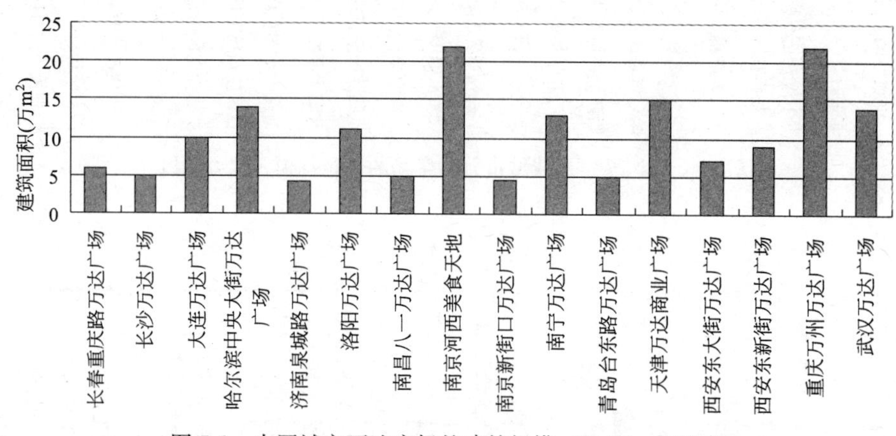

图 5-6　中国城市万达广场的建筑规模（30 万 m^2 以下）

至第三代万达广场——城市综合体出现以来，以上特大城市仍然是投资的热点区域，如上海、武汉、西安、广州、沈阳的万达广场均达到 4 个或以上，新增综合体的选址基本上都在这些城市的商业副中心、区级商业中心、经济开发区或新区 CBD，建筑体量在 30～40 万 m^2 以上。若按照今后全国的万达广场年均增加 20 多个的发展趋势来推测，除了三、四线城市属于未来投资选择之外，一、二线城市核心的边缘区或新区也将是发展的热点区域。

（三）区位选择的动因机制

万达广场在经历了三代产品变迁以后，选址由原先的城市商业核心圈逐渐向城市副中心、新区转变，由一、二线城市向三、四线乃至县级市转变。其中，除了自身发展战略布局的影响之外，还与区域和城市的发达程度、大城市规模扩张与新城建设、中小城市的兴起都有着紧密的关联。

1. 区域与城市的发达程度

区域与城市的发达程度对万达广场的区位选择有着很大的影响作用。第一代万达广场选址在一线、二线等省会城市，主要由于这些城市经济社会较为发达，有着很大的人口集聚效应，并能吸引众多消费者。早期的万达广场主要选址在这些省会城市的黄金商业圈，例如济南、南京、南昌、长沙、青岛、长春等。随着万达广场自身发展的壮大，以及我国经济社会发展水平的提高，第二代万达广场虽然还没有走出一、二线城市的范围，但扩大了在全国大中城市的战略布局，特别是在环渤海、长三角、珠三角经济发达区的投资转向。直到第三代万达广场出现，万达广场除了继续选择在大城市开发布局之外，还加强了在新城、中小城市的开发力度，由此逐步拓展到三、四线城市乃至经济较为发达的县级市。

2. 大城市规模扩张与新城建设

过去 10 年中，随着城市经济社会的不断发展，人口规模不断膨胀，建设用地趋于紧张，特大城市及大城市向外拓展的趋势越来越明显，由此带动了各类开发区、新区或产业园区的大量投资建设。随着城镇化进程的快速推进，大城市的规模扩张与新城建设，给万达广场的投资布局提供了重要机遇，推动其由第一、二代产品选址在大城市黄金商业圈，向第三代产品在城市副中心或新区中心布局的转变，如上海、武汉、广州等多个万达广场均布置在主城边缘区或郊区（表 5-3）。同时，地方政府为了快速改善城市形象和面貌，提供区域居住品位，集聚城市边缘区或新区人气，不惜降低土地出让价格或租金，以吸引万达广场类型的商业综合体项目入驻，这样也大大减轻了商业项目开发的资金紧张压力，有利于万达广场实现规模化与多元化的产品开发，包括购物中心、住宅、酒店公寓项目，从而又推到了城市新区土地价值的提升，以及地方商业与人气的汇聚。

一、二线城市万达广场开发布局特征　　表 5-3

城市	区位	城市	区位	城市	区位
上海	五角场	武汉	经开区	广州	白云
	周浦		菱角湖		番禺
	江桥		东湖		增城
	宝山		积玉桥		萝岗
	松江				
	金山				

3. 万达广场的投资战略模式

不同于国外发达国家或地区由零售商或金融商开发商业地产，万达广场属于由商业地产做大型零售业，由此需要维持商业综合体或购物中心运营的现金流。万达广场依靠的是写字楼、住宅的前期销售，来保持商业综合体及酒店的持有运营，同时，后者又可以提升前者的销售价格，促进综合体中住宅、商铺和写字楼的部分销售（图 5-7）。所以，第一、二代万达广场主要拿取城市核心地块，通过商铺分割销售或整体出售获得利润，土地价值

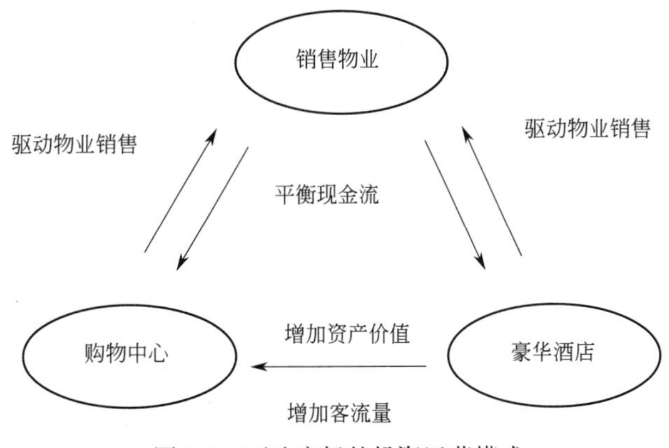

图 5-7　万达广场的投资运营模式

偏高，建筑规模体量相对偏小。第三代万达广场转向城市综合体项目，自持核心商业，通过住宅公寓、写字楼的销售保持现金流平衡，建筑规模体量偏大，获取土地价格偏低，项目多位居一、二线城市边缘区和新区，以及三、四线城市。

三、万达广场的业态组合与运营模式

（一）业态组合与空间布局

1. 业态组合特征

第三代万达广场——城市综合体的核心是将商业、办公、酒店、公寓、住宅集合为一体，从而实现城市传统商圈的功能升级和新城中心功能的形成。据对中国一、二、三线城市万达广场的不完全统计（图 5-8），30 个万达广场的商业及酒店整体比例分布在 20%～67%之间，平均比例约为 42.38%，其中，一线、二线、三线城市均值分别为 56.8%、40.60%、31.44%，而每个城市的商业及酒店建筑规模为 20～40 万 m²，其中，五星级酒店的建筑面积均值是 5 万 m²。

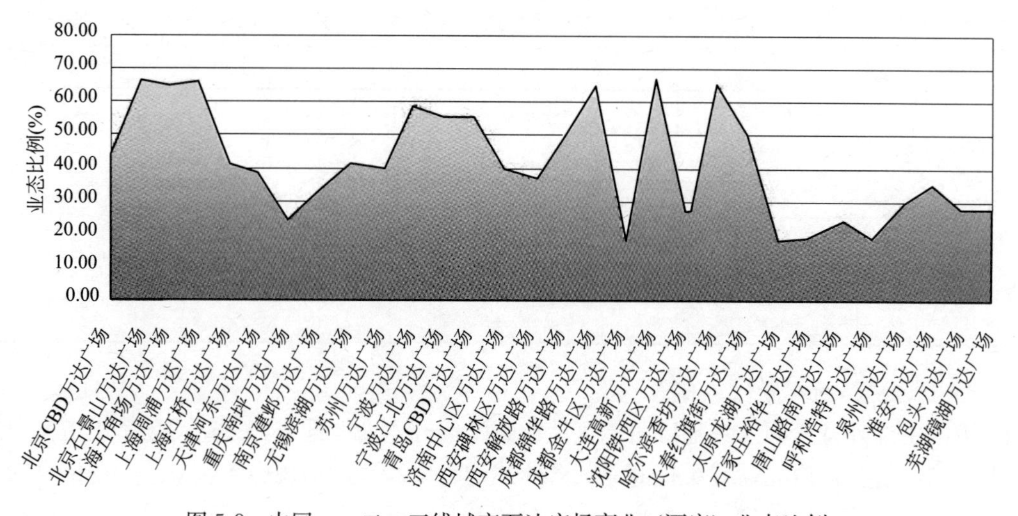

图 5-8　中国一、二、三线城市万达广场商业（酒店）业态比例

在一线城市中，万达广场综合体建筑规模介于 30～50 万 m² 之间，商业与酒店建筑面积为 20～25 万 m²，这些综合体分布在城市 CBD、市级商业副中心、区级商业中心；与国外一线城市综合体相比，其商业规模相对偏大。在二、三线城市中，万达综合体建筑面积在 30 万 m² 以上规模不等，由于综合体选址的不同，其商业比例没有明显规律，尽管商业、酒店建筑面积相对较大，但其比例均值低于一线城市，表明住宅公寓项目占据较多的份额（表 5-4）。

典型万达广场综合体业态组合　　表 5-4

项目名称	建筑面积(m²)	各业态占比(%)					
		住宅	商业	写字楼	酒店	公寓	其他
沈阳铁西万达广场	906000	59	25.8	6.5	4.3	3.3	1.1
宁波鄞州万达广场	592000	27.4	45.6	8.4	6.8	11.8	—

续表

项目名称	建筑面积(m²)	各业态占比(%)					
		住宅	商业	写字楼	酒店	公寓	其他
呼和浩特万达广场	1248900	65	22.1	5.6	3.4	2.8	1.1
包头万达广场	650000	45.8	31.8	15.2	—	7.2	—

资料来源：大连万达商业地产股份有限公司．商业地产投资建设 [M]．北京：清华大学出版社，2014。

万达购物中心是万达商业综合体的核心，由主力店、次主力店和室内步行街商铺构成。主力店业态通常为“6＋1”模式，6 为百货、超市、电器、影院、量贩式 KTV、电玩城，1 为酒楼或主题餐厅（表 5-5）。从其业态配比来看（表 5-6），以百货、超市、品牌店为核心的零售业约占 62%，餐饮业占 21%，娱乐体验类约占 17%。整体来看，零售业仍然占据主导地位，餐饮、娱乐业的比重也日益突出，其对客流的吸引发挥重要作用。根据最近万达广场发展态势，逐步趋向于增加餐饮、娱乐、体验等业态，以更加符合占社会主导地位的中青年人的日常消费需求。

宁波鄞州万达广场的主力店　　表 5-5

序号	主力店	序号	主力店
1	沃尔玛	7	神采飞扬游乐园
2	百安居	8	大歌星 KTV
3	HOLA 特力屋	9	万达国际影城
4	喜百度	10	银泰百货
5	苏宁电器	11	吉盛伟邦家居
6	石浦大酒店		

万达广场购物中心的业态配比　　表 5-6

业态	品类	数量(个)	面积(m²)	比例(%)
零售	综合超市	1	10000	9
	综合百货	1	20000	19
	快时尚	2	2500	2
	专业店	1	3500	3
	品牌店	70	30000	29
	小计			62
娱乐	影城	1	6000	6
	KTV	1	3000	3
	健身	1	2500	2
	儿童娱乐	1	2000	2
	电玩城	1	2000	2
	小计			15

续表

业态	品类	数量(个)	面积(m^2)	比例(%)
餐饮	酒楼	1	2500	2
	餐饮	40	20000	19
	小计			21
体验		10	2000	2
合计		131	106000	100

资料来源：大连万达商业地产股份有限公司．商业地产投资建设［M］．北京：清华大学出版社，2014。

2. 业态空间布局

与其他城市综合体相近，万达广场包括商务办公、公寓住宅、商业零售和酒店餐饮等主要业态。其中，商业零售包括传统百货、超市卖场、家电卖场、品牌专卖店等；酒店餐饮包括中餐、西餐、自助餐、连锁快餐等业态。商业购物中心的突出特点是“一街带多楼”的空间组合形态，即包括室内步行街、百货类、娱乐楼、综合楼等，室内步行街贯穿整个建筑，约为3～4层，将各个主力店、精品店通过主动线有机地联系起来。步行街通常设置2个中庭，既是购物中心内休闲、展示、聚合的重要功能空间，也丰富了购物中心的空间形态；百货类、娱乐楼、综合楼通常为5～6层，超市、百货、影院、KTV、精品商铺、餐饮等多种业态的组合为购物中心带来更多的人流（表5-7）。购物中心地下为整个停车场，外在建筑形态多为大底盘、多塔楼。

各业态之间的关系图　　表5-7

分类	注　解
购物中心	集购物、休闲、娱乐为一体的一站式消费场所，通过其强大的辐射作用成为聚集人气的保障。同时，依靠承租收益获取长期稳定的现金流，在达到一定条件后，进行资产打包上市融资，作为缓解企业资金压力的手段
酒店	是城市综合体重要的赢利物业，其增加了流动居住人口的贡献，且通过夜间服务，延续城市活力
写字楼	作为高端商务人群的工作场所，则为购物中心和公寓供应了众多潜在客户
住宅	是城市综合体中最基础的成分，在实现项目的快速变现的同时，为购物中心提供最稳定的消费群体。最终利用城市广场将各组成部分联系起来

若要实现万达广场不同功能的协同发挥，各种业态需要进行联系组合，通过显性与隐形的组织协调关系，使得各种业态通过合理科学的组合，能够真正达到对客户群体利益的一致性。由此，各个业态之间可以彼此通过自身的服务供给，获取不同类型的客户群体，从而带来多种经济收益。例如，繁忙的商务人士会选择就近购物；购物的人群会给餐饮业带来客源；出行的人群会选择联系公务便捷的酒店下榻等。上述连锁反应的经济行为，使城市综合体产生了较高的整体价值，吸引了不同业态的入驻和投资客的注资（图5-9）。

（二）持有商业比例与运营模式

1. 持有商业总体特征

在选取的62个万达广场综合体中，每个万达广场持有的商业面积介于15～25万m^2之间（武汉东湖万达广场持有商业面积50万m^2），持有比例随着建筑规模的增加而递减，总体比例平均为34.21%（图5-10～图5-12）。按等级规模表述如下：①建筑规模为28～

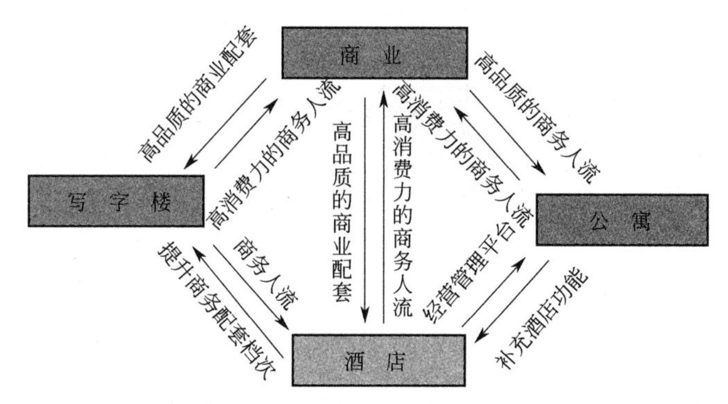

图 5-9　各主要业态之间的人流线路图

40 万 m^2，共计 20 个综合体，持有比例均值为 50%，其中，上海五角场万达广场高达 76%；②建筑规模为 41～70 万 m^2，共计 25 个综合体，持有比例均值为 32%，其中，宁波万达广场高达 47%；③建筑规模为 71～328 万 m^2，共计 17 个综合体，持有比例均值为 19%，其中，石家庄万达广场、武汉东湖万达广场体量较大，持有比例分别是 11%、15%。

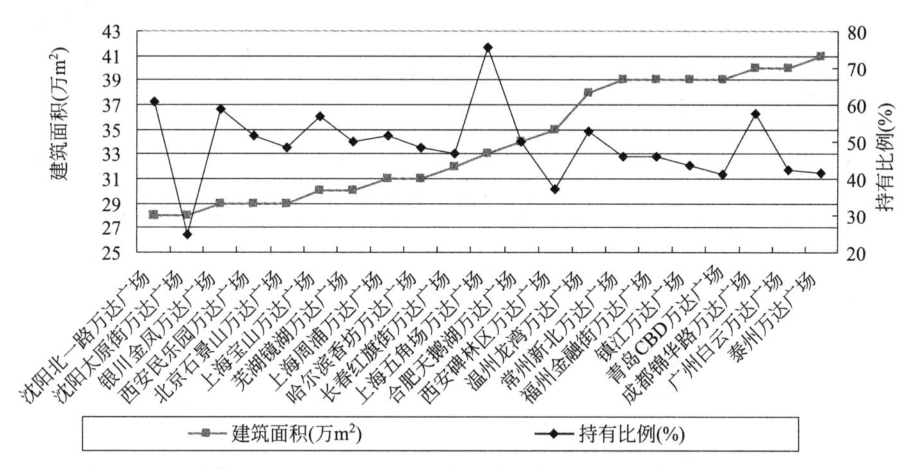

图 5-10　中国城市万达广场持有商业面积比例（建筑规模 28～40 万 m^2）

2. 资金流运营模式

万达商业地产在全国首创了商业和地产开发相结合的“订单地产”的全新模式。第三代万达广场的商业大部分为只租不售，截至 2014 年底，与万达广场合作的品牌数量达到了 5000 个，其中战略合作品牌超过 2000 个，包括各类主力店和次主力店。基于这些数量庞大的合作商，万达新开业自持的购物中心，基本都能够实现满铺出租率，可达到 99.3%（图 5-13）。万达董事长王健林曾这样解释万达的订单式模式：“首先是经营性物业抵押贷款，由于万达拥有多个万达广场这样的优质物业，仅银行资产抵押贷款规模就有望达到 300 亿元。第二是预售款，万达销售物业占总开发量的 60%左右，不仅仅是商业，在周边往往有办公、住宅等物业出售。由于企业的良好口碑，预售款可以占到现金流的 40%～50%。第三才是集团自有资金，一般占到总投资的 1/4 左右。”该商业模式的优势就在于企业在拿地之前将主力店确定好，可避免商场完工之后再招商可能出现的招租难问题。

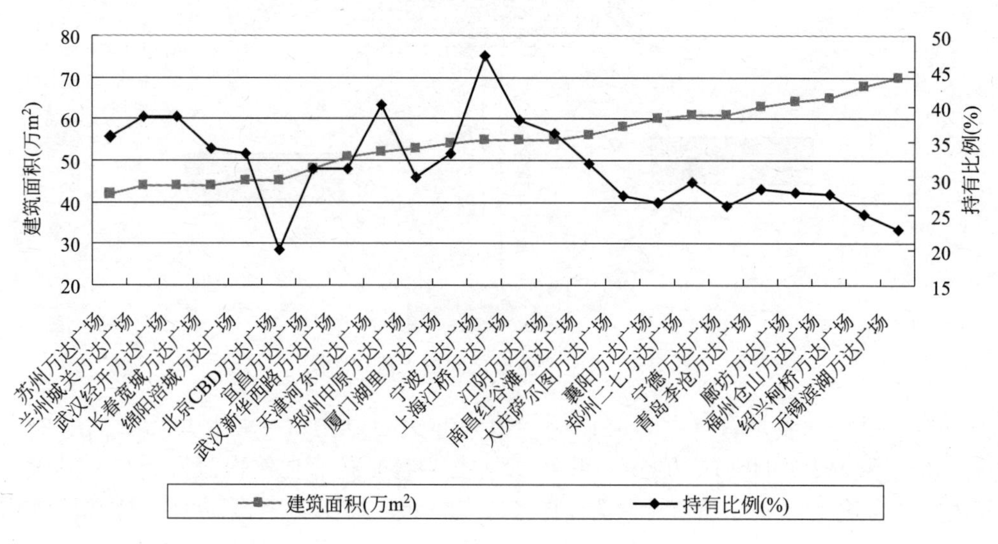

图 5-11　中国城市万达广场持有商业面积比例（建筑规模 41～70 万 m²）

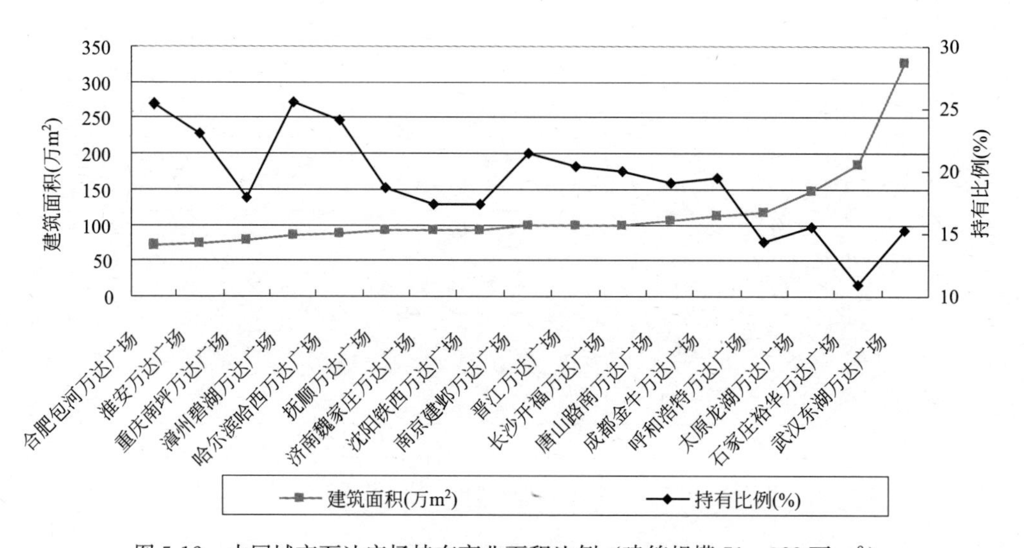

图 5-12　中国城市万达广场持有商业面积比例（建筑规模 71～328 万 m²）

万达广场的订单式开发可以理解为“开发＋持有＋部分售出”的模式，借助于银行或部分铺位经营业主的支持，采用该模式的公司一方面可以通过销售非核心物业来实现快速资金回笼，另一方面，通过持有核心物业能获得长期稳定的物业投资回报，有利于各店铺实现稳定的经营业绩。通过物业组合合理的配比，该模式既能享受开发模式增长快速的优势，又能获得持有模式的长期竞争优势。同时，万达资金构成的核心是“以售养租”，通过项目销售部分的回报资金来平衡投资现金流，商业持有部分的低租金可以达到“稳定开业”的目标，加上“房地产开发补贴商业经营”的模式已经成为万达集团开发模式的要点。例如，万达项目开发的典型资金来源：自有资金、银行开发贷款、建筑商垫资、销售回款、租金收入、经营性物业中长期抵押贷款等。在分期滚动开发下，前期销售收入对持有型物业的资金来源支持作用很大（图 5-13）。

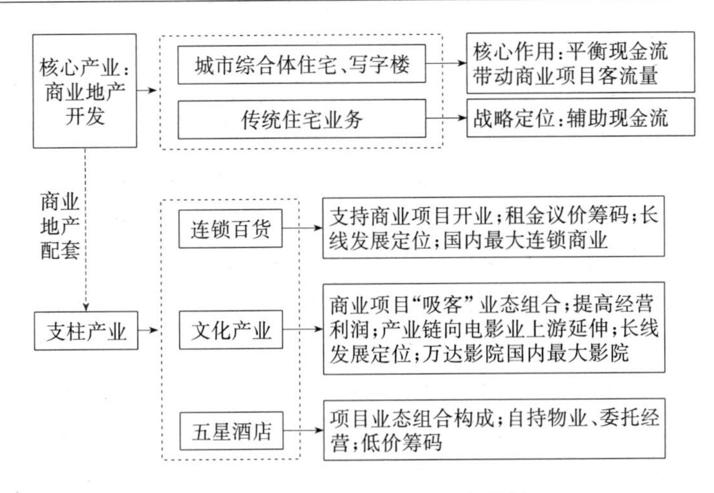

图 5-13　万达广场主要业务结构

四、万达广场的发展趋势

(一) 海内外扩张步伐加快

当前万达集团正在积极力推两大方面转型，一是由中国企业转型为跨国企业，二是从以房地产为主的企业转型为服务业为主的企业。在此过程中，城市综合体和酒店项目仍然是万达集团扩张的核心项目。2014 年万达集团纳税 274.2 亿元，持续多年保持全国民营企业前茅；2014 年底万达商业地产公司在香港上市，募集 313 亿元港币，成为全球历史上最大的房地产 IPO，并产生了新的中国首富。

从国内万达集团业务来看，2014 年万达广场新开业 24 个，店数规模同比增长 22%；总客流量 16.3 亿人次（不含酒店和旅游度假区），同比增长 33%，高于店数规模增幅；商业地产总租金收入 116.8 亿元，其中万达广场租金 110.8 亿元，同比增长 30.5%，高于房地产销售收入增幅。从海外万达集团业务来看（表 5-8），2014 年万达收购马德里、芝加哥、洛杉矶、黄金海岸 4 个海外项目，计划投资五星级酒店，均属于所在城市的地标项目，并积极投资纽约、东京、伦敦等全球城市核心地块。

万达集团海外地产业务概况　　**表 5-8**

项目名称	地理位置	项目投资(亿美元)	建筑面积(万 m^2)	业态
美国芝加哥万达酒店	城市核心区	9	13.00	酒店、公寓、商业
美国洛杉矶万达项目	比佛利山市	12	11.00	酒店、公寓、商业
英国伦敦万达酒店	伦敦西部旺兹沃思区	11	10.50	酒店
澳大利亚黄金海岸万达酒店	城市核心海岸区	9	14.60	酒店、公寓
澳大利亚悉尼万达项目	城市核心码头区	12	10.00	酒店、公寓、商业
西班牙马德里万达酒店	城市核心西班牙广场	8	8.30	酒店

资料来源：万达集团官方网站。

(二) 文化旅游型综合体崛起

2006 年以来万达集团就开始积极介入文化旅游型产业项目，2009 年与中国泛海集团、内蒙古亿利资源集团、辽宁一方集团合作投资200亿元，打造长白山国际旅游度假区，由此标志着万达广场向第四代产品“万达城”的转型升级。万达城是一个集室内外主题公园、舞台秀、酒店群、万达茂等多元化业态为一体，融合文化、旅游、商业以及高科技的大型娱乐产品，其显著特征是规模体量更大，业态更丰富，文化娱乐程度更高，同时伴随着去百货化现象。这将意味着万达广场由传统产品的百货化、购物中心化，逐步向主题公园化和娱乐化转变，正如西方发达国家消费空间的麦当劳化模式演变为迪士尼化模式。

截至2004年底万达广场第四代产品“万达城”已经开始出现在武汉、广州、无锡、哈尔滨、南昌、合肥等国内一、二线城市，并以武汉万达城最为典型（表5-9）。武汉万达城（中央文化区）投资500亿元，其中的汉街于2011年国庆前日开业，当日客流量300万人，汉秀、电影乐园、七星级酒店等项目在2014年相继开业。除了城市居民之外，万达集团通过并购旅行社业务，以保证充足的客源参与购物、看电影、游主题公园、看驻场表演、住酒店等活动。

第四代万达广场（万达城）城市投资概况 **表5-9**

项目名称	地理位置	项目投资（亿元）	占地面积（hm^2）	建筑面积（万m^2）	业　态
青岛东方影都	市区西部	500	376	540	影视拍摄、制作、会展、旅游、国际电影节等
哈尔滨万达文化旅游城	松北新区	200	80	90	万达茂、室外主题乐园、酒店群、舞台秀
南昌万达文化旅游城	九龙湖新区	210	160	80	万达茂、室外主题乐园、舞台秀、酒店群、酒吧街
合肥万达文化旅游城	滨湖新区	190	100	90	万达茂、室外主题乐园、舞台秀、酒店群、酒吧街
无锡万达文化旅游城	滨湖区	210	140	120	万达茂、室外主题乐园、舞台秀、酒店群、酒吧街
广州万达文化旅游城	花都区	500	154	380	万达茂、室外主题乐园、舞台秀、酒店群、酒吧街
武汉中央文化区	东湖、沙湖	500	180	340	文化秀、旅游、商业、商务、居住
长白山度假区	抚松县	200	2100		旅游新城、滑雪、高尔夫、度假酒店、旅游小镇等
西双版纳度假区	景洪市	160	600		主题公园、度假酒店、傣秀剧院、商业、旅游新城等

资料来源：万达集团官方网站。

万达集团海外非地产业务概况 **表5-10**

项目名称	控股比例(%)	年收入	业　态
美国AMC影院公司	92.21	27亿美元	影院
英国圣汐游艇公司	91.80	4亿美元	豪华游艇设计与建造
西班牙马德里足球竞技俱乐部	20.00		体育比赛
瑞士盈方体育传媒	68.20	8亿欧元	体育市场营销、体育媒体制作及转播

资料来源：万达集团官方网站。

除此之外，万达集团还积极投身于海内外文化娱乐业，如在青岛打造东方影都，在美国控股 AMC 影院公司，在西班牙和瑞士参与体育业等（表 5-10）。2014 年万达文化集团收入 341.4 亿元，其中，AMC 收入 163.9 亿元，万达旅游业收入 75.1 亿元，由此预示着未来万达集团将由传统房地产业务转向文化旅游产业。

（三）电子商务积极融入

近 10 年以阿里巴巴为代表的电商企业在国内的迅速崛起，撼动了传统社会消费品零售业领域，对以万达广场为代表的实体经济产生重要影响，由此促使其加快转型升级，积极融入电子商务领域。2014 年中国网络零售市场交易规模达 28637.2 亿元（图 5-14），增速为 45%，移动网购交易规模为 8616.6 亿元，增速达 229.3%，天猫、京东的网上零售 B2C 市场份额分别达 54.6%、17.7%；第三方支付企业互联网收单交易规模达 88161 亿元，支付宝、财付通、银联网上支付分别位列前三，其中支付宝占据 46.15%的市场份额。上述表明在国内零售业领域电子商务企业发展迅速，并带动了第三方支付企业的发展，但目前电商占据社会消费品零售额不足 15%，实体经济仍然处于主导地位，并引起了向线上线下融合的 O2O 模式转型。

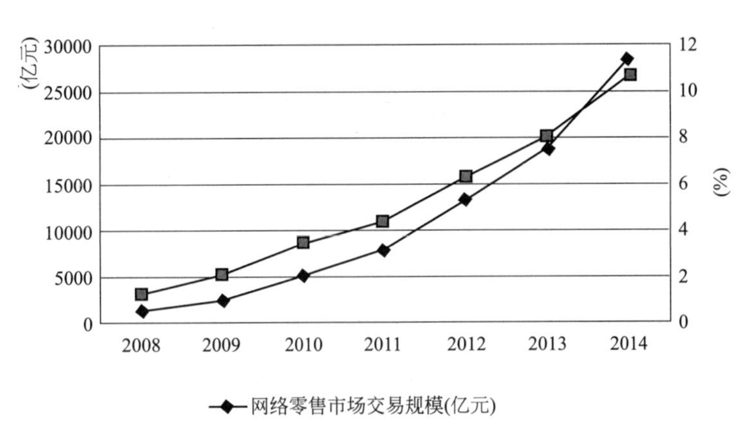

图 5-14　2008～2014 年我国网络零售市场交易规模及其份额

2014 年万达集团与百度、腾讯合资成立非凡电子商务有限公司，总投资 50 亿元，联手打造全球最大的 O2O 电子商务公司；以 3.15 亿美元收购快钱 68.7%的股权，这为万达电子商务生态系统形成奠定坚实基础。万达电商成立不到半年，发展活跃会员 4350 万人，其发展目标则是上亿人。同时，103 个万达广场的 WIFI 基础设施改造完成，成都的云数据中心已经开工，15 个万达广场智慧产品的研发全面进行。上述表明，作为实体经济的典型业态万达广场也在积极探索电子商务领域，通过调整业态与增加娱乐业比重，将体验类业态提高至 60%，尝试百货、文化、餐饮、影院、酒店、旅游等产品的线上线下融合。

（四）经营模式轻资产化

万达广场第三代产品城市综合体属于重资产经营模式，即通过住宅公寓、写字楼商铺等房地产销售，及其产生的现金流来投资持有万达广场。随着万达集团资本的充裕、品牌的成熟、技术流程的完善、合作商家的稳定，未来将力推轻资产模式，万达广场的设计、建造、招商、运营、慧云系统、电子商务系统由万达集团来做，并使用万达广场品牌，而所有投资由投资方来出。该模式剥离了传统房地产销售业务，属于准金融投资行为，万达与投资方从净租金收益中进行分成，由此也减少房地产形势所带来的影响。

目前，万达集团已经和 4 家机构签订 240 亿元包括 26 个万达广场的投资协议，与海内外多家投行、保险及基金协作洽谈，积极推进轻资产万达广场的投资部署。万达集团的轻资产模式实施后，预计逐年新开业万达广场数量由过去的 20 多个上升为 50 个以上，这在剥离房地产销售而减轻资本压力的同时，通过新增的开业数量保证更多更稳定的租金收入，以取代传统房地产销售的利润。由此看来，未来万达集团将会逐步形成商业、文旅、电商、金融四大板块为核心的国际性品牌企业，并超脱传统房地产企业运营模式。

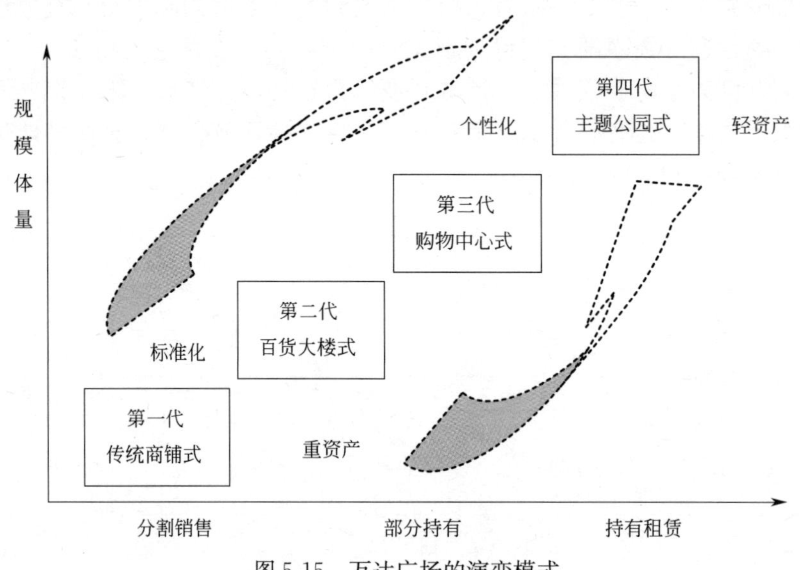

图 5-15　万达广场的演变模式

五、小结

国外发达国家城市商业经营模式正逐步由麦当劳化向迪士尼化演变，意味着个性化产品将代替标准化产品，其中包含着符号与体验的更多生产与消费，迎合了后工业时代城市新经济特征及其消费方式。与之相比，万达广场始终在产品设计和经营模式方面不断创新，其投资数量、规模体量均呈现逐渐增大趋势，如向国内不同等级规模城市的持续投资，迎合了快速城市化的发展趋势，也重构了传统城镇体系和城市空间格局，如传统一、二、三、四线城市界定已经出现了分化。

万达广场产品内容由第一代传统商铺式、第二代百货大楼式，进而向第三代购物中心式、第四代主题公园式转变，产品设计趋向于娱乐休闲化、地方化及个性化，与国外商业演变趋势相同（图 5-15）。万达广场的运营模式超越传统商铺分割销售，实施核心商业持有租赁，凭借核心品牌、技术、管理等资源优势，由重资产转向轻资产经营，这意味着万达集团将逐步由传统地产企业转型升级为商业金融类跨国企业。

第六章　城市综合体开发的中国城市评估体系

国内传统一、二、三、四线城市概念源于房地产市场，其衡量标准包括经济实力、城市规模、城市级别、区域辐射力等指标，如北京、上海、广州、深圳是公认的一线城市，其余城市被相应归类于二、三、四线城市。但从城市综合体投资特征来看，部分二、三、四线城市仍然属于重点投资区，甚至不次于传统一线城市，由此本章将选取涉及经济、社会、生活、环境等24项评价指标，对中国112个城市进行重新评估，从而可以重建城市综合体开发坐标体系，并对一、二、三城市内部进行等级层次细分。基于同样评估方法，对沿海发达地区长三角城市体系进行评价，并提出新的二、三、四线城市划分标准，以指导城市综合体的投资选择与开发经营。

一、中国一、二、三、四线城市的发展阶段

一线城市不但是在全国政治、经济等社会活动中处于重要地位并具有主导作用和辐射带动能力的大都市，其地位和优势也体现在城市发展水平、综合经济实力、辐射带动能力、对人才吸引力、信息交流能力、国际竞争能力、科技创新能力、交通通达能力等各层面，一线城市在生产、服务、金融、创新、流通等全国社会活动中起到引领和辐射等主导功能。因此，传统意义上的一线城市历来是城市综合体扎堆的地方。相对于“北上广深”一线城市，二、三、四线城市的缺点和不足是显而易见的，但从经济长波周期的经验看，普通大、中、小城市为代表的二、三、四线城市正在迎来新的机遇。

（一）经济周期规律与我国城市化发展趋势

从世界经济发展的经验来看，其增长与发展趋势并不是直线的，而是在波动中前进的，其中，规律性的波动形成经济周期。长波周期规律最早是由苏联经济学家康德拉基耶夫提出的，即世界经济高涨阶段间隔的平均时间为50年。从历史上出现的几次经济长周期波动来看，每一次具有革命性的技术突破都意味着以新产业为主导的全球经济新格局形成。同时，法国经济学家朱格拉（Clèment Juglar）认为商业经济活动中存在着约为8～12年的繁荣与衰退周期，该周期已经被英美等国城市建成环境中的投资周期所证明，并被称之为“中周期”规律（表6-1）。

经济长波周期与城市发展阶段的关系　　表6-1

	第一个长波	第二个长波	第三个长波	第四个长波	第五个长波
时间	1760～1830年	1830～1880年	1880～1945年	1945～1990年	1990年以后
技术创新	飞梭、炼铁、珍妮纺织机	实用蒸汽机、蒸汽火车	发电机、炸药、电灯照明、内燃机、电话、汽车	光电显像管、计算机、人造卫星	核电站、大规模集成电路和单芯片微机、互联网
主导产业	纺织、冶金、煤炭	钢铁、机械、交通运输	化学工业、电讯业、汽车、石油	航空航天、人工智能、新石化、新交通运输	信息产业、纳米产业、生物产业、新能源

续表

	第一个长波	第二个长波	第三个长波	第四个长波	第五个长波
时间	1760～1830年	1830～1880年	1880～1945年	1945～1990年	1990年以后
城市产业	农业主导、制造业上升	制造业上升、农业下降	制造业主导、服务业上升	制造业下降、服务业主导	新经济、文化产业上升
城市化水平	期末城市率6%左右	期末城市化率13%左右	期末城市化率25%左右	期末城市化率44%左右	城市化率持续提升
城市空间变化	人口向城市集中，城市围绕旧城扩大	人口向大城市集中，大城市郊区化开始	产业向郊区迁移，城市分散化开始	城市中心区衰退，城市分散化普遍	城市分散化主导，再城市化现象出现
世界城市	英国伦敦	伦敦向纽约分化	纽约、伦敦	纽约、伦敦、东京	大批国际城市崛起，中国经济起飞

资料来源：徐巨洲．探索城市发展与经济长波的关系[J]．城市规划，1997（5）：4-9。

目前，西方发达国家已经进入第五个长波周期，而我国还处于第三个长波周期占主导的阶段，并正在向第四个长波周期转化，同时受第五个长波周期经济全球化的影响，以信息通信产业为核心的主导产业群也在逐步形成。若从经济发展的中周期规律来看，改革开放以来我国经济增长率每5年发生一次波动，而每10年出现一次波峰，目前正在进入下一个10年的高峰上升期（图6-1）。同时，近30多年来我国建筑业指数也呈现出每隔10年左右的周期性增长变化（图6-2）。

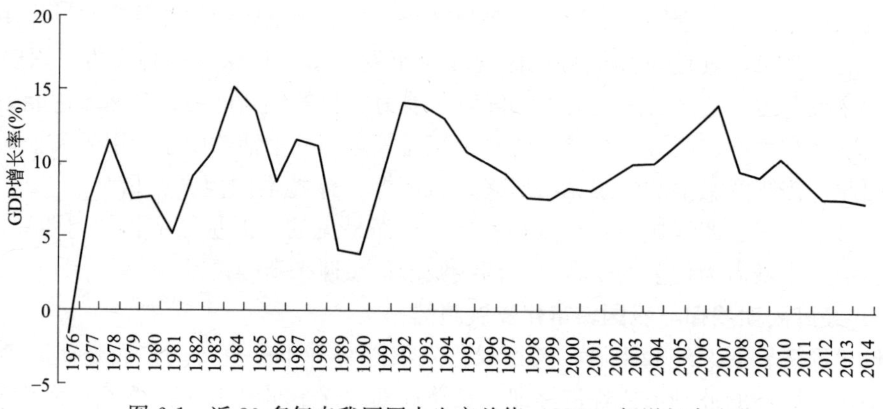

图6-1　近30多年来我国国内生产总值（GDP）年增长率变化

资料来源：2014年中国统计年鉴。

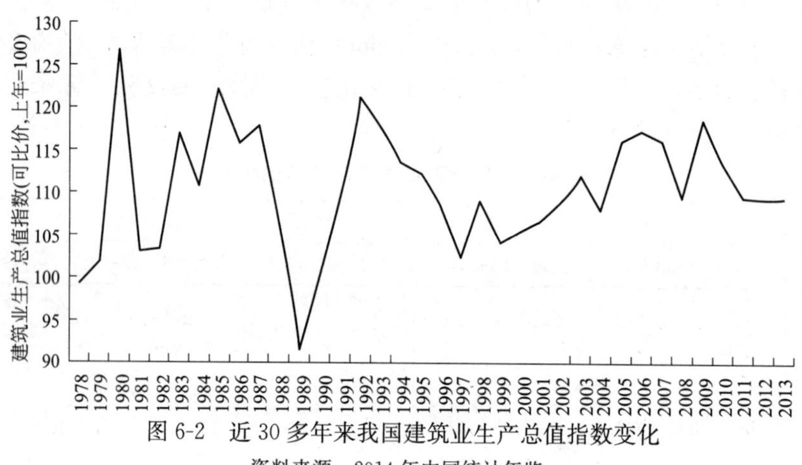

图6-2　近30多年来我国建筑业生产总值指数变化

资料来源：2014年中国统计年鉴。

与经济长波周期相伴随，城市发展也经历了“城市化—郊区化—逆城市化—再城市化”几个不同阶段，这就是1971年著名城市学家彼得·霍尔所提出的“城市发展阶段理论”，并被西方城市化进程所证明。1975年美国城市地理学者雷·诺桑姆（Ray Northam）利用“S”曲线来表达城市化率和经济社会发展水平之间的关系，即第一阶段为城市化初期，城市人口增长缓慢，超过10%后逐步加快，当城市人口比重超过20%时进入第二阶段，城市化进程明显加速，该趋势一直持续到城市人口比重达到70%，之后进入第三阶段，城市化进程将出现停滞或略有下降（图6-3）。

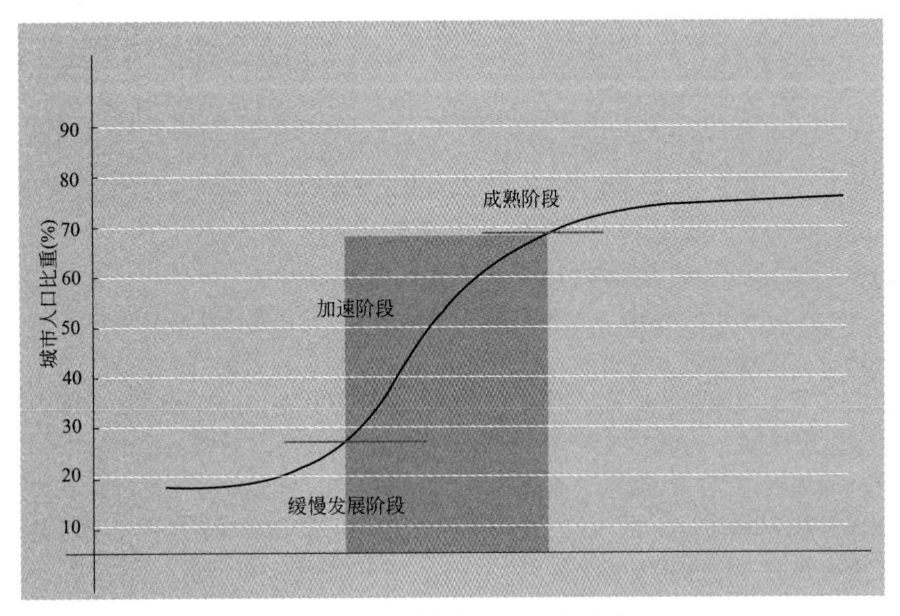

图6-3 世界城市化进程阶段性规律

从经济周期规律与城市化趋势来看，当前我国正处于从工农业经济向服务业经济、农村社会向城市社会的过渡时期。首先，从历年城市化率变化来看，1978～1989年，我国GDP年均增长9.5%，城市化水平由17.92%上升到26.21%；1989～2001年，GDP年均增长9.3%，城市化水平由26.21%上升到37.66%；2002～2014年，GDP年均增长9.9%，城市化水平由37.66%上升到54.77%，当前正处于城市化的高速发展时期。同时，我国城市化率增长与第三产业比重变化呈现出明显的正相关关系（图6-4），表明城市化的加速推进将会带来兴旺繁荣的服务与消费经济，中国的城市社会正在全面形成。

其次，从城市空间的变化来看，城市的集中化、郊区化和都市圈化是当前我国城市发展的主要趋势。一方面，由于大量农业剩余劳动力或流动人口向大城市、特大城市或超大城市集中，并逐步趋于饱和状态，从而推动上述城市的郊区化发展，包括人口、产业、居住、设施等。另一方面，以一个或几个特大、超大城市为核心，与周边有密切经济联系的大、中、小城市一起，逐步形成都市圈或城市群，大量外来流动人口也趋于向此聚集。在上述过程中，从我国沿海地区到内陆地区、从发达地区或欠发达地区的核心到外围，以大中、小、城市为代表的二、三、四线城市正在迎来新的发展机遇，这里将成为未来经济生产与消费的重心。

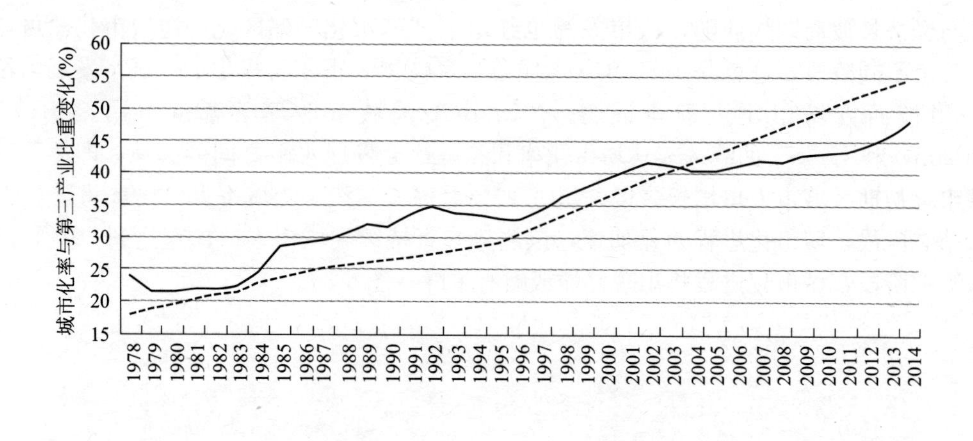

图 6-4　近 30 多年来我国城市化率增长与第三产业比重变化趋势

资料来源：2014 年中国统计年鉴。

（二）一、二、三、四线城市的基本内涵及其界定

中国一、二、三、四线城市概念源于房地产市场，其衡量标准包括经济实力、城市规模、城市级别、区域辐射力等指标。目前，北京、上海、广州、深圳是公认的一线城市，天津、重庆、苏州、无锡、成都、武汉、杭州、南京等直辖市或部分省会城市以及一些计划单列市属于二线城市，海口、绍兴、台州、镇江、湖州等部分省会城市或沿海较发达城市及部分内陆地级市是三线城市，而昆山、江阴、义乌、常熟、张家港等经济较强的县级市和其他部分地级市或县级市组成四线城市。以上划分标准基本上反映出了投资城市市场的重要程度，具有一定的现实意义。

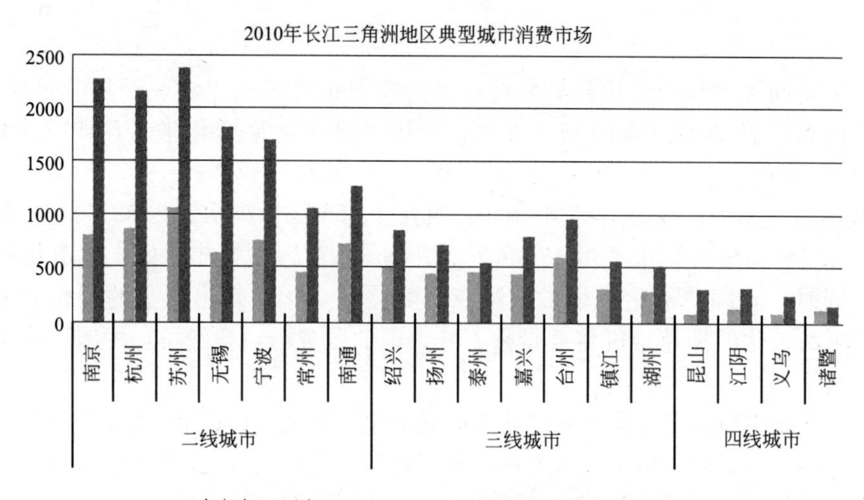

图 6-5　长三角地区二、三、四线城市社会消费能力

资料来源：上海、浙江、江苏统计网

注：二、三线城市为 2010 年数据，四线城市为 2009 年数据，其中，人均 GDP 计算均为常住人口，昆山、江阴的全市人口为户籍人口。

笔者认为，传统一、二、三线城市划分过多强调于城市的行政级别和经济规模，其界定标准也没有随着近20年来的区域经济快速发展而出现相应变化。以长三角地区核心城市为例，上海毋庸置疑属于一线城市，城市人口超过2000万，GDP总量在1万亿元以上，社会消费品零售总额高达6000多亿元；南京、杭州、苏州、无锡、宁波、南通、常州属于二线城市，GDP总量大部分超出3000亿元，社会消费品零售总额均在1000亿元以上；其余城市则属于三线城市，经济实力和社会消费能力相对较弱（图6-5）。

然而，若增加人均GDP、城镇居民人均可支配收入指标来界定（图6-6），可以发现，二线城市中的南通相对较弱，三线城市中的绍兴、台州较强，嘉兴的增长潜力也较大，特别是四线城市中的长三角经济强县，如昆山、江阴、义乌等，其人均指标要超出传统三线城市。所以，中国二、三、四线城市的划分坐标体系将会随着经济社会的不断发展而发生持续的变化，这就时刻需要我们根据当前城市经济发展动态来随时调整中国城市地位的坐标体系（详见下节）。

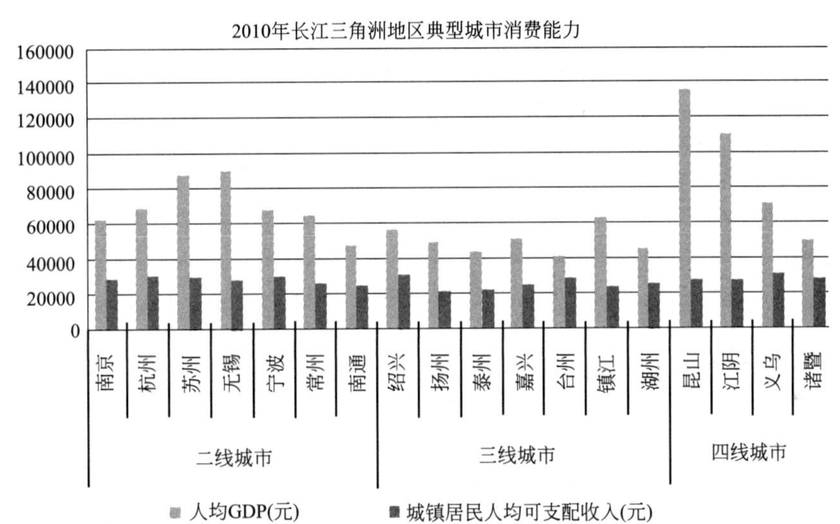

图6-6　长三角地区二、三、四线城市社会生产与收入水平

资料来源：上海、浙江、江苏统计网。

注：二、三线城市为2010年数据，四线城市为2009年数据，其中，人均GDP计算均为常住人口，昆山、江阴的全市人口为户籍人口。

（三）当前中国城市发展阶段判断

1. 经济社会发展阶段分析

针对国内外城市发展阶段的判断，著名经济学家钱纳里（H. Chenery）等人通过实证分析，从经济发展水平（人均GDP）的角度，将一国从不发达到发达的发展过程划分为3个阶段和6个时期（表6-2）。现对我国东部沿海地区典型二、三、四线城市进行分析，按国家公布的2010年平均汇率计算，部分城市人均GDP数值超过1万美元，如青岛、宁波、大连、扬州、昆山等，表明均进入了发达经济阶段，其余城市处于5000～10000美元之间，即属于工业化的中后期阶段。

若从二、三、四线城市居民人均可支配收入和消费性支出数据进行判断（图6-7），以青岛、宁波、大连、南通、泉州为代表的二线城市均是家庭收入与支出相对较高的城市，其中，南通、泉州与其在人均GDP中的位置并不相符，另外，如扬州、嘉兴、漳州等社会发展水平也靠近甚至超出传统意义上的二线城市。所以，相对于城市生产水平（人均 GDP），我国东部沿海地区二、三、四线城市的消费能力相对较强。

城市经济社会发展阶段评价标准　　表 6-2

时期	人均 GDP 变动范围（按 2000 年美元计算）	发展阶段	
1	574～1148	初级	初级产品生产阶段
2	1148～2296	工业	工业化初级阶段
3	2296～4592		工业化中期阶段
4	4592～8610		工业化后期阶段
5	8610～13776	发达	发达经济初级阶段
6	13776～20664		发达经济高级阶段

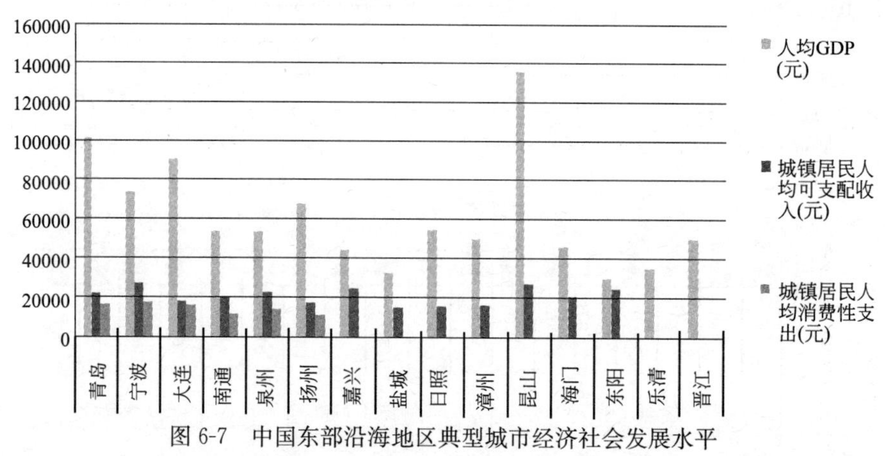

图 6-7　中国东部沿海地区典型城市经济社会发展水平

数据来源：2010 中国城市统计年鉴、2010 中国城市（镇）生活与价格年鉴、2010 中国区域经济统计年鉴

注：图中的二、三线城市人口数据为市区统计口径，四线城市人口数据为全县市统计范畴

以上表明，我国二、三、四线城市基本上处在工业化和发达经济阶段，特别是东部沿海地区将率先进入发达经济的高级阶段，这也是一个生产与消费均相对旺盛的发展时期，相应地也将为城市的生产服务及商业活动提出重大需求。事实上，从工业化后期开始，中国的相关城市将陆续进入城市中心商业集聚和消费兴起时代，对应的人均 GDP 在 4592～8610 美元之间，这是城市综合体入驻的经济门槛和风向标（图 6-8）。例如，江阴、永康、诸暨等江浙县级市人均 GDP 达到 5000 美元以后，城市中心区楼宇经济发展迅速，城市与建筑景观面貌变化十分显著。

2. 经济发展与商业变化相关分析

西方发达国家的经验规律与实证统计显示，城市人均 GDP、城市化水平与城市商业业态之间具有一定的相关性。例如，农业时代的集贸市场属于人均 GDP、城市化水平较为低下时期的产物；当人均 GDP 超过 1100 美元时，以百货商场为代表的传统商业出现，人均 GDP 超过 2000 美元时，多样化、规模化的现代商业开始出现，仅当人均 GDP 达到 4400 美元、城市化高于 70%时，以 Shopping Mall 为代表的商业商务地产开始涌现（表 6-3）。

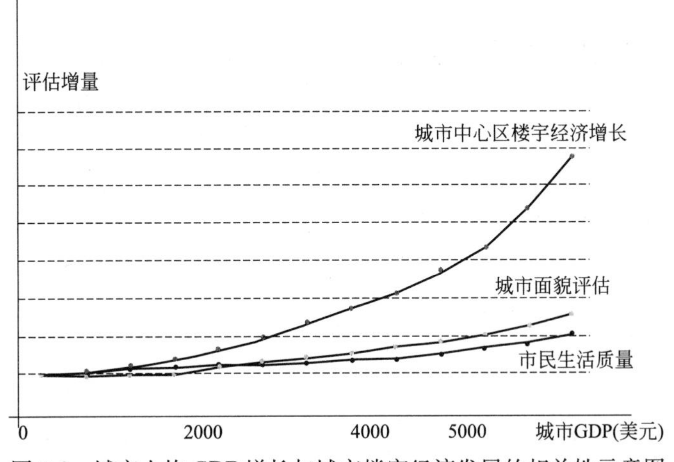

图 6-8　城市人均 GDP 增长与城市楼宇经济发展的相关性示意图

城市经济发展与商业形态演进　　表 6-3

原始商业业态	第一次升级商业业态	第二次升级商业业态	第三次升级商业业态
人均 GDP 在 1100 美元以下，城市化水平在 25%以下	人均 GDP 从 1100 到 2000 美元，城市化在 45%以下	人均 GDP 从 2000 到 4400 美元	人均 GDP 在 4400 美元以上，城市化 70%以上
商业处于农业经济相匹配的原始状态	传统商业	开始出现质的飞跃，多样化、规模化的现代商业	超越商业范畴的广义商业，推动城市发展和区域进步的新动力，着力点为区域性市场资源配置
农业时代的庙会、地摊、集贸市场	百货商场、商业街、批发市场等	大型购物中心、超市、专卖店、精品店等	Shopping Mall、旅游地产、商务地产、物流等综合商业开始涌现

我国仅用 30 多年时间就完成了西方发达国家 100 多年的工业化阶段，这反映在商业业态方面表现为各类商业与消费空间在国内二、三、四线城市纷纷出现，如百货店、大型超市、购物中心和城市综合体并行不悖。例如，最早出现购物中心的城市宏观经济数据表明，二线城市 GDP 超过 800 亿元，城镇居民人均可支配收入超过 5000 元，城镇居民人均消费性支出大于 4000 元。目前，我国沿海地区大部分二、三、四线城市及内陆半数以上二、三线城市基本都达到了该标准，即当前城市综合体是进入这些城市的较好时期。

二、中国一、二、三、四线城市评价与分析

（一）城市范围界定①

1. 城市范围界定方法

目前，国内常被提及的所谓一线、二线、三线、四线城市的概念最早起源于房地产市场，现已演变成为城市综合实力和竞争力的一种划分。常规的划分方法有单一指标法和指标体系法两种。

前者主要采用市区人口指标对城市规模进行划分，后者则主要采用指标体系方法综合评估城市发展实力或竞争力，据此划分出中国一、二、三、四线城市的范围。通常进行一、二、三、四

① 限于篇幅与工作量，本章节内容所涉及的一、二、三线城市以全国为统计范围，后面章节将重点分析四线城市，主要以长三角江浙两省的县市为统计单元。

线城市划分的指标包括：综合经济实力、城市发展与规模（建设水平、人口、面积等）、辐射带动力与影响力、对人才的吸引力、信息交流能力、国际竞争能力、科技创新能力、交通通达能力等许多层面。

根据本报告综合体开发的理论和目标，考虑到城市系统的人口、经济、社会、生活、环境等诸多方面，基于经济增长与结构、社会发展与建设、生活福利与环境三方面选取中国一、二、三、四线城市评估指标，据此评估中国一、二、三、四线城市范围，既能反映各城市的经济实力、政治地位、城市规模和区域辐射力，又能统筹考虑经济的、社会的、生活的和环境的等综合维度，得出的评估结果全面、系统，具有较好的可比性和科学性。

2. 城市空间分布特征

传统意义上的一、二、三、四线城市在我国 7 大经济区划中的空间分布见表 6-4、图 6-9。可以看出，一线城市集中于环渤海地区、长三角地区和珠三角地区，包括北京、上海、广州、深圳 4 个城市；二线城市除了西安、郑州、重庆、武汉、成都、长春、哈尔滨、乌鲁木齐、兰州等省会城市以外，大都集中于泛环渤海地区、泛长三角地区和泛珠三角地区。在 39 个二线城市中，这 3 个地区有 30 个，约占 3/4；三线城市整体呈均匀分布态势，但相对而言，西北地区的三线城市数量明显较小。

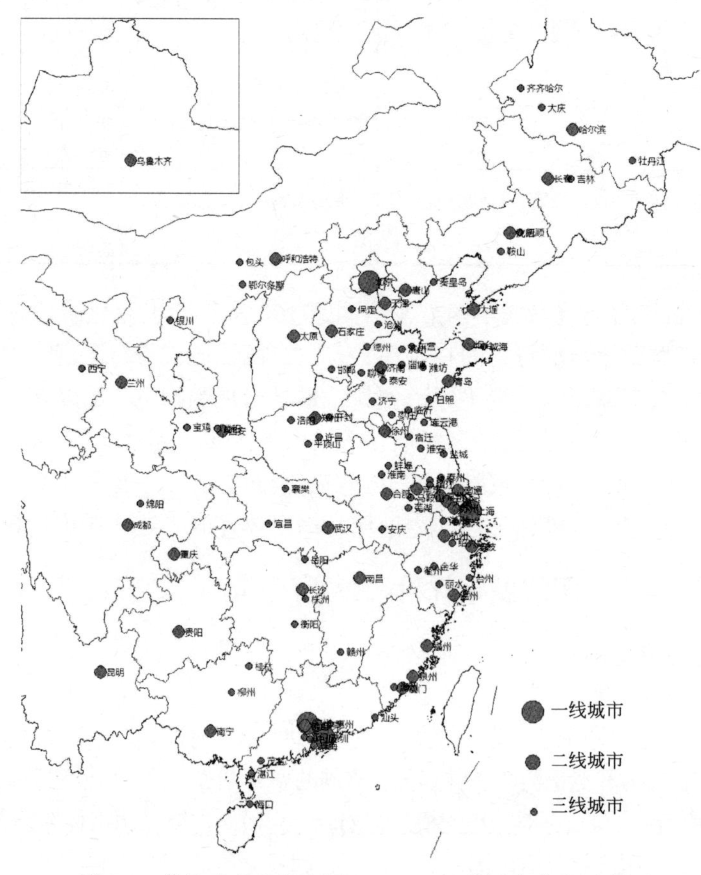

图 6-9　传统意义上的中国一、二、三线城市分布示意图

3. 城市等级规模划分

按市区人口数确定的城市规模和等级来看，一线城市是指市区人口 300～1000 万的特

大城市和1000万以上巨大型城市，二线城市是指市区人口100～300万大城市和部分300～1000万人口特大城市，三线城市是指市区人口50～100万的中等城市，四线城市指市区人口20～50万的中小城市，详见表6-5。

传统意义上的中国一、二、三、四线城市　　表6-4

地区	一线城市	二线城市	三线城市	四线城市
泛环渤海地区	北京	天津、沈阳、大连、济南、石家庄、唐山、青岛、烟台、太原、呼和浩特	潍坊、淄博、东营、泰安、威海、济宁、临沂、德州、滨州、日照、聊城、枣庄、包头、邯郸、保定、秦皇岛、沧州、鄂尔多斯	除上述城市之外的地、县级市
泛长三角地区	上海	南京、杭州、苏州、无锡、宁波、徐州、温州、合肥、常州、南通	赣州、芜湖、镇江、盐城、连云港、扬州、湖州、嘉兴、绍兴、金华、台州、泰州、蚌埠、淮南、马鞍山、淮安、丽水、衢州、宿迁、安庆	除上述城市之外的地、县级市
泛珠三角地区	广州、深圳	佛山、东莞、福州、厦门、长沙、昆明、南昌、贵阳、南宁、泉州	海口、株洲、岳阳、衡阳、中山、珠海、柳州、桂林、惠州、湛江、江门、茂名、漳州、汕头	除上述城市之外的地、县级市
黄河中下游地区		西安、郑州	宝鸡、咸阳、开封、许昌、平顶山、洛阳	除上述城市之外的地、县级市
长江中上游地区		重庆、武汉、成都	宜昌、襄樊、绵阳	除上述城市之外的地、县级市
东北地区		长春、哈尔滨	大庆、鞍山、吉林、齐齐哈尔、牡丹江、抚顺	除上述城市之外的地、县级市
西北地区		乌鲁木齐、兰州	西宁、银川、拉萨	除上述城市之外的地、县级市
合计	4	39	70	—

注：本表综合了多家开发商的一、二、三、四线城市定义资料。

基于人口规模的中国城市等级划分　　表6-5

城市等级	一线城市	二线城市	三线城市	四线城市
城市规模	300～1000万的特大城市和1000万以上巨大型城市	100～300万大城市和部分300～1000万人口特大城市	50～100万的中等城市	20～50万的中小城市
城市	北京、天津、上海、南京、杭州、广州、深圳	沈阳、大连、济南、石家庄、唐山、青岛、烟台、太原、东营、呼和浩特、苏州、无锡、宁波、徐州、温州、合肥、绍兴、常州、南通、台州、佛山、东莞、福州、厦门、长沙、昆明、南昌、贵阳、南宁、泉州、西安、郑州、重庆、武汉、成都、长春、哈尔滨、乌鲁木齐、兰州	潍坊、淄博、泰安、威海、济宁、临沂、德州、滨州、日照、聊城、枣庄、包头、邯郸、保定、秦皇岛、沧州、鄂尔多斯、赣州、芜湖、镇江、盐城、连云港、扬州、湖州、嘉兴、金华、泰州、蚌埠、淮南、马鞍山、淮安、丽水、衢州、宿迁、安庆、海口、株洲、岳阳、衡阳、中山、珠海、柳州、桂林、惠州、湛江、江门、茂名、漳州、汕头、宝鸡、咸阳、开封、许昌、平顶山、洛阳、宜昌、襄樊、绵阳、大庆、鞍山、吉林、齐齐哈尔、牡丹江、抚顺、西宁、银川、拉萨	略
合计	7	39	67	—

(二) 评价理论模型与指标体系

1. 城市评价理论模型

上节重点讨论了除传统意义上的一线城市之外，二、三、四线城市的特质与优势，那么如果要将这一优势量化为可比较的数据，就可以对现有的一、二、三、四线城市坐标系统进行修正和完善。重新划分基于综合体开发的城市坐标体系，需要改变以往仅仅依据市区人口指标的一、二、三、四线城市划分标准。因为，城市之间在经济、社会、居民生活、环境等方面的水平、潜力、结构和质量等维度存在差异，势必影响到城市的等级划分。因此，基于城市体系研究成果和综合体特性，重新建立一个新的基于综合体开发的中国一、二、三、四线城市评估标准，据此对中国一、二、三、四线城市体系进行划分，具有重要理论和现实意义。

2. 城市评价指标体系

在城市评价理论模型的指导下，选取表中的我国 112 个城市（一、二、三线城市）作为研究对象（不含表中的拉萨），拟从经济增长与结构、社会发展与建设、生活福利与环境 3 方面选取 24 项指标，构建基于综合体开发的城市评价指标体系，具体见表 6-6。

中国大城市综合体发展潜力评价的指标体系 表 6-6

<table>
<tr><td rowspan="24">中国大城市综合体发展潜力评价指标体系</td><td rowspan="12">经济增长与结构</td><td>地区生产总值</td></tr>
<tr><td>人均 GDP</td></tr>
<tr><td>第三产业占 GDP 比重</td></tr>
<tr><td>地方财政科学支出</td></tr>
<tr><td>地方财政收入</td></tr>
<tr><td>国际互联网用户数</td></tr>
<tr><td>电信业务收入</td></tr>
<tr><td>年末金融机构存款金额</td></tr>
<tr><td>年末金融机构各项贷款金额</td></tr>
<tr><td>国内旅游收入</td></tr>
<tr><td>剧场、影剧院数</td></tr>
<tr><td>批发和零售业就业人数</td></tr>
<tr><td rowspan="9">社会发展与建设</td><td>城市市区人口</td></tr>
<tr><td>全社会固定资产投资总额</td></tr>
<tr><td>医院、卫生院床位数</td></tr>
<tr><td>中小学专任教师数</td></tr>
<tr><td>城市建设用地</td></tr>
<tr><td>建成区绿化覆盖面积</td></tr>
<tr><td>社会消费品零售总额</td></tr>
<tr><td>移动电话年末用户数</td></tr>
<tr><td>全年公共汽(电)车客运总量</td></tr>
<tr><td rowspan="3">生活福利与环境</td><td>城镇居民人均可支配收入</td></tr>
<tr><td>城镇居民人均消费性支出</td></tr>
<tr><td>人均绿地面积</td></tr>
</table>

资料来源：2010 中国城市统计年鉴、2010 中国城市（镇）生活与价格年鉴、2010 中国区域经济统计年鉴。

注：共计 112 个城市的 24 项指标数据。

3. 城市评价因子解释

应用 SPSS19.0 软件进行主成分分析和因子分析，首先对原始数据进行 Z 标准化处理，然后对标准化数据进行主成分分析，当取 5 个主成分时，累计贡献率达到 91.630%，可以解释原始信息的 91.630%，方差分析见表 6-7。

方差分析　　表 6-7

	旋转前			旋转后		
	特征值	贡献率(%)	累积贡献率(%)	特征值	贡献率(%)	累积贡献率(%)
1	17.123	71.345	71.345	8.568	35.702	35.702
2	2.212	9.218	80.563	7.404	30.848	66.550
3	1.010	4.207	84.770	3.166	13.193	79.743
4	0.853	3.554	88.325	1.538	6.408	86.152
5	0.793	3.306	91.630	1.315	5.478	91.630

根据旋转后的因子载荷（表 6-8），可以发现：第一主因子在城市市区人口、中小学专任教师数、全社会固定资产投资总额、医院卫生院床位数、城市建设用地、建成区绿化覆盖面积、社会消费品零售总额、移动电话年末用户数、全年公共汽（电）车客运总量等指标上具有较大载荷，因此可将第一主因子概括为“社会发展与建设”主因子；第二主因子在地区生产总值、地方财政科学支出、地方财政收入、国际互联网用户数、电信业务收入、年末金融机构存款金额、年末金融机构各项贷款金额、国内旅游收入、剧场影剧院数、批发和零售业就业人数等指标上具有较大载荷，可将第二主因子概括为“经济增长”主因子。

旋转后的因子载荷矩阵　　表 6-8

	主因子				
	1	2	3	4	5
城市市区人口	0.902	0.354	0.040	0.045	−0.070
中小学专任教师数	0.880	0.363	0.128	0.087	0.080
全社会固定资产投资总额	0.822	0.410	0.267	0.037	−0.031
医院、卫生院床位数	0.796	0.509	0.066	0.187	−0.014
城市建设用地	0.783	0.442	0.182	0.170	0.243
建成区绿化覆盖面积	0.727	0.465	0.232	0.216	0.300
社会消费品零售总额	0.711	0.591	0.275	0.176	0.124
移动电话年末用户数	0.694	0.44	0.350	0.174	0.265
全年公共汽(电)车客运总量	0.657	0.495	0.097	0.390	0.162
地区生产总值	0.654	0.637	0.334	0.063	0.172
地方财政科学支出	0.341	0.899	0.159	0.039	0.125
地方财政收入	0.485	0.831	0.218	0.089	0.088
国际互联网用户数	0.483	0.776	0.185	0.006	−0.023
电信业务收入	0.460	0.764	0.204	0.148	0.213

续表

	主因子				
	1	2	3	4	5
年末金融机构存款金额	0.576	0.745	0.195	0.198	0.092
年末金融机构各项贷款金额	0.644	0.668	0.239	0.183	0.086
国内旅游收入	0.601	0.652	0.248	0.200	−0.074
剧场、影剧院数	0.522	0.652	0.278	0.165	0.027
批发和零售业就业人数	0.614	0.650	0.073	0.278	0.079
城镇居民人均可支配收入	0.128	0.254	0.908	0.150	0.070
城镇居民人均消费性支出	0.170	0.210	0.884	0.178	0.118
人均 GDP	0.156	0.081	0.749	−0.252	0.241
第三产业 GDP 比重	0.231	0.157	0.048	0.912	0.040
人均绿地面积	0.080	0.114	0.332	0.045	0.914

注：主成分分析法，采用 Kaiser 方差最大旋转。

第三主因子在城镇居民人均可支配收入、城镇居民人均消费性支出、人均 GDP 等指标上具有较大载荷，可将第三主因子概括为“生活福利”主因子；第四主因子在第三产业占 GDP 比重指标上的载荷为 0.912，可将其概括为“产业结构”主因子；第五主因子在人均绿地面积指标上的载荷为 0.914，可将其概括为“生活环境”主因子。

根据城市评价因子解释，分别对所选的 112 个城市进行社会发展和建设、经济增长、生活福利、产业结构、生活环境等维度的评估，详见附录表 6-9。

中国城市开发综合体评估总得分及其排名 **表 6-9**

城市	总得分	位次	城市	总得分	位次
上海市	3.070	1	台州	−0.185	57
北京市	3.043	2	泉州	−0.197	58
广州市	1.387	3	镇江	−0.198	59
天津市	1.242	4	江门	−0.198	60
深圳市	1.229	5	淮安	−0.208	61
重庆市	1.158	6	扬州	−0.216	62
南京市	0.664	7	威海	−0.221	63
武汉市	0.661	8	枣庄	−0.226	64
杭州市	0.634	9	邯郸	−0.226	65
成都市	0.550	10	济宁	−0.229	66
沈阳市	0.532	11	嘉兴	−0.231	67
西安市	0.405	12	芜湖	−0.233	68
东莞市	0.380	13	柳州	−0.233	69
佛山市	0.376	14	绍兴市	−0.234	70
哈尔滨市	0.365	15	襄樊	−0.236	71
大连市	0.313	16	抚顺	−0.236	72
苏州市	0.280	17	保定	−0.239	73
济南市	0.244	18	湛江	−0.239	74

续表

城市	总得分	位次	城市	总得分	位次
青岛市	0.235	19	宜昌	−0.239	75
宁波市	0.231	20	岳阳	−0.249	76
长春市	0.212	21	鄂尔多斯	−0.254	77
无锡市	0.204	22	湖州	−0.254	78
长沙市	0.191	23	泰安	−0.257	79
郑州市	0.147	24	株洲	−0.258	80
昆明市	0.080	25	宝鸡	−0.259	81
合肥市	0.063	26	日照	−0.270	82
常州	0.049	27	马鞍山	−0.270	83
厦门市	0.040	28	盐城	−0.272	84
太原市	0.035	29	金华	−0.274	85
唐山市	0.007	30	衡阳	−0.278	86
石家庄市	0.006	31	淮南	−0.280	87
淄博	−0.019	32	泰州	−0.284	88
福州市	−0.023	33	连云港	−0.286	89
汕头	−0.024	34	平顶山	−0.286	90
温州市	−0.028	35	绵阳	−0.291	91
烟台市	−0.035	36	咸阳	−0.296	92
大庆	−0.038	37	银川	−0.307	93
南昌市	−0.041	38	滨州	−0.309	94
乌鲁木齐市	−0.047	39	聊城	−0.311	95
包头	−0.055	40	秦皇岛	−0.311	96
南宁市	−0.057	41	蚌埠	−0.314	97
中山	−0.079	42	茂名	−0.314	98
贵阳市	−0.103	43	齐齐哈尔	−0.315	99
珠海	−0.115	44	桂林	−0.319	100
临沂	−0.126	45	西宁	−0.320	101
东营市	−0.132	46	沧州	−0.324	102
南通	−0.137	47	衢州	−0.326	103
呼和浩特市	−0.139	48	德州	−0.337	104
徐州市	−0.140	49	宿迁	−0.338	105
惠州	−0.146	50	漳州	−0.339	106
吉林	−0.167	51	开封	−0.348	107
潍坊	−0.168	52	许昌	−0.350	108
兰州市	−0.170	53	安庆	−0.362	109
海口	−0.172	54	牡丹江	−0.369	110
洛阳	−0.173	55	丽水	−0.372	111
鞍山	−0.183	56	赣州	−0.391	112

（三）城市评价分析解读

1. 城市开发潜力定量分析

从一线城市来看（图 6-10），上海经济增长优势明显，深圳的生活环境具有优势。比较而言，广州需要进一步提高经济水平；北京需要提高居民的生活福利；杭州需要加快社会建设步伐；南京面临经济发展的挑战；上海在生活环境和产业结构两方面仍需努力；深圳社会发展质量有待进一步提高；天津和上海相似，也需要改善生活环境，促进产业结构优化；武汉和重庆，尤其是重庆，在经济增长、生活福利和产业结构升级等方面大有潜力可挖。

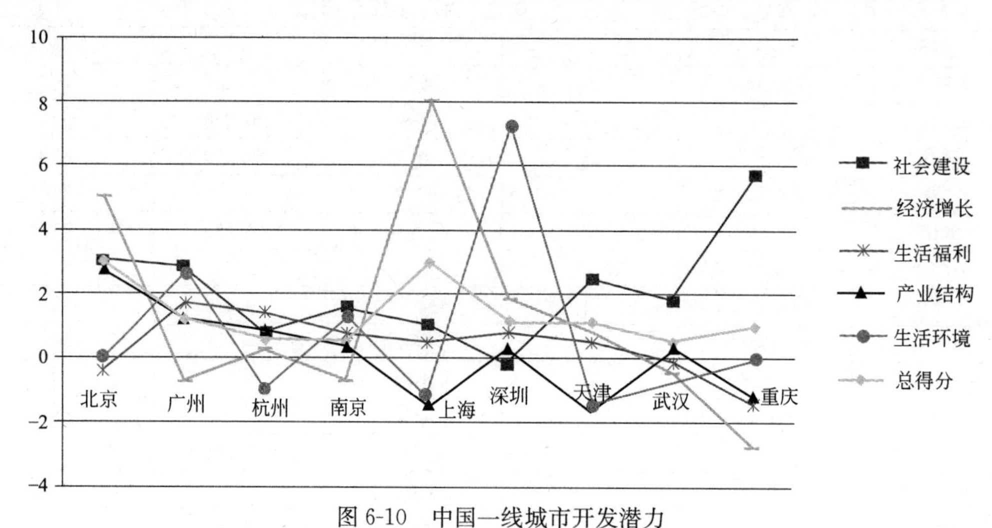

图 6-10　中国一线城市开发潜力

从二线城市整体状况来看（图 6-11），生活福利和社会建设方面具有一定的优势。但其发展的软肋大多在于生活环境较差，经济增长缺乏动力，经济水平整体低于全国城市的平均水平。

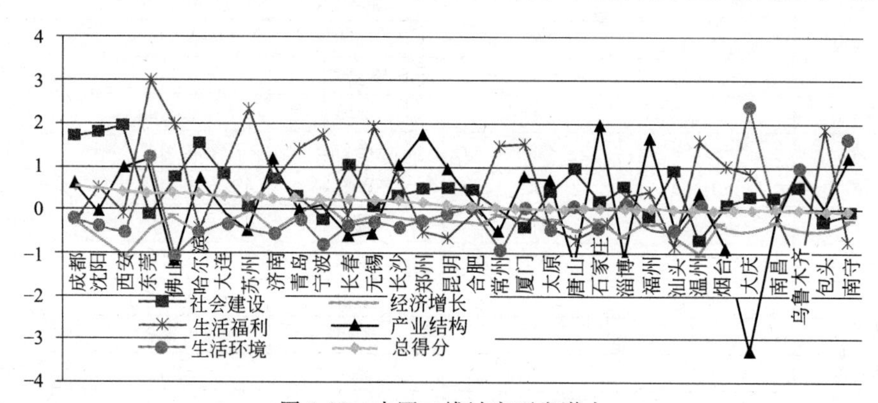

图 6-11　中国二线城市开发潜力

从三线城市来看（图 6-12），面临的主要问题在于：经济增长水平较低和经济结构较为低级，所以，未来城市综合体开发可以进一步促进三线城市的经济发展水平和质量，改善三线城市的经济结构。

2. 城市综合评价聚类体系

根据总得分和人口指标，可将 112 个城市划分为一、二、三线城市（表 6-10、图 6-13）。一线城市得分在 0.6 以上，且市区人口 300～1000 万的特大城市或 1000 万以上的巨大型城市；二线城市得分在－0.1～0.6 之间，且市区人口 100～300 万的大城市或少数 300 万以上的特大城市；三线城市得分在－0.1 以下，且市区人口 50～100 万的中等城市或少数人口 100～300 万的大城市。

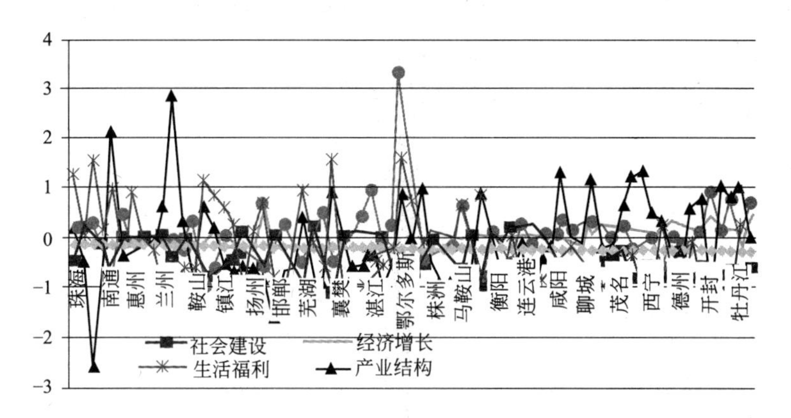

图 6-12　中国三线城市发展潜力

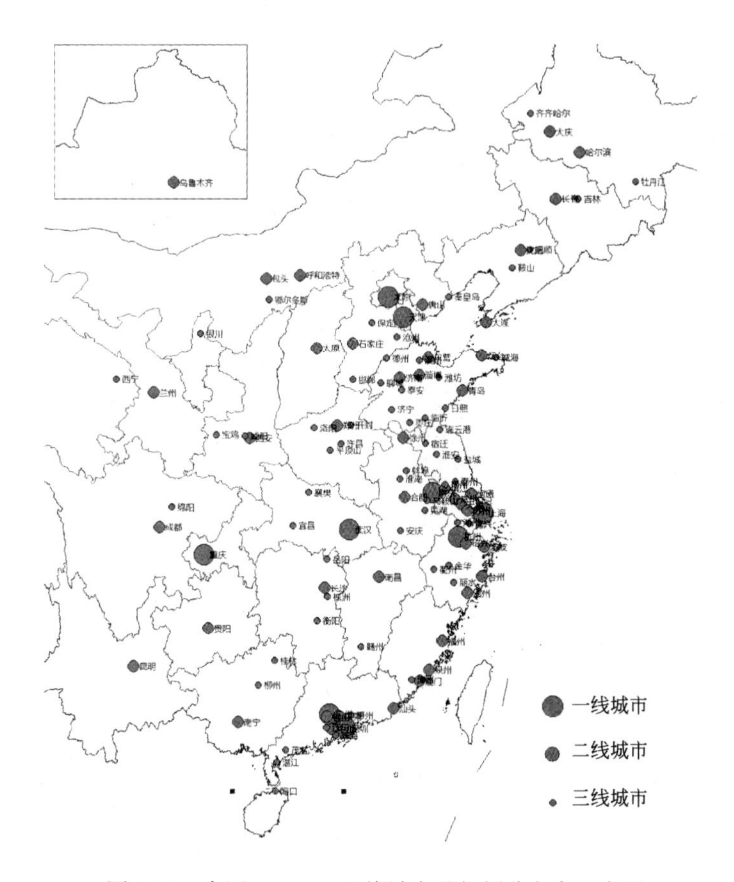

图 6-13　中国一、二、三线城市重新划分方案示意图

一线城市分 3 个层次：

第一层次：上海和北京，总得分在 3.0 以上。

第二层次：广州、天津、深圳、重庆，总得分超过 1。

第三层次：南京、武汉、杭州，得分在 0.6 以上。

二线城市分 3 个层次：

第一层次：总得分在0.1～0.6之间，包括成都、沈阳、西安、东莞、佛山、哈尔滨、大连、苏州、济南、青岛、宁波、长春、无锡、长沙、郑州。

第二层次：总得分在0～0.1之间，包括昆明、合肥、常州、厦门、太原、唐山、石家庄。

第三层次：总得分在−0.1～0之间，包括：淄博、福州、汕头、温州、烟台、大庆、南昌、乌鲁木齐、包头、南宁、中山、贵阳。

三线城市分3个层次：

第一层次：总得分在−0.2～−0.1之间，包括：珠海、临沂、东营、南通、呼和浩特、徐州、惠州、吉林、潍坊、兰州、海口、洛阳、鞍山、台州、泉州、镇江、江门。

第二层次：总得分在−0.3～−0.2之间，包括：淮安、扬州、威海、枣庄、邯郸、济宁、嘉兴、芜湖、柳州、绍兴市、襄樊、抚顺、保定、湛江、宜昌、岳阳、鄂尔多斯、湖州、泰安、株洲、宝鸡、日照、马鞍山、盐城、金华、衡阳、淮南、泰州、连云港、平顶山、绵阳、咸阳。

第三层次：总得分在−0.3以下，包括：银川、滨州、聊城、秦皇岛、蚌埠、茂名、齐齐哈尔、桂林、西宁、沧州、衢州、德州、宿迁、漳州、开封、许昌、安庆、牡丹江、丽水、赣州。

基于城市综合体开发的中国一、二、三线城市重新划分方案　　表6-10

地区	一线城市	二线城市	三线城市
泛环渤海地区	北京、天津	沈阳、大连、济南、石家庄、唐山、青岛、淄博、东营、烟台、太原、呼和浩特、包头	潍坊、泰安、威海、济宁、临沂、德州、滨州、日照、聊城、枣庄、邯郸、保定、秦皇岛、沧州、鄂尔多斯
泛长三角地区	上海、南京、杭州	苏州、无锡、宁波、温州、合肥、常州、绍兴、镇江、南通、台州、徐州	芜湖、盐城、连云港、扬州、湖州、嘉兴、金华、泰州、蚌埠、淮南、马鞍山、淮安、丽水、衢州、宿迁、安庆
泛珠三角地区	广州、深圳	佛山、东莞、福州、厦门、长沙、昆明、南昌、贵阳、南宁、泉州、汕头、中山	海口、株洲、岳阳、衡阳、珠海、柳州、桂林、惠州、湛江、江门、茂名、漳州、赣州
黄河中下游地区		西安、郑州	宝鸡、咸阳、开封、许昌、平顶山、洛阳
长江中上游地区	重庆、武汉	成都	宜昌、襄樊、绵阳
东北地区		长春、哈尔滨、大庆	鞍山、吉林、齐齐哈尔、牡丹江、抚顺
西北地区		乌鲁木齐、兰州	西宁、银川
合计	9	43	60

注：拉萨因为数据搜集原因没有计算。一线城市的远郊组团或卫星城可以等同于三线城市，以此类推。

值得注意的是，和传统一、二、三线城市相比，应用本次综合指标体系评估结果发现：天津、南京、杭州、武汉、重庆由二线城市上升为一线城市；呼和浩特、徐州、南通、泉州、兰州不再属于二线城市，而落入三线城市的第一层次；传统方法计算的三线城市中的淄博、包头、汕头、中山、大庆上升为二线城市。由此，综合上述评价结果和城市人口、行政地位等指标，将中国一、二、三线城市划分体系进行归纳总结。[①]

---

① 考虑到呼和浩特、兰州、徐州、南通、泉州、绍兴、台州、镇江的区域地位、人口规模或人均经济水平，将之提升为二线城市。

三、长三角地区城市评估与类型划分

传统意义上的四线城市是指市区常住人口50万以下20万人以上的中小城市。但在通常所言的四线城市之中，不乏一些县市具有三线城市都难以企及的高级化产业结构和规模很大的经济总量。为此，选用一些简单的核心指标进一步评估并划分江浙两省四线城市类型，以完善本次的分析方法和结论是十分必要的。考虑到江浙两省城市发展特征，特选取国内生产总值、人均GDP、社会消费品零售总额、城镇居民人均可支配收入和第三产业比重5项指标，应用主成分法对江浙两省城市市区及各个县市进行综合体开发视角的城市体系定量评估和类型划分。

（一）城市体系定量评估

首先对原始数据进行Z标准化，然后对标准化后数据进行主成分分析，提取2个主成分累计贡献率达到81.124%，故选取2个主成分（表6-11）。

方差分析　　　　**表6-11**

	旋转前			旋转后		
	特征值	贡献率(%)	累积贡献率(%)	特征值	贡献率(%)	累积贡献率(%)
1	3.039	60.772	60.772	2.105	42.097	42.097
2	1.018	20.351	81.124	1.951	39.027	81.124
3	0.706	14.128	95.251			
4	0.214	4.281	99.532			
5	0.023	0.468	100.000			

旋转后的因子载荷矩阵　　　　**表6-12**

	主因子	
	1	2
人均GDP(元)	0.935	0.148
城镇居民人均可支配收入(元)	0.854	0.162
第三产业所占比重(%)	0.432	0.826
社会消费品零售总额(亿元)	−0.050	0.817
GDP(亿元)	0.558	0.744

从旋转后的因子载荷矩阵可以看出（表6-12），第一因子人均GDP和城镇居民人均可支配收入上具有较高载荷，第二因子在第三产业比重、社会消费品零售总额、GDP等指标上载荷较高。根据旋转后的因子载荷可以发现，经济水平和经济活力两方面是基于城市综合体开发进行四线城市等级评估的重要维度。通过因子权重的计算，可以进一步计算总得分，并可根据总得分进行排名，详见表6-13。

长三角城市总得分 **表 6-13**

市区	因子一	因子二	总得分	名次	市区	因子一	因子二	总得分	名次
杭州市	0.944	2.042	2.986	1	江都市	−0.055	−0.096	−0.150	68
南京市	0.459	2.326	2.785	2	临海市	−0.152	0.001	−0.151	69
苏州市	1.083	1.030	2.113	3	启东市	−0.017	−0.141	−0.158	70
无锡市	0.833	1.154	1.987	4	苍南县	−0.511	0.349	−0.162	71
昆山市	1.718	−0.213	1.505	5	盐城市	−0.221	0.058	−0.163	72
宁波市	0.273	1.181	1.454	6	衢州市	−0.182	0.009	−0.173	73
江阴市	1.280	0.057	1.337	7	桐庐县	0.290	−0.469	−0.179	74
温州市	0.516	0.771	1.287	8	句容市	0.019	−0.224	−0.204	75
常州市	0.578	0.641	1.220	9	海安县	−0.071	−0.148	−0.219	76
张家港	1.383	−0.168	1.216	10	仪征市	−0.011	−0.226	−0.237	77
常熟市	0.831	0.174	1.005	11	姜堰市	−0.133	−0.108	−0.241	78
义乌市	0.495	0.437	0.932	12	天台县	−0.556	0.312	−0.244	79
绍兴县	1.126	−0.427	0.699	13	如皋市	−0.160	−0.102	−0.261	80
太仓市	0.955	−0.256	0.699	14	如东县	−0.113	−0.151	−0.264	81
吴江市	0.858	−0.182	0.676	15	泰兴市	−0.159	−0.115	−0.274	82
台州市	0.140	0.493	0.633	16	建德市	0.087	−0.386	−0.300	83
绍兴市	0.197	0.370	0.567	17	三门县	−0.367	0.05	−0.317	84
南通市	0.219	0.328	0.547	18	浦江县	−0.033	−0.296	−0.329	85
慈溪市	0.702	−0.158	0.544	19	文成县	−1.021	0.683	−0.338	86
徐州市	−0.077	0.600	0.523	20	永嘉县	−0.216	−0.123	−0.339	87
镇江市	0.421	0.015	0.436	21	东台市	−0.275	−0.073	−0.348	88
余姚市	0.585	−0.158	0.426	22	仙居县	−0.578	0.229	−0.35	89
舟山市	0.119	0.277	0.396	23	武义县	−0.085	−0.268	−0.353	90
嘉兴市	0.195	0.177	0.373	24	遂昌县	−0.365	0.008	−0.356	91
扬州市	0.197	0.174	0.371	25	兴化市	−0.347	−0.013	−0.360	92
宜兴市	0.299	0.072	0.371	26	大丰市	−0.258	−0.111	−0.368	93
诸暨市	0.582	−0.273	0.309	27	龙泉市	−0.378	0.006	−0.372	94
温岭市	0.238	0.069	0.307	28	淳安县	−0.364	−0.015	−0.380	95
瑞安市	0.051	0.243	0.293	29	铜山县	−0.272	−0.116	−0.388	96
海宁市	0.538	−0.261	0.278	30	青田县	−0.198	−0.198	−0.396	97
桐乡市	0.324	−0.081	0.243	31	云和县	−0.322	−0.089	−0.411	98
湖州市	0.234	0.009	0.242	32	江山市	−0.173	−0.265	−0.437	99
玉环县	0.771	−0.547	0.225	33	缙云县	−0.217	−0.238	−0.455	100
金华市	−0.151	0.342	0.191	34	景宁县	−0.763	0.306	−0.457	101
扬中市	0.432	−0.254	0.178	35	邳州市	−0.573	0.103	−0.470	102
上虞市	0.492	−0.321	0.171	36	泰顺县	−1.018	0.544	−0.474	103
平湖市	0.636	−0.47	0.167	37	建湖县	−0.423	−0.051	−0.474	104
嘉善县	0.552	−0.394	0.158	38	松阳县	−0.498	0.022	−0.476	105

续表

市区	因子一	因子二	总得分	名次	市区	因子一	因子二	总得分	名次
乐清市	0.301	−0.157	0.143	39	高邮市	−0.231	−0.252	−0.483	106
丹阳市	0.213	−0.077	0.136	40	龙游县	−0.242	−0.245	−0.487	107
奉化市	0.143	−0.007	0.135	41	洪泽县	−0.445	−0.053	−0.498	108
象山县	0.373	−0.255	0.119	42	金湖县	−0.446	−0.062	−0.508	109
富阳市	0.456	−0.363	0.102	43	兰溪市	−0.211	−0.311	−0.522	110
海盐县	0.715	−0.640	0.075	44	宿迁市	−0.592	0.060	−0.531	111
嵊泗县	0.485	−0.417	0.068	45	庆元县	−0.600	0.058	−0.541	112
泰州市	0.272	−0.211	0.062	46	新沂市	−0.727	0.182	−0.546	113
东阳市	−0.022	0.082	0.060	47	沛县	−0.507	−0.047	−0.554	114
新昌县	0.258	−0.218	0.040	48	射阳县	−0.501	−0.064	−0.565	115
永康市	0.412	−0.382	0.030	49	宝应县	−0.463	−0.105	−0.568	116
靖江市	0.180	−0.151	0.029	50	赣榆县	−0.575	−0.014	−0.589	117
丽水市	−0.376	0.402	0.026	51	盱眙县	−0.371	−0.227	−0.598	118
高淳县	0.230	−0.207	0.023	52	东海县	−0.579	−0.044	−0.623	119
长兴县	0.266	−0.247	0.018	53	滨海县	−0.580	−0.072	−0.653	120
宁海县	0.349	−0.334	0.015	54	沭阳县	−0.663	0.002	−0.661	121
溧阳市	0.196	−0.183	0.013	55	阜宁县	−0.531	−0.151	−0.682	122
嵊州市	0.243	−0.232	0.011	56	常山县	−0.599	−0.085	−0.683	123
金坛市	0.197	−0.193	0.003	57	开化县	−0.610	−0.101	−0.711	124
海门市	0.238	−0.251	−0.013	58	泗洪县	−0.721	0.005	−0.716	125
德清县	0.374	−0.441	−0.067	59	泗阳县	−0.582	−0.151	−0.734	126
临安市	0.243	−0.323	−0.080	60	睢宁县	−0.716	−0.023	−0.739	127
岱山县	0.358	−0.446	−0.088	61	灌南县	−0.493	−0.252	−0.744	128
溧水县	0.326	−0.419	−0.093	62	涟水县	−0.514	−0.240	−0.753	129
连云港市	−0.420	0.308	−0.112	63	响水县	−0.400	−0.357	−0.757	130
安吉县	−0.106	−0.021	−0.127	64	磐安县	−0.534	−0.255	−0.790	131
淮安市	−0.408	0.272	−0.136	65	丰县	−0.654	−0.160	−0.814	132
洞头县	−0.748	0.604	−0.144	66	灌云县	−0.545	−0.319	−0.864	133
平阳县	−0.454	0.307	−0.148	67					

注：数据来源于浙江省统计年鉴（2010）和江苏省统计年鉴（2010）。

从表中可以发现：①杭州市、南京市、苏州市、无锡市、宁波市、温州市、常州市、台州市、南通市等还是名列前茅，基本和上述部分一、二、三线城市定量评估结果一致，说明一、二、三线城市划分方案基本可行。②昆山市、江阴市、张家港市、常熟市、义乌市、绍兴县、太仓市、吴江市、绍兴市等市虽然在行政级别和人口规模等方面不具有优势，但是在经济水平和经济活力方面，尤其是在产业结构和商业贸易等方面优势明显。如温州市市区 2009 年 GDP 规模为 1054.35 亿元，人均 GDP 为 73316.00 元，社会消费零售品总额为 683.76 亿元，城镇人均居民可支配收入 28021.00 元，三产比重高达 50.29%。绍兴市市区 2009 年尽管 GDP 规模比温州略小，但人均 GDP、城镇人均居民可支配收入和三产比重与温州市旗鼓相当。昆山市 2009 年 GDP 规模为 1750.08 亿元，人均 GDP 高达 135360.82 元，社会消费零售品总额为 298.05 亿元，城镇人均居民可支配收入

27609.00元，三产比重高达34.00%。③以宿迁、衢州等为代表的一些行政意义较为重要的地级市，其评价得分却较低。例如，宿迁市区GDP规模不足温州市市区的1/3，社会消费零售品总额仅占温州市的60%左右，三产比重不足40%。衢州市市区比宿迁市市区略好一些，但是和温州市、绍兴市等相比，差距明显。

需要指出的是，绍兴县，作为绍兴市的一个县级单元，其经济水平和经济活力不容小觑。在总得分中，绍兴县得分为0.699，排名第13，义乌市得分为0.932，排名第12。义乌市市区人均GDP为71457.00元，城镇人均居民可支配收入30841.00元，三产比重高达53.43%。绍兴县人均GDP为91491.00元，城镇人均居民可支配收入28496.00元，都相对较高，但三产比重有待进一步培育和提高，为34.05%。

（二）城市等级类型划分

考虑到行政意义和人口规模在城市等级划分和综合体开发的重要意义，尽管宿迁、衢州等城市得分较低，但仍可作为三线城市来对待。绍兴县民营经济占90%，是中国最大的轻纺产品的交易地，同时它还是全球最大的轻纺交易中心。这个地区每天有将近5000户商户进驻，就是说轻纺产品进驻，有10万人在这里面活动，现在属于绍兴市政府规划中大概几十栋写字楼。同时可以从区位可以看出来，它是杭州、宁波的一个交界地，交通非常地发达，是全国十强县之一。绍兴县经济水平和经济活力的得分较高，尽管其作为绍兴市所属的一个县，但仍可将其归入二线城市。而一些具有明显发展优势的城市，因为其具有较高经济水平和较大经济潜力，可以从三线城市擢升到二线城市之列（表6-14）。

长三角地区一、二、三、四线城市类型划分 **表6-14**

地区		一线	二线城市	三线城市	四线城市
核心地带	苏南（宁镇苏锡常）	南京	苏州、无锡、常州、镇江、昆山、江阴、张家港、常熟、太仓、吴江、	宜兴、丹阳、高淳、溧阳、金坛	溧水、句容
	浙北（杭嘉湖）	杭州		嘉兴、海宁、桐乡、湖州、平湖、嘉善、富阳、海盐、长兴	德清、临安、安吉、桐庐、建德、淳安
	浙东（甬绍舟）		宁波、绍兴、绍兴县、慈溪、余姚	舟山、诸暨、上虞、奉化、象山、嵊泗、新昌、宁海、嵊州	岱山
紧密地带	苏中（通泰扬）		南通	扬州、扬中、泰州、靖江	海门、江都、启东、海安、仪征、姜堰、如皋、如东、泰兴、东台、兴化、高邮、宝应
	浙东南（温台）		温州、台州	温岭、瑞安、玉环、乐清	洞头、平阳、临海、苍南、天台、三门、文成、永嘉、仙居、泰顺
外围地带	苏北（徐连淮宿盐）		徐州	连云港、淮安、宿迁、盐城	大丰、铜山、邳州、建湖、洪泽、金湖、新沂、沛县、射阳、赣榆、盱眙、东海、滨海、沭阳、阜宁、泗洪、泗阳、睢宁、灌南、涟水、响水、丰县、灌云
	浙西南（金丽衢）		义乌	金华、东阳、永康、丽水、衢州	浦江、武义、遂昌、龙泉、青田、云和、江山、缙云、景宁、松阳、龙游、兰溪、庆元、常山、开化、磐安
合计		2	20	40	71

表中排名 1～57 的城市，都是在平均值以上的城市，在前 57 名城市中，原来进行的一、二、三线城市评估中已经确定的城市（如一线城市：杭州和南京；二线城市：苏州、无锡、宁波、温州、常州；三线城市：绍兴、镇江、盐城、连云港、扬州、南通、湖州、嘉兴、金华、泰州、淮安、丽水、衢州、宿迁）有一些变动（图 6-14）：

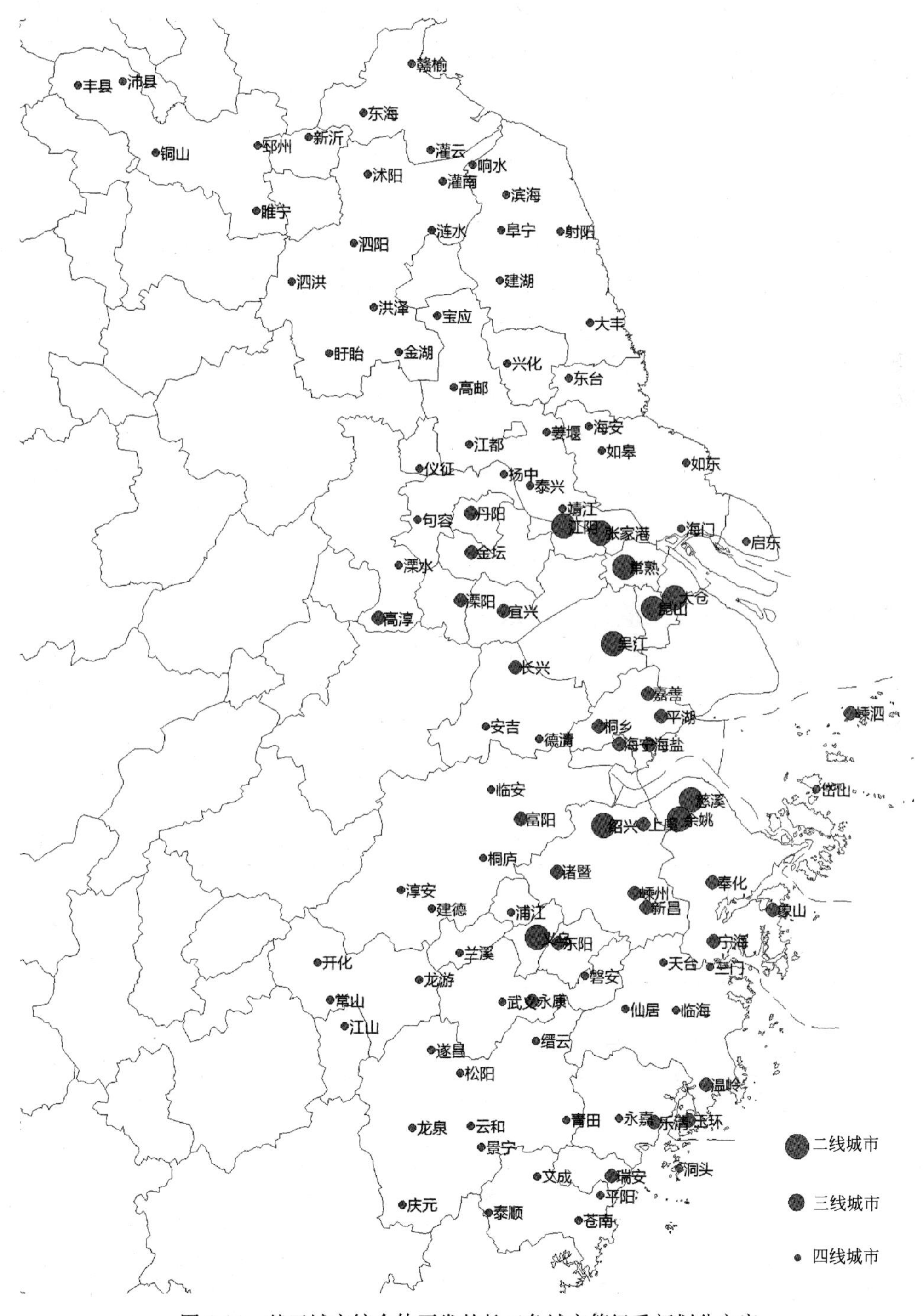

图 6-14　基于城市综合体开发的长三角城市等级重新划分方案

（1）一线城市仍旧只有杭州和南京2个城市；二线城市除苏州、无锡、宁波、温州、常州之外，昆山市、江阴市、张家港、常熟市、义乌市、绍兴县、太仓市、吴江市、台州市、绍兴市、南通市、慈溪市、徐州市、镇江市、余姚市综合得分在0.4以上，可以归入二线城市，共20个城市。

（2）综合得分在0～0.4之间的舟山市、嘉兴市、扬州市、宜兴市、诸暨市、温岭市、瑞安市、海宁市、桐乡市、湖州市、玉环县、金华市、扬中市、上虞市、平湖市、嘉善县、乐清市、丹阳市、奉化市、象山县、富阳市、海盐县、嵊泗县、泰州市、东阳市、新昌县、永康市、靖江市、丽水市、高淳县、长兴县、宁海县、溧阳市、嵊州市、金坛市等35市以及连云港市、淮安市、宿迁市、盐城市、衢州市等5市归入三线城市，共40个城市。

（3）综合得分在平均值以下的海门市、德清县、临安市、岱山县、溧水县、安吉县、洞头县、平阳县、江都市、临海市、启东市、苍南县、桐庐县、句容市、海安县、仪征市、姜堰市、天台县、如皋市、如东县、泰兴市、建德市、三门县、浦江县、文成县、永嘉县、东台市、仙居县、武义县、遂昌县、兴化市、大丰市、龙泉市、淳安县、铜山县、青田县、云和县、江山市、缙云县、景宁县、邳州市、泰顺县、建湖县、松阳县、高邮市、龙游县、洪泽县、金湖县、兰溪市、庆元县、新沂市、沛县、射阳县、宝应县、赣榆县、盱眙县、东海县、滨海县、沭阳县、阜宁县、常山县、开化县、泗洪县、泗阳县、睢宁县、灌南县、涟水县、响水县、磐安县、丰县、灌云县等71市县归入四线城市。

四、中国城市综合体开发的标准体系

（一）中国城市坐标体系

通过以上定量化分析，以城市人口规模、城市综合评估得分作为纵横坐标轴对中国一、二、三线城市综合体开发时序进行汇总，共包括9个层次城市体系（表6-15、表6-16）。

中国一、二、三线城市综合体开发基本标准　　表6-15

		综合评估得分								
		＞0.6			−0.1～0.6			＜−0.1		
		＞3	1～3	0.6～1	0.1～0.6	0～0.1	−0.1～0	−0.1～0.2	−0.2～0.3	＜−0.3
人口规模	300～1000万或1000万以上	一线城市第一层次	一线城市第二层次	一线城市第三层次						
	100～300万或300万以上				二线城市第一层次	二线城市第二层次	二线城市第三层次			
	50～100万或100～300万							三线城市第一层次	三线城市第二层次	三线城市第三层次

中国一、二、三线城市综合体开发层次划分　　表 6-16

一线城市			二线城市			三线城市		
第一层次	第二层次	第三层次	第一层次	第二层次	第三层次	第一层次	第二层次	第三层次
北京、上海	广州、天津、深圳、重庆	南京、武汉、杭州	成都、沈阳、西安、东莞、佛山、哈尔滨、大连、苏州、济南、青岛、宁波、长春、无锡、长沙、郑州	昆明、合肥、常州、厦门、太原、唐山、石家庄	东营、南通、呼和浩特、淄博、福州、汕头、徐州、温州、台州、绍兴、泉州、镇江、烟台、大庆、南昌、兰州、乌鲁木齐、包头、南宁、中山、贵阳	珠海、临沂、惠州、吉林、潍坊、海口、洛阳、鞍山、江门	淮安、扬州、威海、枣庄、邯郸、济宁、嘉兴、芜湖、柳州、襄樊、抚顺、保定、湛江、宜昌、岳阳、鄂尔多斯、湖州、泰安、株洲、宝鸡、日照、马鞍山、盐城、金华、衡阳、淮南、泰州、连云港、平顶山、绵阳、咸阳	银川、滨州、聊城、秦皇岛、蚌埠、茂名、齐齐哈尔、桂林、西宁、沧州、衢州、德州、宿迁、漳州、开封、许昌、安庆、牡丹江、丽水、赣州

注：本表中第一层次的城市具备较强的城市综合体市场需求、只要外部条件（地价、市场竞争较少等）适合，就可以开展项目前期工作；第二层次的城市具备一定的城市综合体市场需求、如外部条件优越，可以适当开展项目前期工作；第三层次的城市上不具备开发城市综合体的整体环境和需求，有待观察。

（二）长三角城市坐标体系

长三角二、三、四线城市的划分可以根据人均 GDP 和 5 项指标综合得分作为纵横坐标来确定，共包括 9 个层次城市体系，其中，综合得分处于平均值以下且属于县级或县级市的都属于四线城市（表 6-17、表 6-18）。

长三角地区二、三、四线城市综合体开发基本标准　　表 6-17

		综合评估得分								
		>0.4			0~0.4			<0		
		>2	1~2	0.4~1	0.2~0.4	0.1~0.2	0~0.1	−0.2~0	−0.2~0.4	<−0.4
人均GDP	50000 元以上	二线城市第一层次	二线城市第二层次	二线城市第三层次						
	30000 元以上				三线城市第一层次	三线城市第二层次	三线城市第三层次			
	10000 元以上							四线城市第一层次	四线城市第二层次	四线城市第三层次

长三角地区二、三、四线城市综合体开发层次划分 **表 6-18**

二线城市			三线城市			四线城市		
第一层次	第二层次	第三层次	第一层次	第二层次	第三层次	第一层次	第二层次	第三层次
苏州	无锡、宁波、温州、常州、昆山、江阴、张家港、常熟	义乌、绍兴、太仓、吴江、台州、绍兴、南通、慈溪、徐州、镇江、余姚	舟山、嘉兴、扬州、宜兴、诸暨、温岭、瑞安、海宁、桐乡、湖州、玉环	金华、扬中、上虞、平湖、嘉善、乐清、丹阳、奉化、象山、富阳	连云港、淮安、宿迁、盐城、衢州、海盐、嵊泗、泰州、东阳、新昌、永康、靖江、丽水、高淳、长兴、宁海、溧阳、嵊州、金坛	海门、德清、临安、岱山、溧水、安吉、洞头、平阳、江都、临海、启东、苍南、桐庐	句容、海安、仪征、姜堰、天台、如皋、如东、泰兴、建德、三门、浦江、文成、永嘉、东台、仙居、武义、遂昌、兴化、大丰、龙泉、淳安、铜山、青田	云和、江山、缙云、景宁、邳州、泰顺、建湖、松阳、高邮、龙游、洪泽、金湖、兰溪、庆元、新沂、沛县、射阳、宝应、赣榆、盱眙、东海、滨海、沭阳、阜宁、常山、开化、泗洪、泗阳、睢宁、灌南、涟水、响水、磐安、丰县、灌云

第七章　城市消费空间与商业综合体：杭州案例研究

在2001年杭州城市总体规划“一主三副六组团”空间架构背景下，近期杭州提出了建设20个新城，涵盖旅游、商贸、商务、金融、奥体、博览、枢纽、高教等100个多功能城市综合体的宏大计划，以此来实施杭州“城市国际化”战略和“生活品质之城”建设。与此同时，杭州的休闲旅游、创意文化、商业零售等消费空间体系日益完善形成，正在重构杭州中心城区传统空间组织形态。

本章将对杭州消费空间发展演变历程进行回顾，解读其不同时期的空间表现特征。其次，对杭州综合体开发建设现状进行分类梳理，揭示其建设进程、空间分布与发展趋势。最后，选取中心城区边缘区的3个购物中心，开展典型调查与分析，从区位布局、辐射范围、交通组织、消费行为等方面进行探索分析，总结购物中心或综合体对杭州城市空间组织所产生的重要影响作用，进而提出有针对性的策略与建议。

一、杭州商业与消费空间发展历程

（一）古代都市沿街商业的繁华

杭州古称余杭，8000年前就有人类繁衍生息，距今5000年出现了良渚文化，被誉为“文明的曙光”。历经夏商周及春秋战国时期，至秦代在灵隐山麓设县治，称钱唐，东汉时期开始筑海塘，成西湖。三国两晋南北朝时期，杭州置钱唐郡，佛教兴盛，至隋王朝建立始现杭州之名，并依凤凰山筑城，成为大运河起讫点，由此带动杭州商业的逐步繁荣。隋唐时期杭州城规模约为三十六里九十步，东临中河，西濒西湖，南达凤凰山，北至钱塘门，由此奠定了西湖“三面云山一面城”的基本格局，并使之成为历代历朝重要的休闲游憩空间。

坊市制曾是古代城市的重要商业街区组织形式，随着大运河与杭州城内水系的沟通，水系沿岸逐渐出现商业街，封闭隔离的“市”被代之以开敞的集市空间，并向城外发展形成专业市场和市镇，如唐朝中叶杭州的店铺就已有3万余家。两宋时期在运河的推动下，杭州的繁华地带逐渐从城南江干一带扩展至沿城内的主要水系两岸发展，如盐桥河（中河）以东广大地区由人烟稀少地区，转变为“万商之渊，坐肆售货”的繁华工商区和居民区，城区内出现了瓦肆勾栏综合性休闲娱乐消费场所，南宋时期从事工商业的居民约占城区居民的1/3。同时，杭州城外拥有商品种类繁多、市场兴旺、颇具规模的夜市、草市以及市镇，其繁华程度甚至超过城内店铺。

宋元时期杭州湾成为国家对外贸易的重要港口，元代的丝绸、茶叶、陶瓷均由杭州或明州起运，明清时期尽管禁止海外贸易，杭州仍是少数几个设有市舶司进行贸易的地方，这些外部影响因素均有利于杭州商业街市的繁荣。宋元以来至明清时期，杭州的主要商业店铺汇聚在御街（中山路）、众安桥、清河坊、官巷口等沿街地带，商店林立，“无一家不买卖者”，自五间楼北到官巷南街，有上等金银钞引交易铺几百家，前店后场和纯商业的名店、大店与日俱增，茶坊酒肆众多，如张小泉、胡庆余堂、万隆、王星记等知名商号，先后在清河坊至官巷口一带开设。同时，远离杭城的外围新旧集市也得到了发展，如良渚、留下、瓶窑、临平、塘栖等，至今也成为杭州边缘区重要的新市镇。

（二）近代商业街市的扩散与转移

清末以来至近代时期杭州的核心商业区仍然集中在中山中路地带，其依傍吴山，官署集中，交通便利，商店荟萃，金融发达，推动商业街市的繁荣兴盛，并出现了向外围逐步扩散的现象（图 7-1）。清光绪年间沪杭铁路设车站于清泰门内，杭州开始出现拆除城墙现象，并于 1912 年正式启动拆除城墙，如占据湖滨地带的清旗下营首先被拆除，实施新市场计划，修筑南山路、湖滨路，分别将钱塘门、涌金门、清波门拆除，沿街商业及店铺也由此逐步发展起来，由此清泰门火车站附近和湖滨地区，分别形成后来的城站商业区和湖滨商业区。

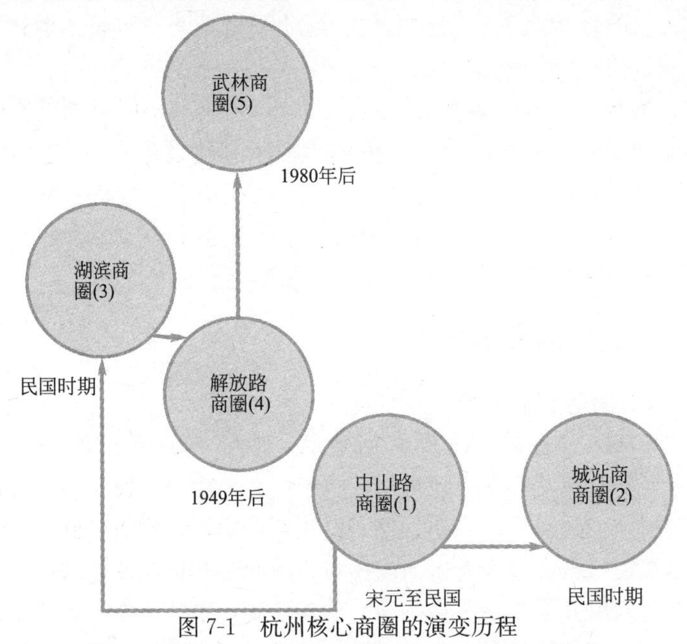

图 7-1　杭州核心商圈的演变历程

资料来源：李常生．东西方城市主流商业空间架构的比较分析与借鉴——以杭州、台北、新加坡、洛杉矶为例［D］．南京：东南大学，2008。

民国时期的湖滨属于一块黄金宝地，由于新市场计划将新商业中心、行政中心以及重要公共设施配置确定在湖滨地区，促进该地块街坊里弄、别墅洋房相继涌现，形成高尚住宅区群落，居住者多为中产阶层、官僚权贵、社会名人等，至今仍保留着当时兴建的石库门里弄建筑，如湖边邨、学士坊、思鑫坊等。1929 年杭州在湖滨地区举办西湖博览会，历时 100 多天，参观人数达 2000 余万，设 8 馆 2 所 3 处，该盛会可与世博会相媲美，彰显出当时发达的手工业制造品和商业会展经济，有力地推动了城市更新建设和商品品牌宣传。

受新市场计划及西湖博览会举办影响，湖滨及其周边街道逐步形成集商贸、旅游和娱乐为一体的新市区，汇聚着高级饭店、餐馆、旅馆、茶馆、百货、游艺场、影院、药房、商店等，包括金城、西湖、湖滨、环湖、清泰第二旅馆等高档旅馆，新新百货，以及知味观、天香楼、高长兴等上等菜馆和国货陈列馆等大型综合商场，由此带动了杭州核心商圈由南向北的扩散转移，如延龄路（延安路）、迎紫路（解放路）的商业娱乐功能相对突出。同时，位居主城东南部的观音塘至龙山闸口，北部的拱宸桥地区，得益于水陆交通枢纽的优越位置，促使该地带商业持续兴盛。

（三）现代城市商业体系的形成

新中国成立后，以解放路百货商店为龙头的一批百货商店开始兴起，延安路得到延伸建设，湖滨地区商业重新兴旺，并由于中山中路上的老店因房屋年久失修而日渐衰落，杭州商业中心开始转移到了延安路湖滨地区。1969 年红太阳广场（武林广场）在延安路北端建成，延安路逐步拓宽打通，武林广场改建，承担重要的大型公共设施服务功能，包括展览、剧院、商业等公共活动，杭州行政中心、商业中心北移武林门周边，武林广场商贸区由此产生。同时，庆春路、南星桥、卖鱼桥、拱宸桥等地带，受传统商贸历史因素影响，商业也相对兴旺发达，与中山路、清河坊，共同组成杭州次级商业中心。

20 世纪 90 年代，杭州百货大楼、杭州大厦、银泰百货等为代表的一批大型商业设施相继在武林广场周边建成开业，标志着以百货为主力业态的武林商圈形成。同时，随着吴山广场和延安路南段开发建设，火车新客站投入运营和西湖大道开通，以及延安路湖滨地区的再度繁荣，从而形成了以延安路为轴线，以武林广场和吴山广场为两端的哑铃状城市核心商业体系，或称之为“一线三圈”（延安路、武林商圈、湖滨商圈、吴山商圈）的市级商业中心格局（图 7-2）。

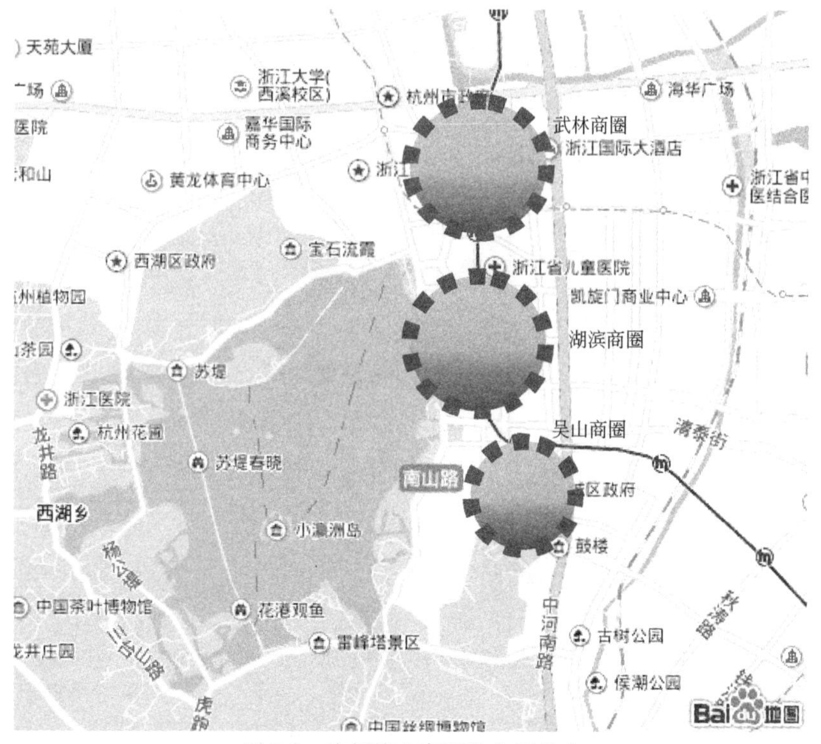

图 7-2　杭州核心商圈的空间分布

21 世纪以来，随着杭州新增人口的快速集聚和边缘大型居住区的形成，以拱宸桥、黄龙、翠苑、西城广场为代表的地区级商业中心逐步崛起，也出现了城站、文教、凤起等邻近核心商圈的专业性次级商业中心。同时，受杭州城市东进、旅游西扩、沿江开发、跨江发展战略的逐步实施，城镇化人口进一步向外围及近郊地带聚集，钱江新城中心、滨江中心相继设立，下沙中心、大江东新城中心、未来科技城中心也积极投入规划建设，由此将构建出一个“一主多核心”的城市商业空间格局。

二、杭州商业综合体开发建设特征

（一）商业综合体的日渐浮现

新中国成立后至1997年杭州商业业态仍然以沿街商铺、百货为主，购物中心或商业综合体还没有出现。1998年城市土地有偿使用制度在全国范围内正式确立，地价因素开始发挥对城市空间组织的作用，土地市场逐步形成，由此推动了商业地产用地的转让或出租，大中型商业设施及购物中心开始浮现（表7-1）。2000年以来杭州年均新增商业设施规模约17.6万m^2，至2005年以武林、湖滨、解放路为代表的杭州核心商圈，涌现出武林银泰、解百元华、西湖时代广场、湖滨国际名品街等典型商业综合体，其业态比例约占城市商业的7%。2006年以来随着城市“一主三副六组团”空间战略的实施，购物中心或商业综合体逐步出现在传统主城核心的外围地带，如钱江新城、下沙、滨江以及城西、城北等新兴商圈，万象城、印象城、来福士广场、星光大道等知名品牌购物中心纷纷入驻，其业态比重上升至19%，表明商业综合体在当前及未来一段时期内仍将发挥出重塑城市商业空间的重要作用。

杭州商业综合体的发展历程　　表7-1

时间	表现特征	业态比例	典型综合体
1997年前	沿街商铺、百货是商业主导力量	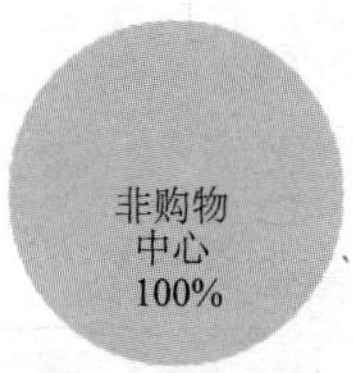 非购物中心100%	杭州大厦、解百
1998～2005年	武林、湖滨、解放路等核心商圈	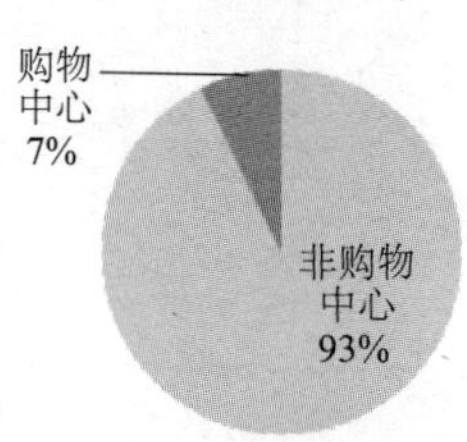 购物中心7% 非购物中心93%	1999年武林银泰 2002年解百元华 2004年西湖时代广场 2005年湖滨国际名品街
2006～2012年	钱江新城、滨江、下沙、城西、城北等外围商圈	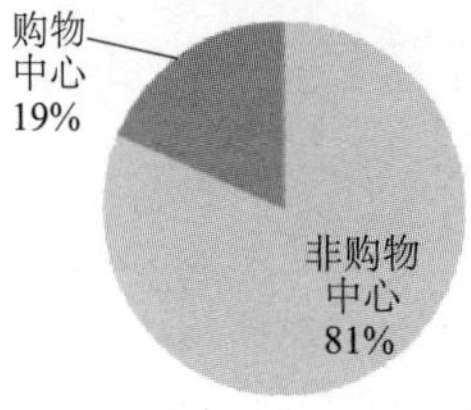 购物中心19% 非购物中心81%	2009年星光大道一期、印象城 2010年华润万象城 2012年中南购物中心 2013年来福士广场、嘉里中心 2014年远洋运河商务区

从杭州市区范围内大中型商业设施建设时序来看（图7-3），2000年以前杭州市区已建成的大中型商业设施建筑面积仅为32万m^2，2001～2008年逐年新增商业设施面积约5万m^2。随着2008年杭州市20个新城、100个城市综合体战略计划的实施，2009～2013年商业设施建设规模迅速增长，年均新增建筑面积达到45万m^2。根据目前商业设施存量情况，随着主城边缘区蓝孔雀、热电厂和西湖水晶城等大型商业综合体的集中建设，

2014～2020 年市区将新增建筑面积 724 万 m^2，预计每年新增建筑面积将达到 121 万 m^2，是 2009～2013 年的 2.7 倍。经初步测算，2009～2016 年杭州市区大中型商业设施规模年均增长率为 32%，明显超过同期社会消费品零售总额增长率（14%）。由此可见，未来大规模商业设施的集中面市使得商业设施的供给水平超过消费需求，并给杭州商业地产市场消化带来较大压力。

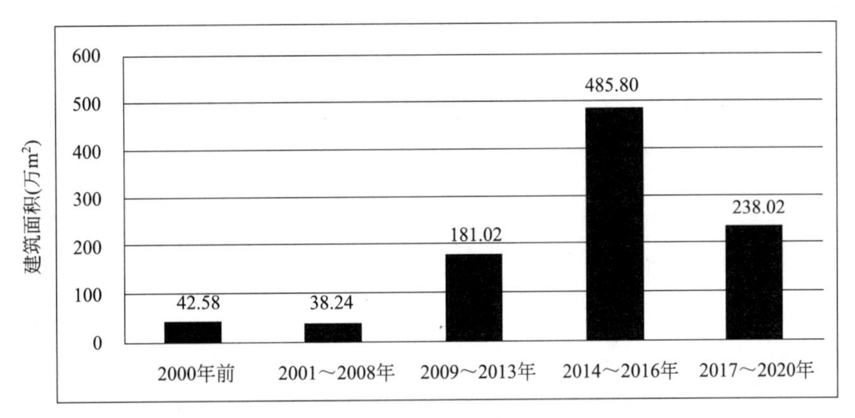

图 7-3　杭州市区大中型商业设施建设时序示意图

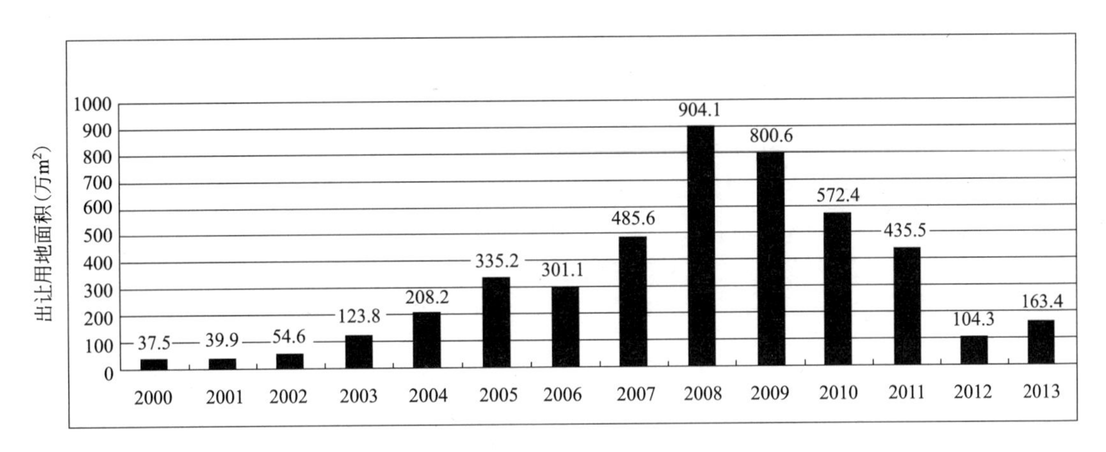

图 7-4　杭州商业地产用地发展趋势示意图

注：商业地产主要包括商业服务和商务办公两大类，统计范围包括杭州主城五城区和下沙经济技术开发区，不含萧山、余杭、滨江，已出让用地面积统计口径为杭州市规划局已核发用地规划许可证的土地面积。

资料来源：杭州市规划局．杭州市区大中型商业设施（综合体）布局规划研究［R］.2014。

从历年杭州商业地产用地出让情况来看（图 7-4），1999 年以前商业地产年均出让用地面积约 2.2 万 m^2；2000～2008 年共计出让用地面积约 24.9km^2，年均出让用地面积 276.7 万 km^2。2008 年杭州市委十届四次全会出台关于建设新城综合体战略部署，杭州商业地产开发建设显著加快，2009 年至今共计出让用地面积约 20.76km^2，年均出让用地面积 415.2 万 m^2，为前 9 年的 1.5 倍。其中，2008 年、2009 年达到了商业地产用地出让高峰，土地出让面积分别达到 904.1 万 m^2 和 800.6 万 m^2。上述表明，近 10 年商业地产用地的大幅度出让，必将带来未来一段时期内商业综合体的相继涌现，并对传统城市商业空间产生重构。

（二）商业综合体的现状特征

1. 空间分布

从杭州大中型商业设施空间分布来看（图 7-5），主要分布在武林—湖滨—吴山、钱江新城、下沙、临平、城北、城西、新天地、城东新城、九乔、之江、滨江和萧山城区等 12 个区域。按照商业综合体密集区范围半径 2～3 公里进行统计，武林—湖滨—吴山在设施数量和建筑面积方面均排名第一，分别超过 20 个和 120 万 m^2；其次是钱江新城、城北、之江，建筑面积均在 80 万 m^2 左右，与之相近的临平商业建筑面积约 70 万 m^2；再次，下沙、城西、新天地、城东、九乔、滨江、萧山城区的设施建筑面积处于 40～60 万 m^2，其中以城西、城东的相关指标较大。

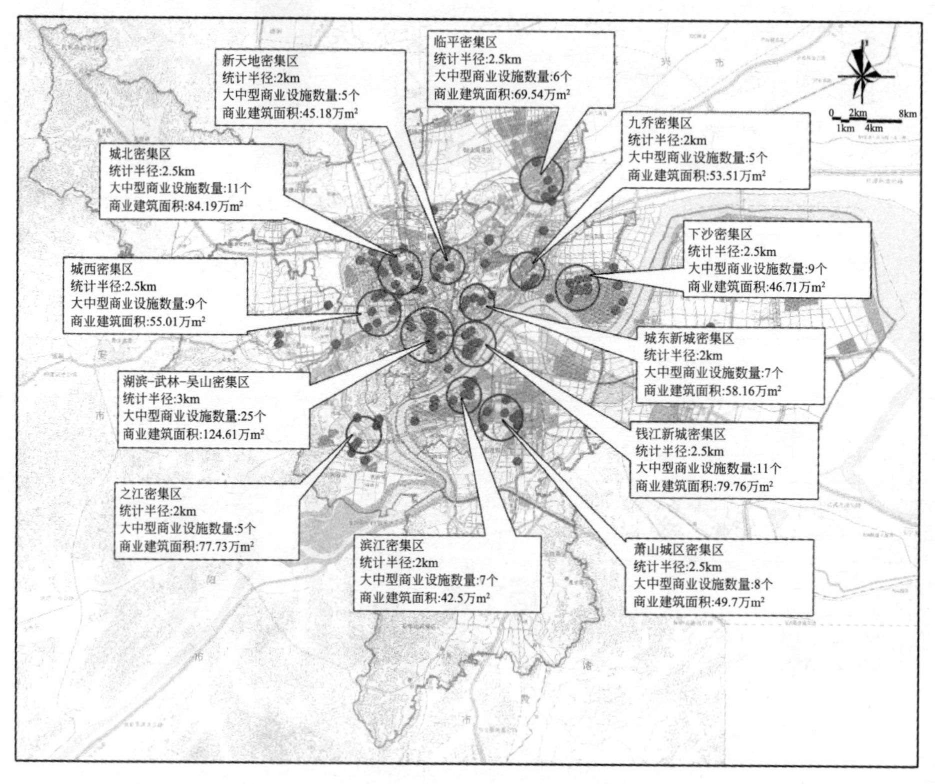

图 7-5 杭州大中型商业设施空间分布

资料来源：杭州市规划局．杭州市区大中型商业设施（综合体）布局规划研究［R］．2014。

总体上来看，杭州商业综合体由武林—湖滨—吴山传统核心商圈向外围逐步扩散现象明显，城北、城西、城东、钱江新城聚集着相对较多的商业设施，配合杭州“一主三副六组团”的多中心空间组织构建，下沙、临平、江南 3 大副城及之江新城也相应汇聚了不少数量的大中型商业设施（图 7-6）。

2. 规模等级

从商业综合体的开发时序上来看，早期综合体最先出现在城市核心商圈，建筑规模一般不超过 10 万 m^2，随着外围新城开发和旧城更新，商业综合体的建筑规模日趋扩大，超过 10 万 m^2 的大型商业设施比比皆是，城市边缘地带的综合体甚至在 20 万 m^2 以上。目前杭州市区大型商业设施（建筑面积 10 万 m^2 以上）有 31 个，建筑面积 492 万 m^2，占

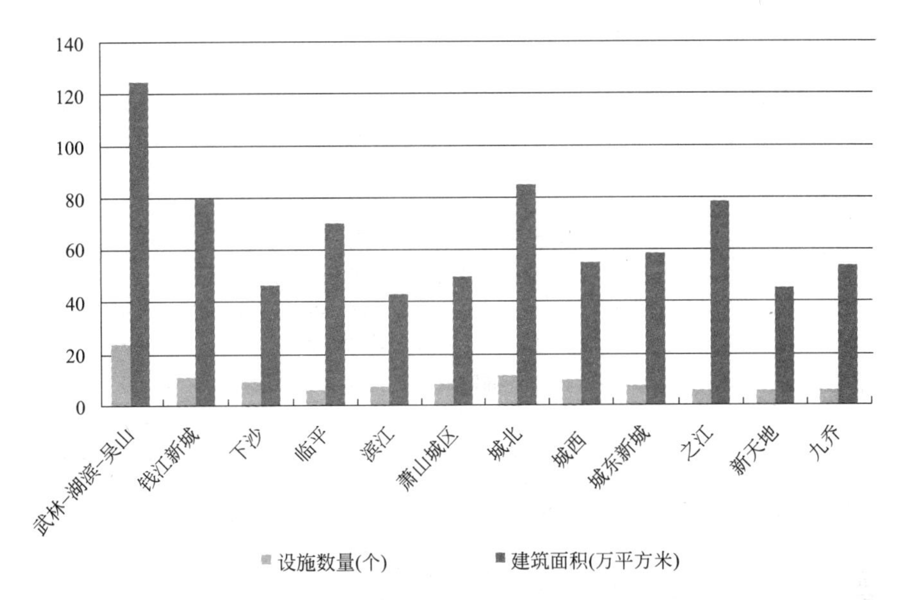

图 7-6　杭州大中型商业设施分地块的相关指标对比

注：上述地块统计口径均为半径 2～3km 范围内的商业综合体集聚区。

总建筑规模的 1/2，而超大型商业设施（建筑面积 15 万 m^2 以上）将达到 1/4（图 7-7）。

由此可见，商业综合体的体量规模化、功能多元化、布局郊区化的趋势日益明显。然而，大型商业设施的过度集中开发，将会影响到地块内部及地块之间项目的相互竞争，特别是边缘地带商业综合体对传统商圈百货型购物中心产生冲击，不仅不利于各自的招商引资，短期内对交通及其他基础设施配套建设带来压力，也会影响项目经济效益的发挥。

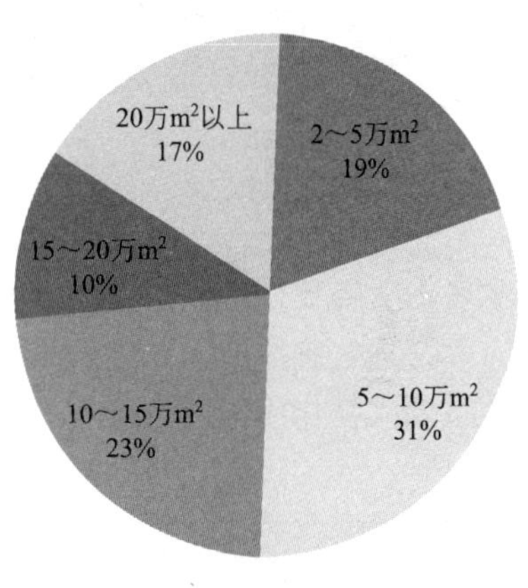

图 7-7　杭州市区大中型商业设施规模等级

3. 功能业态

从杭州核心商圈的典型购物中心来看，杭州大厦、武林银泰、解百的历年零售额呈现稳步增长态势（图 7-8），其中，杭州大厦由 2002 年 16 亿元提升至 2012 年近 60 亿元，武林银泰、解百分别由 10 多亿元增至 20～30 亿元。但是，若从逐年零售额增长率来看，三者在 2007 年之前处于快速上升趋势，之后下降明显，至 2010 年达到小高峰，随后又出现大幅度下降。上述表明，核心商圈购物中心零售额已经基本达到饱和状态，并明显受到主城边缘商业综合体的竞争挑战。

从主城核心商圈 3 大购物中心业态分布来看（图 7-9），如杭州大厦、武林银泰、解百，主要以服饰、箱包、鞋类、电器、数码、影音、童装、钟表、黄金、珠宝、化妆品等为主，如服饰类比重超过 40%，呈现出典型的百货大厦特色，但其定位于中高端品牌，甚至奢侈品牌。从主城边缘商圈新兴综合体来看（表 7-2），如钱江新城的华润万象城、滨江的星光大道，购物类业态仍然占据较大比重，购物、超市约达 50%以上，休闲娱乐、

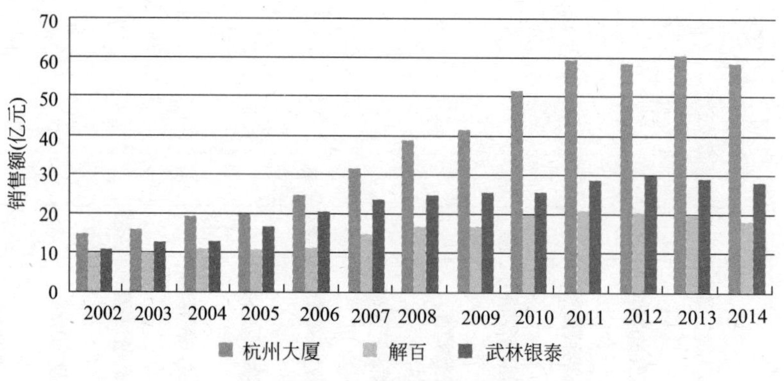

图 7-8　杭州核心商圈典型商业综合体零售额

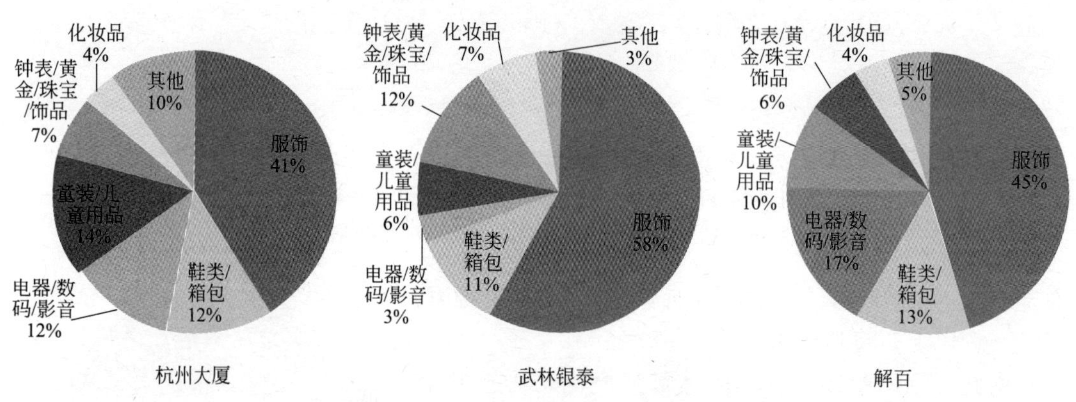

图 7-9　杭州核心商圈购物中心的业态分布

餐饮各占 1/4 比例，表明新兴商业综合体不同于老城购物中心依靠核心区位和人流集聚优势，而是通过餐饮业、休闲娱乐业的良好经营带动人气汇聚，由此对购物中心的相关业态产生重要支撑作用。

杭州新兴商圈典型综合体的功能业态　　表 7-2

名称	建筑面积	业态比例	业态组合
华润万象城 (钱江新城)	24 万 m^2(商业面积)	超市 3% 餐饮 19% 休闲娱乐 30% 购物 48%	零售、百货、超市、餐饮、娱乐、影院、服务
星光大道(一期) (滨江区)	12 万 m^2	休闲娱乐 23% 餐饮 25% 超市 28% 购物 24%	商业街(超市大卖场、家电商场、名品折扣店、主题商场、影院、餐饮、健身中心、SPA、KTV、夜总会、洗浴、酒吧、室内乐园、银行、专卖店、小店铺)

（三）商业综合体的发展趋势

1. 规模化的都市型综合体

2000年以来杭州商业发展迅速，年均新增商业设施规模约17.6万m^2，商业服务能力显著提升。但与国内典型省会城市相比，目前杭州人均商业面积仅为1.1m^2，不但远低于上海，也低于南京、合肥、福州等沿海省会城市，略高于南昌、郑州、沈阳（图7-10）。同时，与长三角地区核心城市相比，杭州社会零售品销售总额（不含电子商务）排名相对靠后（图7-11），低于上海、南京、苏州，若考虑到作为著名旅游城市大量旅客的日常需求，其商业服务功能仍有较大的提升空间。

2008年以来，随着市委十届四次全会关于建设新城综合体战略部署的实施，杭州加快商业综合体的建设步伐，商业服务设施迅速增加。据统计，2008年杭州市区人均大中型商业设施建筑面积为0.2m^2/人，到2013年底已增加至0.4m^2/人，年均新增商业设施规模约45万m^2，增长速度是前10年的7倍，极大提升了杭州商业服务功能。按照当前规划建设趋势，至2020年，杭州市区大中型商业设施将达到139个，建筑面积为985万m^2，人均大中型商业建筑面积将达到1.3m^2/人，相当于香港2012年的发展水平。

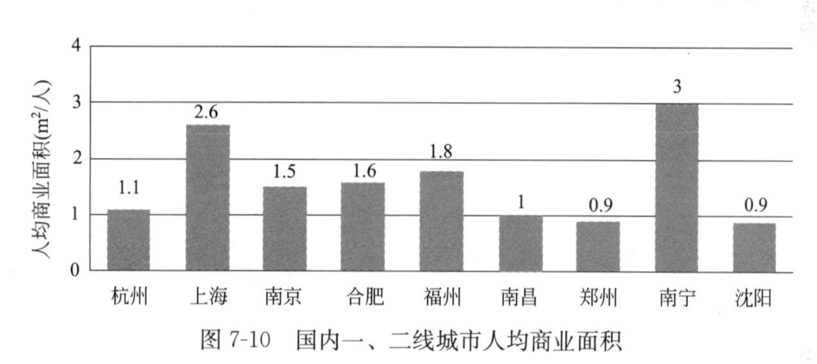

图7-10　国内一、二线城市人均商业面积

武林商业中心（CBD）综合体概况　　**表7-3**

序号	项目	开业时间	商业定位	商业面积（m^2）
1	杭州大厦	1989	高档奢侈品	180000
2	银泰武林店	1999	中高端	51000
3	杭州百大	1989	中端	40000
4	武林路女装街	2002	中低端	50000
5	湖滨国际名品街	2005	高端精品	18000
6	湖滨名品街二期	2010	高端精品	80000
7	利星名品广场	2005	中端	33000
8	解百新世纪商厦	1989	中端	100000
9	解百元华	2002	中端	37400
10	西湖时代广场	2004	中低端	20000
11	龙翔服饰城	1998	低端	40000
12	天阳明珠商业中心	2004	低端	23200
13	涌金广场	1999	中低端	90900
14	清河坊	2008	中低端	60000
15	银泰西湖店	2008	中高端	100000

续表

序号	项目	开业时间	商业定位	商业面积（m^2）
16	中都百货	2009	中端	26000
17	银泰西湖文化广场	2011	中端	40000
18	嘉里中心	2015	中高端	110000
19	湖滨银泰 1-4 期	2013-2015	中高端	170000

尽管近期杭州商业地产用地出让和大型商业综合体规划建设已经趋于饱和，但规模化都市型综合体仍然占据主导地位，包括已经开门营业和未来即将面市的大中型商业设施。从武林商业中心综合体概况来看（表 7-3），杭州大厦、解百、湖滨名品街、涌金广场、银泰西湖店、嘉里中心的规模体量相对较大，均在 10 万 m^2 及其以上，其他综合体在 2～5 万 m^2 范围。与之相比，钱江新城商业综合体的建筑体量明显上升（表 7-4），华润万象城达 24 万 m^2（不含商务、住宅、酒店等），来福士广场、银泰庆春店、波浪文化街等建筑规模分布在 5～8 万 m^2 之间，仅个别商业项目在 5 万 m^2 以下。

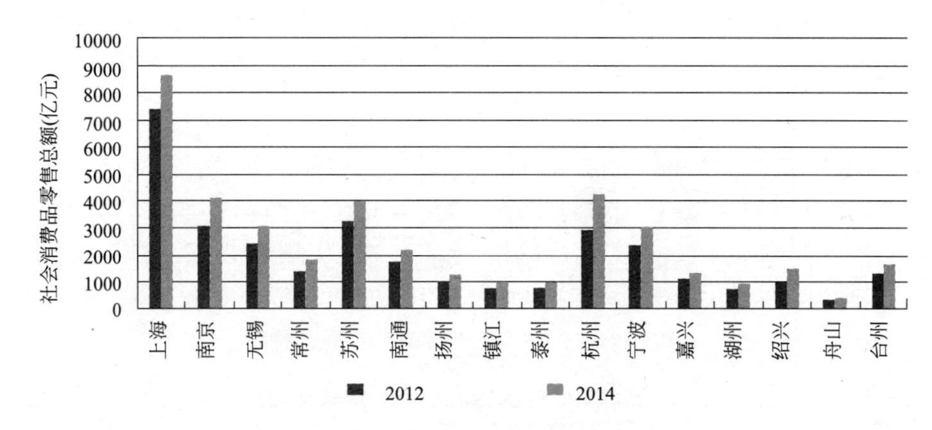

图 7-11　长三角地区核心城市社会消费水平

钱江新城（CBD）商业中心综合体概况　　表 7-4

序号	项目	开业时间	商业定位	商业面积（m^2）
1	华润万象城	2010 年	高端	240000
2	来福士广场	2016 年	中高端	80000
3	高德置地广场	2015 年	中高端	100000
4	国际时代广场	2009 年	中高端	30000
5	波浪文化街	2009 年	中高端	60000
6	城市阳台	2009 年	中端	17000
7	娃欧商场	2012 年	中高端	35000
8	亚包国际中心	2013 年	中高端	60000
9	五福新天地	2014 年	中端	60000
10	银泰庆春店	2009 年	中端	60000
11	中都百货	2009 年	中端	26000

2. 日常化的社区型综合体

近 20 年是我国大城市人口增长最快的时期，由此带来城市商业的日益繁荣。1990～2000 年杭州全市常住人口年均增长率近 2%，市区人口达 3%；2000～2010 年杭州全市常住人口年均增长率 2.6%，市区人口达 3.7%（图 7-12），上述人口增长最快的区域分布在主城边缘区和近郊区，这也是近年来都市型综合体密集出现在杭州边缘地带的重要原因，如城西、城北、城东、之江等。2010 年后，包括杭州在内的沿海发达地区大城市新增人口量明显递减，除上海之外，杭州、深圳、广州、南京等城市逐年新增人口量由过去平均 18 万以上萎缩至 10 万以下，甚至 2～5 万人（图 7-13），从而对城市房地产市场及商业地产产生重要影响作用，同时也说明大城市开始进入逐步优化存量建设用地和提升新增人口社会福利的发展新时期。

与之相对应，随着都市型综合体日趋饱和，社区型综合体逐步进入城市居民的日常生活。在以万达广场为代表的都市型综合体趋于成熟的背景下，社区型综合体已经浮出水面，如早期的华润欢乐颂，以及近年来深圳、成都、大庆所出现的社区商业综合体。该类型综合体建筑面积 1～2 万 m^2，服务半径 0.5～1.0km，服务人口 2～3 万人，拥有便利店、超市、银行点、快餐店、药店、菜市、社区缴费、早教、培训、图书馆、健身中心、社区用房等业态，能够充分满足城市社区居民的各类日常生活需求。

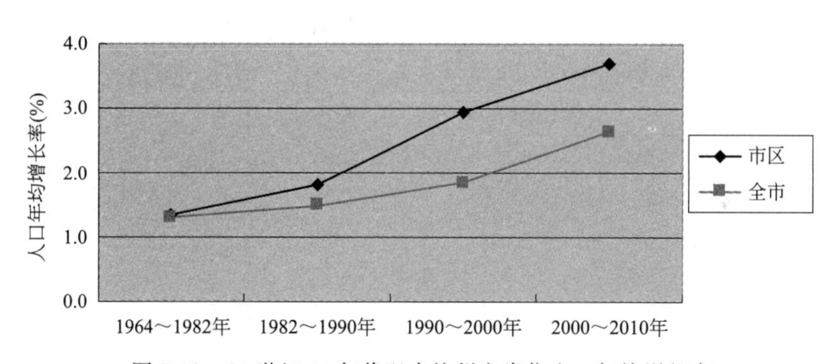

图 7-12　20 世纪 60 年代以来杭州市常住人口年均增长率

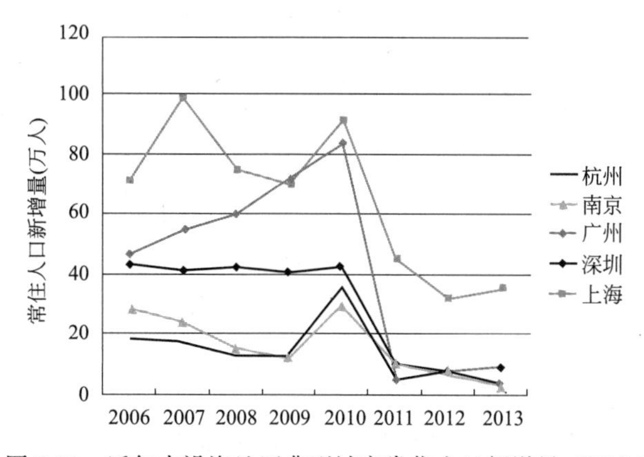

图 7-13　近年来沿海地区典型城市常住人口新增量（万人）

目前，杭州主城周边的塘栖、瓶窑、闲林、星桥等新市镇及街道，正在积极筹划建设嘉凯城“城市客厅”商业综合体项目，建筑面积 2～5 万 m^2，稍大于社区型综合体，服务人口3～8万人，属于街道或乡镇商业综合体（表7-5）。业态以大型商场、影院为主题，涵盖生活超市、百货零售、餐饮、KTV等。该类项目正在被嘉凯城在长三角地区进行快速复制，预计2017年打造200个左右的包含各类商业和综合市政服务为一体的“一站式城镇会客厅”，并具有O2O零售业态功能，可以辐射3000～5000万经济发达地区城镇居民。

嘉凯城在浙江省内15个“城市客厅”项目一览 **表7-5**

签约时间	项目	占地面积（m^2）	建筑面积（m^2）	成交价（万元）	所在城市
2014-9-4	余杭塘栖镇	22593	36185	7795	杭州
2014-12-29	余杭瓶窑镇	32477	51963	9987	杭州
2014-12-29	余杭星桥镇	20745	33192	7512	杭州
2014-12-29	余杭闲林镇	17859	27681	5559	杭州
2014-12-1	桐庐分水镇	21442	32163	2850	杭州
2014-12-1	桐庐横村镇	21551	32327	2200	杭州
2014-4-29	淳安千岛湖	31067.54	49708	9196.99	杭州
2014-12-25	平湖新埭镇	19322	25119	3478	嘉兴
2014-6-30	海盐武原街道	39769	71584	11930.7	嘉兴
2014-9-9	桐乡崇福镇	33770.33	54033	10100	嘉兴
2014-12-30	湖州双林镇	19220	30752	4320	湖州
2013-10-22	诸暨店口镇	42039	52549	8625	绍兴
2014-12-29	诸暨枫桥镇	19933.2	27906	2330	绍兴
2014-10-31	绍兴袍江	18565	29703	4410	绍兴
2014-12-23	温岭泽国镇	22426	51580	6950	温州
合计	—	382779.07	606445	97243.69	

3. 智能化的电商型综合体

据《2014年度中国零售百强榜》分析，零售百强销售增速明显提升，2014年实现销售额33741亿元，同比增长26.2%，高于社会消费品零售总额增速14.2个百分点（图7-14）。其中，位居杭州的阿里巴巴集团旗下的天猫位居百强零售业榜首，包括天猫在内的7家百强电商企业销售额达到11049.3亿元，占比32.8%，对百强零售企业整体销售增长的贡献率高达82.7%（表7-6）。与此同时，阿里巴巴着手投资控股实体零售业——银泰商业，双方将打通线上线下的未来商业基础设施体系，包括会员体系、商品体系、支付体系等环节的共享，将之纳入电商企业的O2O运营系统，并向全社会开放，为所有的线下各大商业集团、零售品牌及零售商服务，这将标志着未来商业综合体的全面电商智能化发展趋势。

银泰商业包括银泰百货、银泰城综合体、银泰电商网、银泰In等零售业态，目前已经开业35家百货商场，9家商业综合体，4家In项目，以及银泰电子商务平台银泰网，并拥有数千万件商品数据库体系，百万名会员构成的会员体系。其中，银泰投资杭州已达4家综合体项目，包括1家In项目。与国内其他商业综合体相比，银泰商业的电商运营体系开展较早，于2010年注册成立高端精品、名品百货网商，与银泰百货完全独立，采用不同的采购通道，但保持产品与线下实体店双轨运行，在带来内部相互竞争的同时，也有力地推动了实体零售业态结构的调整，如缩减购物零售比重，增加餐饮、娱乐业态比重。2012年银泰商业在杭州开启国内首家百货电子商务线下体验店，店内提供iPad线上选购服务，做到线上线下购物体验全打通，由此成为国内实体商业综合体率先探索O2O运营模式的先驱。

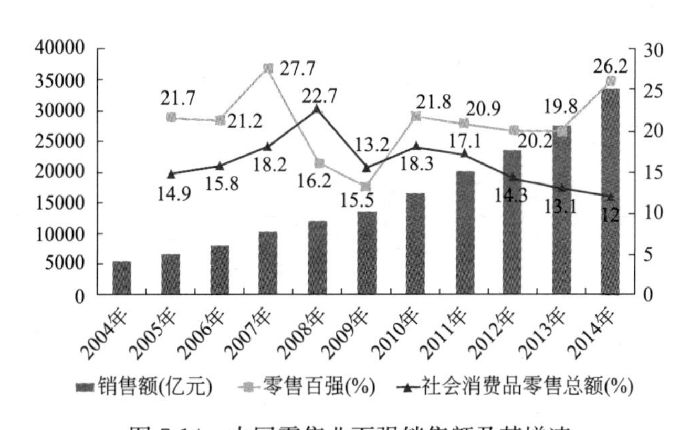

图7-14　中国零售业百强销售额及其增速

资料来源：中国商业联合会，中华全国商业信息中心.2014年度中国零售百强榜［Z］.2015。

2014年中国零售业企业百强中的电商企业　　表7-6

企业	销售额(亿元)	增速(%)
天猫	7630.00	119.86
京东	2602.00	113.46
唯品会	235.56	60.74
亚马逊中国	193.00	31.70
1号店	180.00	80.15
当当网	142.43	12.54
聚美优品	66.34	30.59

资料来源：中国商业联合会，中华全国商业信息中心.2014年度中国零售百强榜［Z］.2015。

若考虑到阿里巴巴的B2C、C2C的运营经验和数亿的用户流量，以及海量的描述性商品信息、多层次的会员体系和完善的支付解决方案，其与银泰商业的结合，意味着双方将形成以商品数据化为基础，虚实结合的库存管理，使所有商品可以同线上渠道面向全国销售，实现线下和线上标准统一，形成泛渠道销售和商品管理体系。由此，阿里巴巴和银泰商业结合的最终产物，如同O2O行业的“星空联盟”，将有可能成为未来商业百货、品牌商、服务商、购物中心、消费者等日常所需的线上服务体系，如同所有的商业综合体运营的大数据管理平台，这将对传统零售起到里程碑的影响，从而也带来未来商业综合体的全面智能化。

4. 地方化的文化型综合体

无论是都市型综合体还是社区型综合体，基本上都是为了满足城市居民的各种生活需求。随着该类综合体的日趋单一化和同质化，人们必然会对个性化、地方化的文化型街区或场所产生兴趣，杭州的清河坊、西湖天地、西溪天堂则是这方面的典型代表（表 7-7）。该类综合体开发建设之前一般属于居住用地，商业建筑面积基本不超过 10 万 m^2，与地方文脉、传统文化或自然生态结合紧密，建筑形式不同于大盒子式的购物中心，属于以多层、底层建筑物为主的开敞式街区，业态融合餐饮、购物、酒吧、休闲、娱乐等，兼顾本地居民和外地游客的日常需求，且距离城市中心不远。

杭州文化型综合体概况 表 7-7

名称	开业时间	占地面积	纯商业面积	业态组合	文化特征
清河坊	2001 年	13.66hm^2	6 万 m^2	餐饮、购物、药店、古玩、博物馆等	传统街市、民居，茶、药、食、古玩、市井民俗
西湖天地	2003 年	5hm^2	6 万 m^2	餐饮、酒吧、茶室、零售、文化娱乐等	西湖、园林、民居、历史遗迹
西溪天堂	2013 年	26hm^2	4.5 万 m^2	餐饮、购物、影院、咖啡馆、酒店、博物馆、停车场等	湿地、渔耕、水乡、亭台、街市、民居、文化名人

清河坊位居吴山商圈，是杭州开发建设较早的文化型综合体，区位较好，人气较旺，街区很好地保留了历史文脉，拥有方回春堂、保和堂、种德堂、胡庆余堂、万隆、王星记、荣宝斋等老字号，引进钱币、古陶器、官窑等博物馆，以及手工布艺、太极茶道、绍兴老酒等特色店馆，在开业后的 2004 年就吸引了 500 万居民和游客。早在 1999 年清河坊、大井巷历史文化保护区管委会开始实施保护性规划建设，2000 年启动居民搬迁、文物保护、古建修复等改造与保护工程，一期河坊街在 2001 年开街，相继吸引了大量的传统商业，包括药店、茶馆、餐饮、古玩、手工艺等，逐步成为杭州市井生活文化体验的重要场所。

西湖天地属于湖滨商圈，是继上海新天地开发成功之后的地方文化型综合体，拥有西湖、园林、民居、涌金楼等传统文化底蕴，并将玻璃、空调等现代化元素融入进去，保留白墙黛瓦、檐角雕花、九曲长廊等老建筑元素，由此实现传统居住功能向现代商业功能的转变。项目源于 2003 年杭州市期望借着南山路改造的契机，邀请上海新天地项目的开发商香港瑞安集团加盟，投资 10 亿元，为"人间天堂"打造一片"新天地"。项目开篇是在原老年公园的基础上重新改造，如钻进树丛的石板小径，路边静卧的古井台、石磨盘，均能够引起对历史的遐想，同时引进了国际性餐饮文化，包括地中海风情餐厅、北美咖啡馆、中国江南茶室等，透过大玻璃窗户可以将屋外园林景观延伸到屋内，并不受季节替换的影响而时刻欣赏西湖景色。

西溪天堂位居主城区边缘，属于城西商圈向外围扩散的重要节点。2004 年以前项目所在地区还是一片杂乱的农居地，随着西溪湿地保护工程的实施，杭州市成立了西溪投资发展有限公司，具体负责西溪湿地及其周边地块的开发建设。由于西溪湿地拥有传统渔耕、水乡及其文化名人文化，项目将之定位于新精英文化的国际酒店旅游综合体，以更好地传承古代以来的文化型社交。自 2013 年开业以来，悦榕庄、喜来登、曦轩、悦椿等高端酒店，以及精品商业街、保利影院、湿地博物馆吸引了大量的外来游客及本地居民，尽管在人气上逊色于清河坊、西湖天地，但仍不失为传承杭州湿地水乡文化与城市居民日常休憩的重要场所。

除了上述典型综合体之外，杭州一直在围绕着西湖、西溪、京杭运河、钱塘江等地方特色文化遗产，积极打造具有地方文化特色的公共或商业空间及场所，如京杭运河沿岸的拱宸桥、运河广场、小河直街、大兜路、信义坊等，钱塘江畔的宋城则是演艺文化主题公园式的商业场所，其仿古特色风貌的塑造，更多是为了快餐式文化旅游服务。上述商业综合体既保留了传统地方建筑文化要素，又融入了全球化时尚商业元素，由此为当地居民及外来游客提供了日常休闲消费的活动空间。

三、杭州典型商业综合体特征分析

（一）研究对象与研究方法

进入 21 世纪以来，杭州一直处于快速城市化的发展阶段，随着郊区楼盘的大量开发，新增城市人口和郊区化人口不断持续涌入，由此推动了城市边缘区大型封闭社区的出现。与之相比，杭州边缘区及近郊区的大容量交通设施、大型商业设施、公共服务设施等相对匮乏，私家车出行模式盛行，在政府供给滞后于市场供给的背景下，以商业综合体为代表的大型商业设施率先崛起，并获得了先期的人气聚集和商业成功。然而，在满足城市居民日常生活消费需求的同时，综合体普遍存在购物通勤距离较远、周边道路交通拥堵、业态组合同构与竞争等问题，并造成了城市边缘大型封闭式社区与大型封闭式商业综合体并存的空间格局，形成了典型的现代城市“坊市制”特征。

1. 研究对象

本次研究选择位居杭州主城边缘区的 3 个典型商业综合体（图 7-15），即西城广场、城西银泰城、西溪印象城，其中，西城广场距离城市中心最近，开业较早，属于百货大楼式的商业综合体；城西银泰城、西溪印象城均在近期开业，分别属于商务商业综合体和纯商业综合体。三者的辐射范围包括主城区的城西、城北边缘地带，并扩散至杭州绕城高速以外的近郊区域，近 10 年该地带人口增长最为迅速，房产开发速度也相对较快，但与之对应的商业、公共设施、交通设施相对匮乏（表 7-8）。

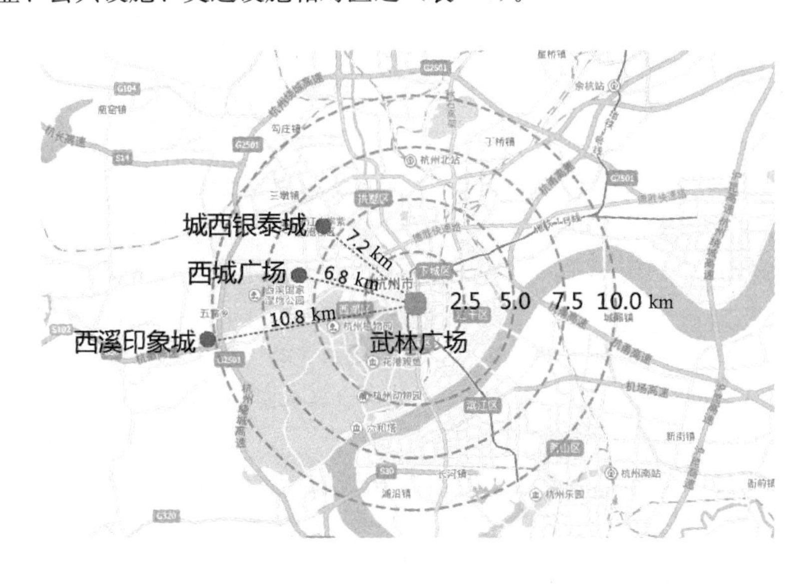

图 7-15　商业综合体区位特征

商业综合体基本概况 **表 7-8**

	调研对象基本信息		
商业综合体	城西银泰城	西城广场	西溪印象城
开业时间	2013 年 10 月 18 号	2005 年 1 月 8 日	2013 年 5 月 10 日
地理位置	拱墅区丰潭路 380 号	西湖区文二西路紫荆花路口	余杭区天目山路与五常大道交叉口
总建筑面积	40 万 m^2	5.5 万 m^2	20 万 m^2
业态构成	超市卖场、百货、餐饮、时尚品牌专卖、真冰场、儿童购物、SOHO、写字楼、主题餐厅、书店、影院、运动场地、教育、KTV 等	大型超市卖场、名品专卖店、主体餐饮城、大型游乐公园、大型电影城和 KTV 等	大型购物超市、名品服饰、高档餐饮、儿童活动和大型影院等
类型特征	城市综合体项目、具有商务办公功能	点式商业综合体和社区沿街商业并存，现代街巷式	城市边缘区孤立型商业综合体
运营现状	餐饮娱乐较为成熟，人气较旺，对周边活力带动较强。现代商务中心吸引大量办公项目和资金投放，推动周边地产楼盘的发展	业态相对传统，面临着向传统百货、社区综合体转型	与近郊区大型封闭社区相互依存，典型的现代城市“坊市制”，人气较旺，餐饮业营利较好
共性	三者均有大型购物中心，消费者以本地居民为主，并拥有大型超市、大型停车场、电影院、KTV 等项目，周末、节假日人气都比较旺盛		

城西银泰城：属于城市综合体项目，银泰购物中心与高层现代商务中心建筑配合构成双核驱动，两者相互连接又相对独立。银泰购物中心、餐饮娱乐都较为成熟，人气较旺，对周边活力起到了带动作用。现代商务中心吸引大量办公项目和资金的投放，带动周边地产和经济的发展。

西城广场：属于百货大楼式商业综合体，社区与购物中心融合性较好，点式购物中心和社区沿街商业并存，周边社区发育成熟，商业人气较旺，但由于近距离的西溪印象城和银泰城的开业，其业态面临着向传统百货、社区型综合体转型。

西溪印象城：属于孤立型购物中心，随着近郊区大型封闭社区的出现而形成，开业初期人气较旺，餐饮业营利较好，其业态档次略低于城西银泰城，但多元化程度明显高于西城广场。

共性：三者均有大型购物中心，消费者以本地居民为主，并拥有大型超市、大型停车场、电影院、KTV 等项目，周末、节假日人气都比较旺盛。

2. 研究方法

在研究内容方面，针对商业综合体的现状客观特征及其消费者行为开展相关分析，前者主要从综合体的宏观区位、业态组合、规模体量、日常交通以及周边土地利用情况进行探究，后者主要从消费者的基本属性、生活方式、消费行为、交通方式等进行验证式分析，由此揭示出杭州边缘区商业综合体的现状特征及其发展趋势。

在研究方法上，首先于2014年3月对3个商业综合体的运营状况开展预调研，包括顾客流量，消费频率、日常行为等方面；其次进行问卷调查，通过前期预调研，对发放问卷的数量、时间段进行大致调整，最终确定每个商业综合体在双休日、工作日分别发55份，共计回收330份，其中有效问卷315份，有效率为95.5%，可信度系数超过0.8，可以作为本次研究的一手数据资料。

（二）建设布局特征

1. 宏观区位

3个典型综合体分别位于杭州主城边缘区的城西、城北片区，对该地带居民的日常消费行为产生重要的影响（表7-9）。其中，西溪印象城距离主城中心最远，约12.8km，边缘区特征最为显著；西城广场距离主城中心相对较近，开业时间也较早，发展比较成熟，与周边社区互融性较强；城西银泰城与主城中心距离介于上述二者之间，属于服务于城北新兴高档住区、位置较佳的综合体之一。

商业综合体区位特征 **表7-9**

	距离主城中心(km)	距离西湖景区(km)	所属市辖区
城西银泰城	8.6	6.3	拱墅区
西城广场	8.3	5.8	西湖区
西溪印象城	12.8	8.6	余杭区

从综合体周边地块土地利用特征来看（图7-16），西城广场商业项目开业较早，对传统老城西消费特征影响较大，周边居住区相对成熟，各种类型小区入住率高，消费群体相对稳定，具有日常性与生活性的特征。城西银泰城周边聚集着高密度的高端住宅开发区块，办公楼宇建设具有较强发展潜力，特别是浙江大学紫金港校区的入驻，为之带来了相应的住区楼盘以及消费能力较强的顾客群体，同时对外辐射杭州西北部近郊区的居住人口。西溪印象城紧邻西溪湿地三期和绕城高速留下出口，周边的边缘区、近郊区大型居住楼盘发育较早，消费群体远距离通勤特征显著，开业以来人气相对较旺。

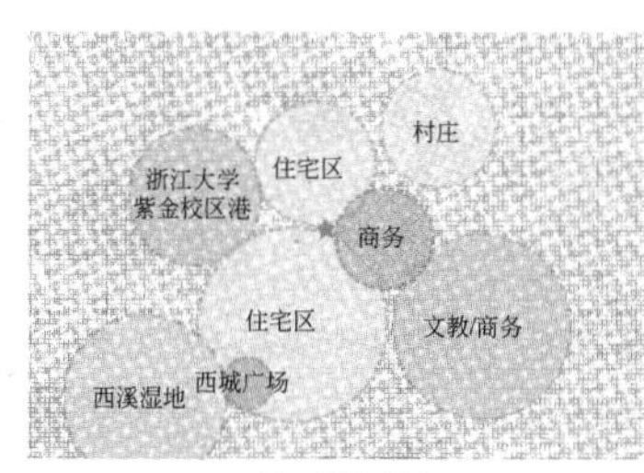

城西银泰城

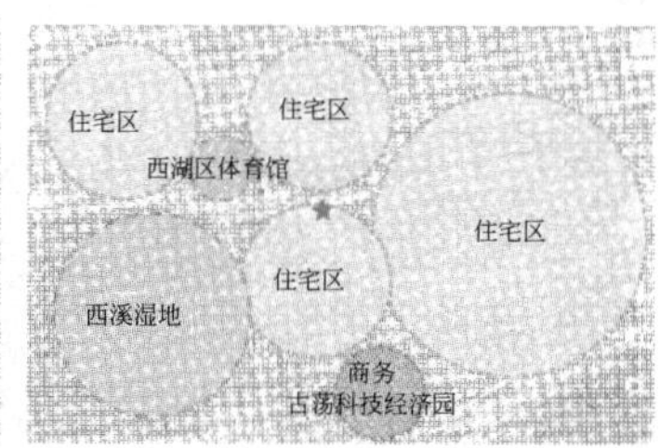

西城广场

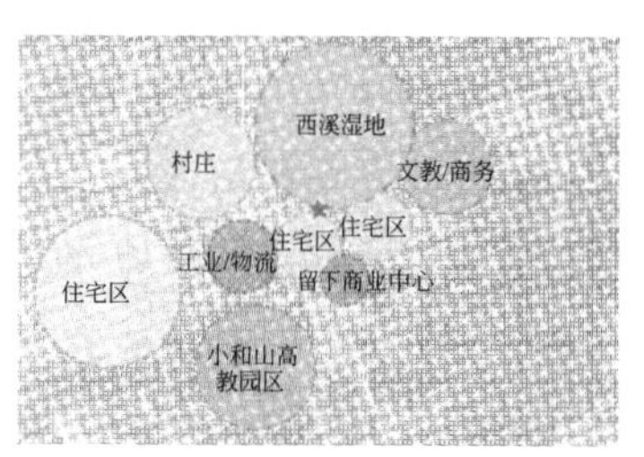

西溪印象城

图7-16 商业综合体周边土地利用特征

2. 外部交通

从3个典型综合体周边路网结构及交通流量来看（图7-17），西城广场周边住区相对成熟，交通压力最大，车流、人流较为集中。城西银泰城主入口在道路等级较低的萍水街，其餐饮业吸引了日常大量客流，对萍水街及相邻丰潭路的交通产生了较大负荷。西溪印象城位居快速路和生活性干道交叉口，邻近杭州绕城高速出入口，对外交通相对便利，但在节假日会出现交通拥堵问题。

图 7-17　商业综合体周边道路网络

从综合体的停车设施配置来看（表 7-10），西溪印象城停车设施评价系数最高，自身配套的停车位基本可以满足日常停车需求，但二期项目正处于开发过程中。西城广场停车设施评价系数位居其次，尽管其自身配套停车位相对不足，附近的紫荆花地下停车场大大提高了每百平方米停车位的数量，解决了商业综合体的停车压力。与之相比，银泰城商业的停车位配套数量相对其商业规模而言偏少，目前有 2359 个停车位供整个综合体共同使用，随着未来办公入驻与酒店式公寓的开发，停车位的供给将会面临巨大的压力。

典型商业综合体停车设施评价　　**表 7-10**

商业综合体	自身配套（个）	周边配套（个）	面积（万 m^2）	评价系数 1（个/100m^2）	评价系数 2（个/100m^2）
银泰城	2359	117	29	0.81	0.85
西城广场	500	188	5.5	0.91	1.25
西溪印象城	2000		20	1.00	1.00

与综合体典型的轨道交通特征相比，3 个综合体均未有城市轨道开通，根据杭州市政府的最新规划（图 7-18），通过城西的轨道交通线路有 2 号线、3 号线和 4 号线，但 3 个综合体与规划中的交通站点结合都不够紧密，相互间距在 500m 或 1000m 以上。根据上海商业综合体建设经验，商业综合体与轨道交通紧密结合是其重要表现特征，有利于减轻大量密集人口对商业综合体及其周边道路所带来的私家车交通压力。所以，随着杭州边缘区发育逐步成熟，由商业综合体所产生了外部交通流量将不容忽视。

每百平方米停车系数

评价系数 1 =［商业综合体停车位 / 商业综合体的面积（m^2）］× 100

评价系数 2 =［商业综合体及周边停车位 / 商业综合体的面积（m^2）］× 100

3. 功能业态

商业综合体一般具备零售、餐饮、娱乐等功能。通过调研发现（图 7-19），3 个商业综合体功能业态相对丰富，均实现了商业、餐饮、文娱等复合式功能。其中，西城广场属于日常百货型商业综合体，其特征表现如下：①业态的空间划分明确，垂直功能分区鲜明，易于进行识别和引导，但业态之间的相互结合较少；②业态偏向日常生活型消费，如百货、超市、服饰、餐饮、影院等，对周边居民的购物需求进行了充分考虑，以零售业态占主导地位，生活性消费业态一应俱全。

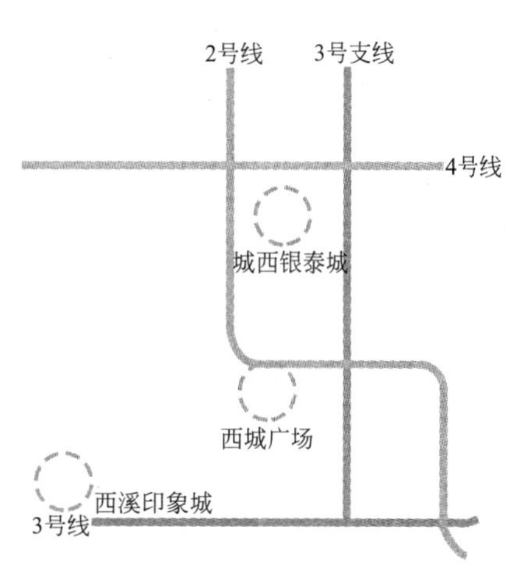

图 7-18　商业综合体周边轨道交通规划建设

西溪印象城属于全面服务型的生活休闲综合体，主打多元化、家庭式购物中心，其特点表现为：①业态的空间布置具备现代购物中心典型特征，业态的混合组合模式更加多样化；②零售、餐饮、娱乐业态三分天下，满足城市边缘大型居住区的生活消费一站式需求。与之相比，城西银泰城以满足周边居民特别是城市年轻人的购物需要为主，采用内向与外向消费需求相综合的商业综合体模式，具体特征表现为：①业态空间划分比较模糊，每一层都配有餐饮，业态布局在合理分区的前提下更注重关联性、混合性和互动性；②从业态功能性来看，兼有商业、酒店、会议、展览、商务及公寓等功能，业态的综合性更强，并把餐饮业作为其主打的品牌，占据了近一半的比例。

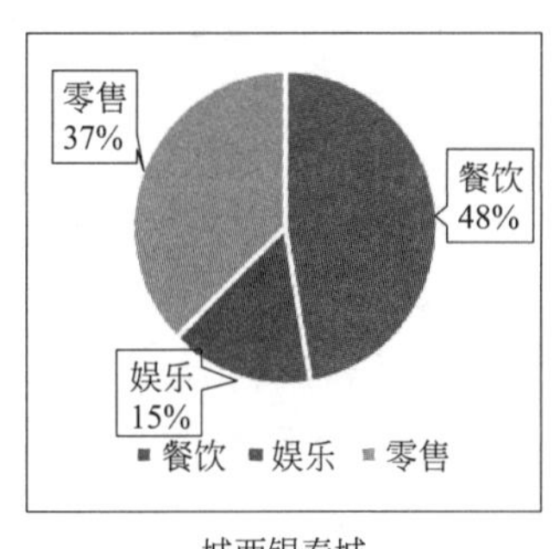

城西银泰城

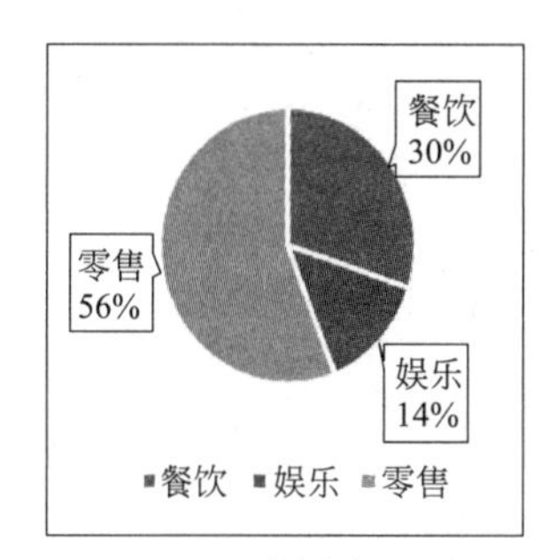

西城广场

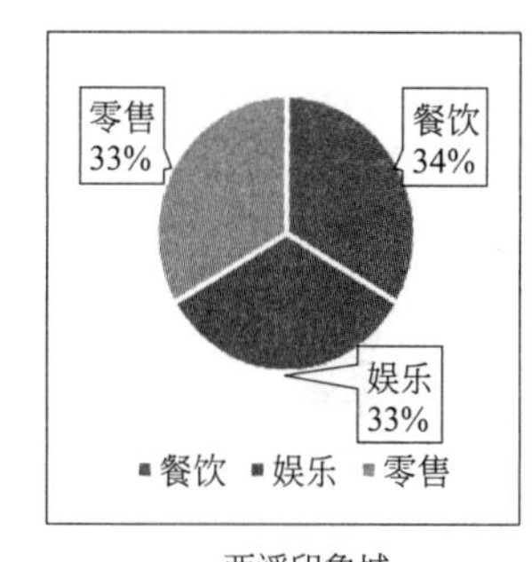

西溪印象城

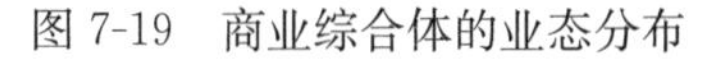

图 7-19　商业综合体的业态分布

城西银泰城

西城广场

西溪印象城

图 7-20　商业综合体周边沿街商业分布

从 3 个典型综合体的周边沿街商业来看（图 7-20），大多数为居住区底商，以及少数电子产品、酒店等集中型商业。其中，西城广场沿街商业的数量具有明显优势，在空间分布上具有连续性、集聚性和规模性，沿城市道路形成日常生活消费体系，整体空间结构规整，街道业态也较为完善，包括服饰、餐饮、便利店、电子产品等，产业种类较为齐全，与西城广场补充性较强。

城西银泰城和西溪印象城属于新兴综合体，邻近的住区发育都不够成熟，周边业态分布较为零散，数量也较少，兼有点状与短线状多种模式，主要以对周边住区服务为目的，业态包括教育培训、美容休闲、果蔬、宠物、小吃等。其中，西溪印象城周边沿街商业比较匮乏，与邻近的留下街道商业区形成点状商业集聚的二元结构模式。

（三）消费者行为

1. *活动范围*

西城广场开业要早于西溪印象城和城西银泰城，当初作为城西居民的日常生活消费目的地。通过问卷调查发现，在西溪印象城、城西银泰城未开业之前，31.2%的消费者选择西城广场，42.11%的消费者选择武林—延安路商圈，其他商业区占 23.31%（图 7-21）。上述表明，西城广场并不能充分满足城市边缘地带居民的日常所需，仍有大量人流涌入城市核心商圈进行消费，这也是西溪印象城、城西银泰城迅速崛起的重要原因。

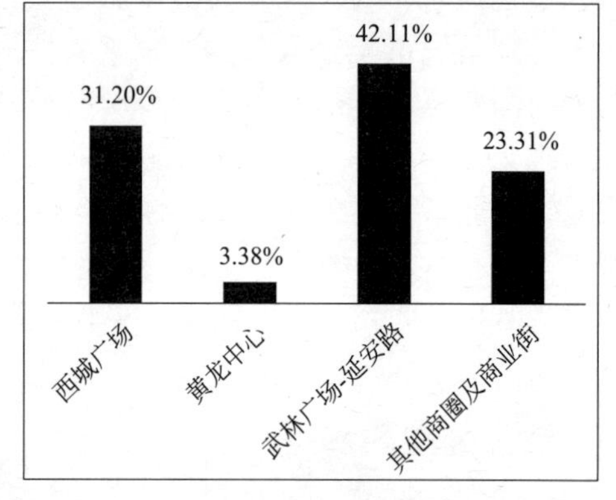

图 7-21　2 年前消费者购物场所的选择变化

从当前消费者购物场所的选择偏好来看（图 7-22），商业综合体、大型超市占据主导地位，分别占比 40%左右，由此表明两者对城市传统商业空间的冲击作用。再次，便利店也占据一定的比例，约 15%，该业态布点数量较大，但也属于公司化连锁运营，与前两者有近似之处。与之相比，街巷店铺仅占 4%比例，已经不属于当前消费者优先考虑的购物场所。同时，在 3 个典型商业综合体中，消费者选择偏好相对均衡，城西银泰城略为突出，占据 1/3 强比例，表明购物中心已经成为当前消费者所选择的主要商业场所。

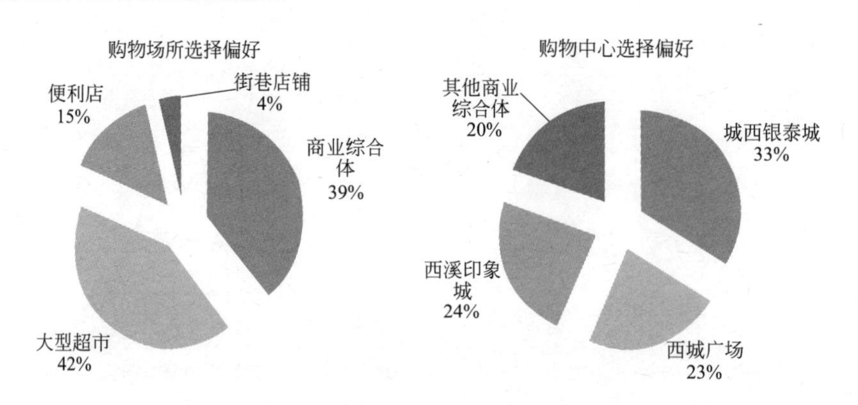

图 7-22　消费者的购物场所选择偏好

通过 3 个综合体不同辐射半径的通勤行为调查，消费者居住地距离与购物行为的相关性高于工作地距离（图 7-23）。其中，距离居住地 3～6km 的消费者占据较大比例，而距离西溪印象城、城西银泰城 6～9km 或 9km 以上的消费者也占据一定比例，这是二者作为都市型综合体的典型辐射半径。与之相比，消费者工作地距离主要分布在 3～6km 和 9km 以上，表明综合体的布点对消费者就业地产生一定的影响作用，如在 6km 范围内可以实现生产与消费业态的互补。

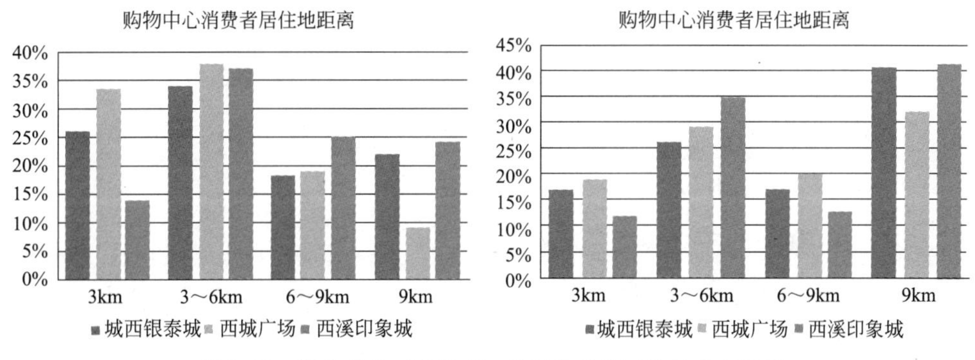

图 7-23　调查对象（消费者）的居住地和工作地分布比例

从 3 个综合体客源的所属地来看，西湖区占据较大比重，均超过 40%（图 7-24）。其中，西城广场还吸引了一定比例的拱墅区及其他中心城区的客流，6km 范围内的顾客占 70%，对绕城高速之外的余杭区影响作用较小。城西银泰城的客源比例结构近似于西城广场，对拱墅区客流吸引作用增大，6km 范围内顾客占 50%，由此对西城广场产生了重要的客源竞争。西溪印象城吸引了一定比例的余杭区客流，远距离通勤特征相对明显，9km 范围内顾客占 70%。

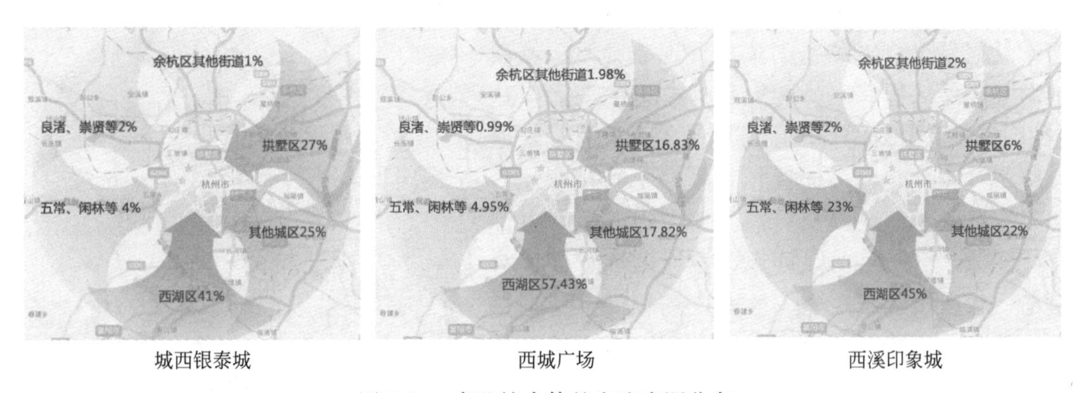

城西银泰城　　西城广场　　西溪印象城

图 7-24　商业综合体的客流来源分布

2. 交通行为

从消费者购物的交通工具来看（图 7-25），大部分是以公共交通作为主要出行方式，占据比例在 40%左右，说明无论是核心区还是边缘区或近郊区，商业综合体布局均要充分考虑公共交通的日常需求。其中，西城广场消费者的步行出行方式占据一定比例，城西银泰城、西溪印象城的私家车出行方式比重较大，表明西城广场辐射半径小于银泰城、西溪印象城，其作为传统社区型购物中心的特征日益明显。同时，从消费者达到综合体的花费时间来看，大多数集中在 10～30min，说明这属于消费者普遍接受的通勤出行时间。

首先，从综合体周边公交站点及步行空间配置来看（图 7-26），西城广场、城西银泰

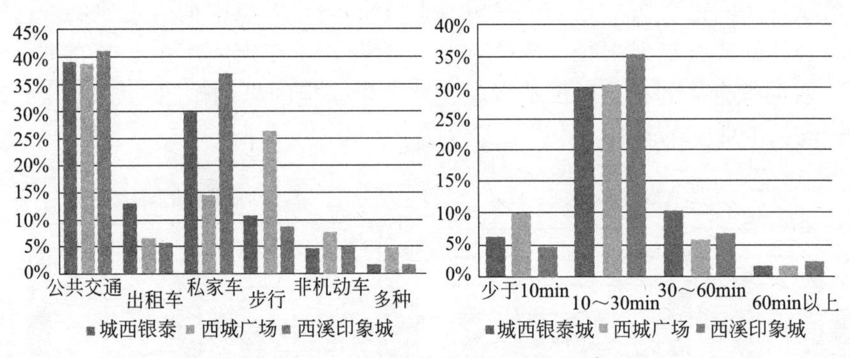

图 7-25　消费者的通勤工具和通勤时间分布比例

城的公交站点相对密集，1km 范围内公交站点达 10 个，基本能够满足城市居民的日常出行需求。与之相比，西溪印象城仅 6 个公交站点，开通的仅 4 个，且部分可达性不高，对消费者的出行造成较大不便。同时，3 个综合体的过街步行空间均存在一定的问题，如西城广场、城西银泰城在周边部分人流入口处未设置红绿灯，造成行人过街与机动车相互抢道的现象，存在一定的安全隐患；西溪印象城紧邻天目山快速路，其中一个人流入口处有红绿灯设置，另外一个未有任何过街设施，导致居民经常跨越快速路中间隔离带，与流量较大、速度较快的机动车抢道，安全隐患较大。

其次，从消费者的机动车出行特征来看（图 7-25），西城广场规模业态相对有限，周边社区相对成熟，居民采用步行或公共交通出行方式相对普遍；西溪印象城体量较大、业态丰富，道路及停车设施完善，居民私家车出行现象突出；城西银泰城选择出租车出行的人数远超过前两者，这是由于其区位特征介于上述两者之间，周边交通设施相对多元化，可达性相对较好。通过双休日和工作日停车情况以及周边交通设施的消费者评价(图 7-27、图 7-28)，西溪印象城的满意度评分最高，城西银泰城次之，西城广场较低，特别是周边道路交通状况，表明主城区范围内大体量的综合体设置，一定要充分考虑与之相匹配的交通设施。

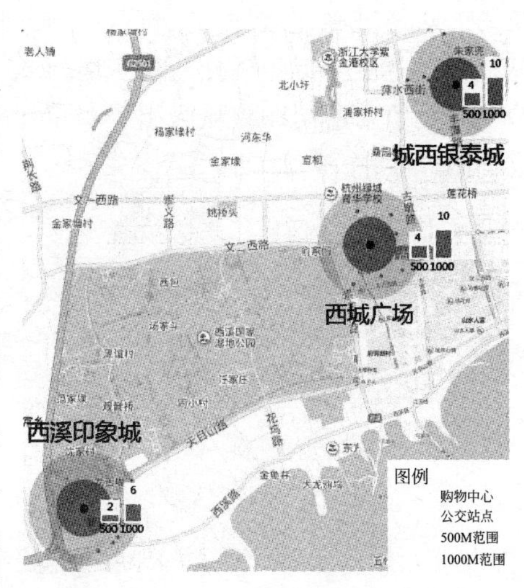

图 7-26　商业综合体周边公交设施分布

3. 消费特征

(1) 消费者属性。3 个综合体的消费者以中青年群体为主，年龄特征分布在 18～40 岁之间（图 7-29、图 7-30）。究其原因，现代购物中心的打造更多满足城市居民家庭一站式消费需求，特别是城市化进程中比重较高的中青年群体消费需求，并在业态方面具有一定的细分。例如，3 个综合体均有满足儿童娱乐、培训的场所，大型超市则可以吸引不同年龄阶段的消费群体，然而综合体又将老年人的衣物购置及相关服务需求排斥在外，这些仅在传统百货大楼中得到保留。

3 个综合体的消费者以企事业单位、商业服务业、专业技术人员、生产企业、学生等

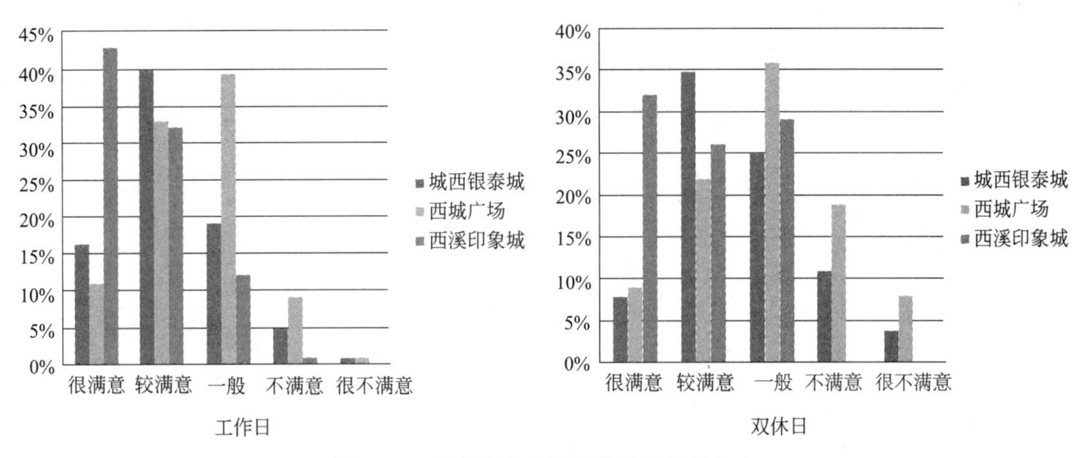

图 7-27　商业综合体的停车状况评价分布

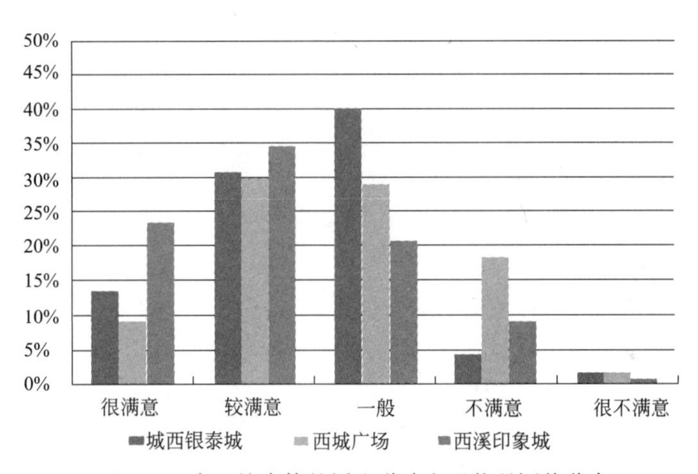

图 7-28　商业综合体的周边道路交通状况评价分布

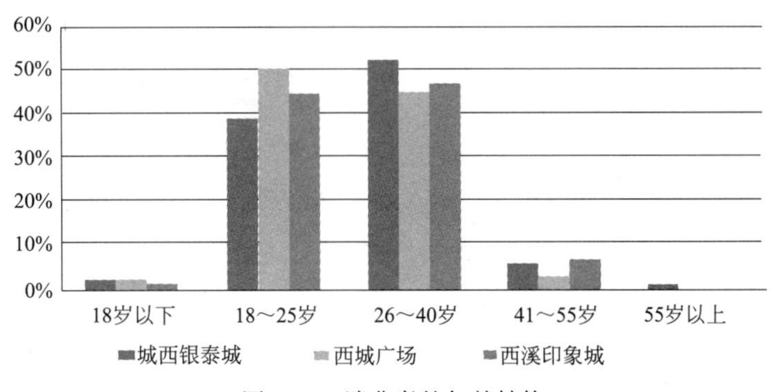

图 7-29　消费者的年龄结构

群体为主（图 7-31）。其中，西城广场的企事业单位比例较大，客源比较成熟；银泰城与之相近，商业服务业人员也占据一定比例；西溪印象城的学生群体、生产企业人员比重较高，与其地处城市最边缘的区位有关，并邻近小和山高教园区。总体上来看，综合体的不同区位特征影响着不同的客源群体，进而又会影响到群体之间的收入水平差异。

图 7-30 商业综合体的消费场景

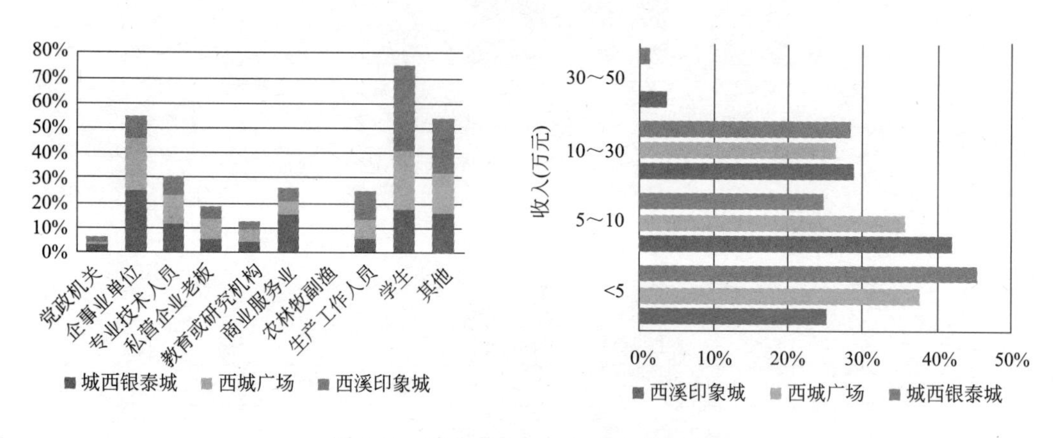

图 7-31 消费者的职业与收入分布比例

受样本数量及受访群体属性影响，3 个综合体的消费者年收入以 30 万元以下为主，5～10 万元相对普遍（图 7-31）。其中，城西银泰城的消费者收入相对偏高，西城广场在 5～10 万元分布较多，西溪印象城则在 5 万元以下比重较大，这与其不同的职业结构、属性特征相关性较大，如在西溪印象城的问卷对象中，带孩子家庭主妇占据一定比例。

（2）消费频率与停留时间。从消费者的购物频率来看（图 7-32），1 个月 2～3 次的群体比例分布在 40％～50％之间，其中，西溪印象城比例较高，银泰城其次，西城广场最低；1 周 2 次及其以上的购物频率，以西城广场最高，银泰城其次，西溪印象城最低，由此表明西城广场与周边社区居民的日常互动性更为密切，其他 2 个综合体则属于非日常性的高等级消费场所。

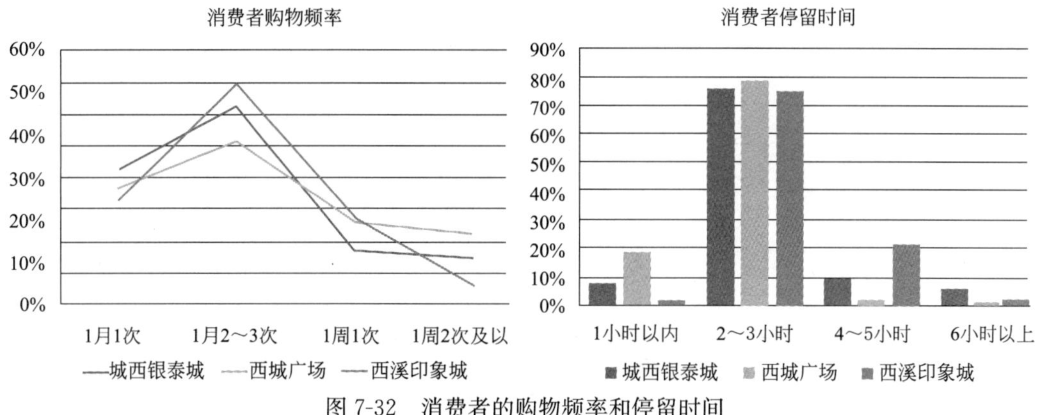

图 7-32　消费者的购物频率和停留时间

从消费者在综合体的停留时间来看（图 7-32），主要以 2～3h 为主，相对符合消费者的购物行为特征。其中，4～5h 以西溪印象城最高，银泰城其次，而 1h 以内以西城广场最高，银泰城其次，表明西溪印象城辐射范围内多元化商业设施相对匮乏，西城广场周边商业设施相对丰富，并具有日常化消费特征，银泰城则介于二者之间。

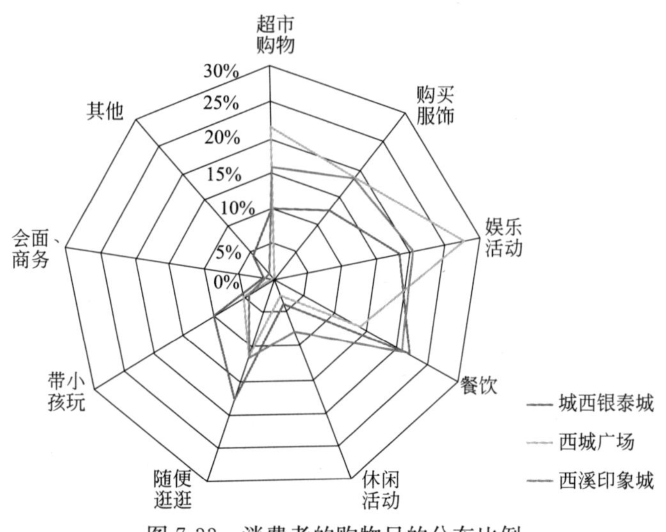

图 7-33　消费者的购物目的分布比例

（3）消费目的与消费需求。从消费者的购物目的来看（图 7-33），超市、餐饮、娱乐、服饰居多，随便逛逛、带孩子玩、休闲活动也占一定比例。其中，西城广场以超市购物、购买服饰、娱乐活动、餐饮等消费目的为主，西溪印象城与之相近似，银泰城以娱乐活动、餐饮、随便逛逛、购买服饰为主。上述表明综合体除了具备商业消费功能之外，还承担公共活动空间的部分职能。与之相比，商务会面的目的缺乏，这一方面受制于调查对象的样本数量限制，另一方面说明 3 个综合体相对边缘化的区位特征，制约了此方面功能的发挥。

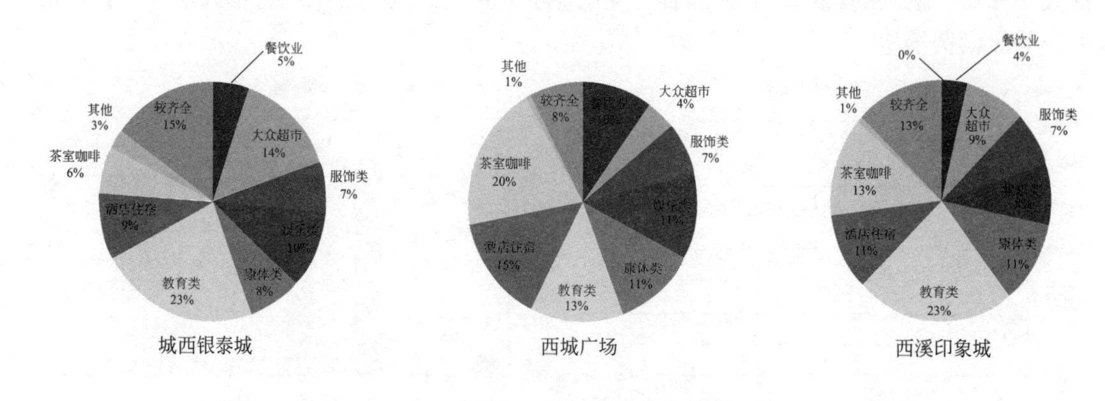

图 7-34 商业综合体的消费者业态需求对比

针对 3 个综合体的消费需求调查发现（图 7-34），教育文化类业态需求普遍较大，酒店住宿、茶室咖啡、娱乐也存在一定比例的需求，超市、餐饮、服饰、康体等其他业态在不同综合体中的需求比例各不相同。上述表明，如何将各类公共服务业恰当地融入到商业综合体中，将是未来业态优化更新及转型升级的关键问题，也是综合体之间相互竞争及优劣成败的核心要素。

（四）小结

1. 商业综合体入驻重构传统城市格局

杭州传统核心商圈集聚在武林、湖滨、吴山及延安路沿线，随着西城广场、西溪印象城、城西银泰城在城市西部的崛起，居民开始由远距离通勤消费转向就近购物消费，对城市宏观商业空间格局重塑产生重要影响作用。同时，与城市核心区“点”（商店、商厦）、“线”（街道）、“面”（居住区）相结合的消费空间相比，城市边缘区逐步形成“点”（商业综合体）、“面”（封闭社区）相断裂的空间格局，传统步行街道已经被机动车道所取代，具有现代典型的“坊市制”特征。

2. 商业综合体的交通压力问题日趋突出

大型购物中心或商业综合体的出现，迎合了汽车时代的消费行为特征，停车问题首当其冲。结合 3 个综合体调研发现，均存在着不同程度的停车难现象，其次是节假日周边道路拥堵问题，再次则是周边步行通道欠缺，步行设施匮乏，步行安全性较差等问题，特别是综合体没有与城市轨道交通紧密结合，终将难以解决日益凸显的交通压力问题。尽管 3 个综合体均开通了大型社区购物巴士，但在发车频率、乘客选择、站点设置等方面存在难以调和的利益关系问题，其对公共交通出行发挥作用有限。

3. 商业综合体的业态功能面临演化更替

与零售业态的演变过程相同，综合体的业态也将面临着优胜劣汰选择。西城广场在开业之初即作为一种新型零售业获得较大成功，但随着西溪印象城、城西银泰城的出现，不但对其产生重大的客源挑战，并促使其功能业态转向社区型综合体。同时，西溪印象城、城西银泰城较为相近的商业布局，并不能够全面满足城市居民的日常所需，如教育文化类需求，这也必将推动商业综合体未来业态的革新，以及与电子商务、职能社区的相互融合。

4. 商业综合体购物零售缺乏老年人关怀

从商业综合体的实地观察及问卷调查结果来看，以服饰类为主的购物零售业态偏向于中青年及少年儿童群体，缺乏老年人的相关零售业态，这是与传统百货商店的重要区别之一，尽管商业综合体在餐饮娱乐休闲等方面全面超越了传统百货大楼，但在老年人的人文关怀方面相对缺失，特别是面对未来一段时期内中国社会老龄化趋势的加速。在城市商业街区中，老年人服饰店更多集中在大型超市、专业连锁店及百货大楼中，这些业态也普遍受到了商业综合体或购物中心的严峻挑战。与此同时，在电子商务重构的城市零售业中，老年人也相对受到互联网通信技术运用方面的局限，使之处于更加孤立的日常生活处境。

第八章　结论和展望

一、主要结论

（1）消费空间是零售业不断变迁升级的结果，对城市空间结构重组产生重要影响作用。

伴随着城市经济社会快速发展，消费空间在国内外大城市不断涌现，成为大都市空间组织的重要特征。究其实质，各类新型消费空间是零售业不断变迁升级的结果，如由传统沿街店铺向百货大楼、购物中心的日益转变，并对周边社区空间组织产生重要影响作用，由此也推动了传统商业地理向消费文化地理的转变，更加关注造成空间格局变动的主体力量，如地产商或零售商、消费者及社区居民。上述现象在当前转型升级过程中的国内大城市尤其表现明显，但也是国内相关研究较为缺失的探讨领域。

通过对消费文化与消费空间相关理论进行解读，认为全球化和信息化促进了全球消费主义兴起，西方后工业城市已经浮现出一种新经济形态，以文化创意产业为代表的符号经济或消费经济，成为推动城市发展的主要动力，创意与消费空间逐步形成，并伴随着社会空间异化。与此同时，中国城市空间形态具有明显的“时空压缩”特征，物质经济与符号经济并存，经济空间与社会空间共处，创意与消费空间已经开始崛起，如各类文化创意园区、大型购物中心、绅士化历史街区、封闭型社区等，如何协调各类消费空间相互之间的矛盾关系，促进城市经济社会健康发展，将是当前中国大城市发展所面临的重要任务。

（2）商业空间与城市兴盛衰落息息相关，城市综合体属于消费空间发展的高级形式。

以城市综合体的产生缘由为分析视角，系统回顾了国内外历史时期城市商业空间的演化过程，基于人类需求变化总结出城市商业空间变迁的动力机制，认为城市商业功能、消费群体和商业空间是世界著名城市形成的重要条件。同时，通过解读西方发达国家和我国零售业态及空间形式的演变历程，总结出不同发展时期的重要表现特征，认为每一种新兴业态的产生与不同的城市空间形态密切相关，而城市综合体崛起于城市郊区化与多中心大都市区形成的重要时期，成为当前国内外大都市重要的消费空间类型。

基于零售业生命周期、消费群体变化、信息网络技术兴起的视角，提出信息化时代城市消费空间的动力机制框架，即地方政府、零售商与地产商、市民社会与商业空间的形成密切相关，交通方式革新、信息网络技术则影响着消费空间的表现形式，如地方场所空间和网络流动空间。由于城市的地点性和人类的群聚性，可以认为城市生活综合体将可能成为未来主要的消费与交往空间，它可以整合各种新业态的魅力和优势，弥补网络空间所带来的人际关系的疏离和失落，满足城市居民物质与精神层面的各类需求，并具有城市公共开放空间的重要功能。

（3）商业零售是国内外城市综合体的重要功能业态，生活服务型综合体应该成为未来发展的主要趋势。

基于城市综合体的形成由来与概念特征，选取国内外71个典型城市综合体，深入分析了城市综合体的规模分布、时序演变、功能业态等方面的表现特征。从中发现，国际城市与国内一、二线城市的综合体数量较多，建筑体量较大，并呈现出向国内二、三线城市扩散的趋势。其中，商务办公是城市综合体最早表现出的功能特征，其次是住宅公寓和商业零售，而商业零售正在成为当前消费社会中城市综合体的重要功能。同时，国内外城市综合体的商务办公、商业零售、酒店公寓、住宅四大业态，表现出“三三二二”的组合比例特征。

基于国内外城市综合体发展特征，对之进行了9大类型模式划分，从城市本质功能视角探讨了城市综合体的重要内涵，批判与反思了当前城市综合体的表现问题。可以发现，生产服务型综合体是当前城市综合体的主流，这与资本的逐利性和地方政府的发展动机密切相关，而生活服务型综合体相对缺失，不利于城市社区的健康发展和市民社会的发育完善。未来应该提倡城市综合体规模小型化，功能生活化，布局社区化，互动智能化，以对接城市居民的日常生活需求，成为未来城市综合体的重要发展方向。

（4）万达广场的分布与城市区域发展水平密切相关，作为产品内容的文化娱乐业特征越来越显著。

万达广场是当前中国典型的城市综合体，具有4代综合体产品演变历程，以及百余个综合体投资项目，通过对其发展历程与产品特征、投资分布与建筑规模、业态组合与持有比例等方面分析，发现万达广场产品业态日益多元化，建筑体量规模逐步扩大，选址由城市核心商圈向城市新CBD或副中心转移，经营模式由商铺分割销售到持有核心商业，由重资产到轻资产运营，功能业态的去百货化、娱乐化特征逐步显现，主题公园式消费空间将是其未来的重要发展趋势。

万达广场的空间布局特征表现出聚集于中国沿海的环渤海、长三角、珠三角3大经济区，二、三线城市已经成为万达广场投资的热点区，聚集万达广场的数量最多，并逐步向沿海发达地区经济强县扩散。同时，特大城市内部仍然是万达广场重点投资区，如上海、武汉、广州等，万达广场的选址布局不但对城市内部空间组织产生重构作用，也正在重构传统一、二、三、四线城市等级类型划分。同时，万达广场的海内外扩张步伐加快，城市综合体和酒店是海外业务的核心项目，作为第四代产品的文化旅游型综合体则在国内一、二线城市逐步崛起，并积极融入了电子商务营销方式，以实现传统地方场所空间与新兴网络流动空间的整合。

（5）我国大城市正处于消费空间生产的兴盛时期，传统一、二、三线城市划分标准趋于解构。

从经济周期规律与城市化趋势来看，当前中国正处于从工农业经济向服务业经济，农村社会向城市社会的过渡时期，服务与消费经济日益兴起，城市社会将全面形成。与之相伴随，以超大或特大城市为核心，大中小城市为外围的都市圈与城市群，聚集着持续涌入的外来流动人口，由此也成为经济生产与消费的重心。从城市人均GDP发展水平、居民人均可支配收入和消费性支出来看，中西部特大城市和东部沿海发达地区属于商业地产投资的热点区域，也是城市综合体生产与聚集的重要场所，由此形成了房地产领域的一、二、三、四线城市划分标准，如北京、上海、广州、深圳是公认的一线城市，其余城市被相应归类于二、三、四线城市。

但从城市综合体投资特征来看，部分二、三、四线城市成为当前重点投资区，其重要地位甚至不次于传统一线城市，由此选取涉及经济、社会、生活、环境等24项评价指标，对中国112个城市进行重新评估。研究发现，中国城市等级体系正在发生重构，如传统部分二线城市已经可以归类于一线城市，包括天津、南京、杭州、武汉、重庆，而个别二线城市跌入三线城市，包括呼和浩特、徐州、南通、泉州等，基于以上可以重建城市综合体开发坐标体系，并对一、二、三城市内部进行等级层次细分。基于同样评估方法，对沿海发达地区长三角城市体系进行评价，并提出新的二、三、四线城市划分标准，以指导城市综合体的投资选择与开发经营。

（6）杭州商业综合体投资建设日益兴盛，对城市空间组织和交通环境产生了重要影响。

杭州经历了古代沿街集市的繁华，近代商业重心的转移与扩散，以及现代商业体系的正式形成，当前各类消费空间不断涌现，如购物中心、绅士化街区、主题公园、创意小镇、美丽乡村等，全球化、地方化、信息化的商业特色显著。在近期20个新城和100个城市综合体的政府战略推动下，大中型商业设施及商业综合体投资建设兴盛，由此重构了传统以“武林—湖滨—吴山广场”为核心的城市商业体系，钱江新城CBD、城北、城东、城西的商业综合体相继崛起，成为新时期杭州消费空间的重要特征，并伴随着社区型综合体和文化型综合体的形成。

通过主城区边缘的3个典型商业综合体实地调查，发现该类型综合体的建设满足了城市边缘及近郊区居民的日常需求，促使远距离购物行为向近距离消费转变，但也导致了不同于传统城市社区“点”（店铺）、“线”（商业街）、“面”（居住区）相结合的消费景观的出现，从而形成了“点”（购物中心）、“面”（大型封闭社区）相断裂的后现代城市景观。购物中心的出现迎合了郊区化过程中汽车时代的要求，3个典型商业综合体均存在不同程度的停车、堵车的压力，步行空间与设施匮乏，步行安全性较差，且轨道交通建设滞后，这均属于大都市空间扩张中普遍存在的矛盾问题。同时，3个建设于不同时期且辐射范围邻近的商业综合体，在功能业态上面临着客源的相互竞争，从而推动其产品内容的演化更替，但日常生活性功能需求匮乏，始终是该类商业综合体的短板。

二、研究展望

本书以城市综合体为分析对象，对消费空间的变迁脉络及其发展趋势进行揭示，对比了国内外城市综合体现状特征，重新诠释了一、二、三线城市划分标准，针对万达广场和杭州作了典型案例分析。上述更多是基于宏观或中观尺度的探索研究，今后应在微观尺度方面开展进一步的尝试，并在研究对象、研究方法、研究内容方面有所突破创新。

（1）研究对象由宏观商业空间格局转向微观消费单元个案。

传统商业地理关注商业的区位、格局、等级、职能及其规划布局的研究，这与国内外大都市经济社会发展阶段密切相关。近期国外消费地理已经由宏观商业格局转向微观消费单元个案，如购物中心、街道、商店、主题公园等，研究重点转向消费者行为与地方文化建构研究，这对国内消费地理研究影响较大，而近年来消费地理研究成果已经出现了这种发展趋势（王兴中，2009）。

（2）研究方法逐步转向社会调查与质性研究。

传统商业地理重视经验与实证性研究，主要采用计量统计、规模性问卷调查以及空间分析的研究方法，这样有利于将复杂多元的社会现象统一化和简单化处理，从中发现变化规律及其发展趋势，这在城市化快速推进过程中作用巨大。随着城市扩张建设的逐步稳定，消费地理更加注重微观单元的社会参与式调查，如质性研究已经被运用于我国城市空间分析过程中，从中透析社会发展进程中的微观个体单元，包括消费单元和消费个体的非均质化，以更加细致地理解消费空间、文化及其社会建构。

（3）研究过程更加注重内在机制探讨。

消费主义全球化及消费空间快速复制，究竟是否引起了地方文化的单一化或同质化，这需要加强消费空间的内在机制研究。沙朗·佐京认为拥有经济、政治力量的主体通过控制石头和混凝土建造起来的城市公共空间的建筑，来塑造公共文化，但公共空间本质上是民主的，谁能够占有公共空间进而塑造城市文化，还是一个无法确定的答案。国内学者张敏、熊帼（2013）提出一个基于日常生活的消费空间生产机制框架，即施加于日常的习惯、规训与日常内部的抵抗、诗性构成消费空间生产的核心机制，社会结构、政治经济、生活样式在日常中纽结为消费空间生产的动力源。同时，分别利用空间生产理论、消费文化理论或者两者相结合，探讨国内大都市各种类型消费空间的内在机制，成为当前学界重要的发展趋势（周向频、吴伟勇，2009；季松，2011；何深静等，2012；高慧智等，2014）。

参 考 文 献

[1] Archer K. The limits to the Imagineered City：sociospatial polarization in Orlando [J]. Economic Geography，1997，73 (3)：322-336.

[2] Bell D. The Coming of Post-Industrial Society：A Venture in Social Forecasting [M]. New York：Basic Books，1973：128

[3] Berry J L，Garrison W L. The functional bases of the central place hierarchy [J]. Economic Geography，1958，34 (2)：145-154.

[4] Betty M. Virtual Geography [J]. Futures，1997，29 (4-5)：337-352.

[5] Chatterton P，Hollands R. Theorising Urban Playscapes：Producing，Regulating and Consuming Youthful Nightlife City Spaces [J]. Urban Studies，2002，39 (1)：95-116.

[6] Converse P D. New laws of retail gravitation [J]. Journal of Marketing，1949，14 (3)：379-384.

[7] Crewe L. Geographies of retailing and Consumption [J]. Progress in Human Geography，2000，24 (2)：275-290.

[8] Davis M. City of quartz：Excavating the future in Los Angeles [M]. London：Vintage，1992.

[9] Dear M. The Postmodern Urban Condition [M]. Oxford，UK：Blackwell，2000.

[10] Featherstone M. Consumer Culture and Postmodernism [M]. London：Sage，1991.

[11] Florida R. The rise of the creative class [M]. New York：Basic Books，2002：87.

[12] Friedmann J. The World City Hypothesis [J]. Development and Change. 1986，17 (1)：69-84.

[13] Glennie P，Thrist N. Modern Consumption：Theorising commodities and consumers [J]. Environment and Planning D：Society and Space，1993 (11)：603-606.

[14] Golledge G R，Rushton G，Clark W A V. Some spatial characteristics of Iowa's dispersed farm population and their implications for the grouping of central place functions [J]. Economic Geography，1966，42(3)：261-272.

[15] Gregson N，Crewe L，Brooks K. Second hand worlds [M]. London：Routledge，2001.

[16] Halal W. The New Capitalism [M]. New York：Pinter，1986.

[17] Hall P. The Global City [J]. International Social Science Journal. 1996，48 (1)：15-23.

[18] Hanson S. Spatial diversification and multi-purpose travel：Implications for choice theory [J]. Geographical Analysis，1980 (12)：245-257.

[19] Harvey D. The Urbanization of Capital [M]. Oxford：Blackwell，1985.

[20] Hughes A. Constructing competitive spaces：on the corporate practice of British retailer-supplier relationships [J]. Environment and Planning，1999 (A32)：819-840.

[21] Knox，P L. (ed.) The Restless Urban Landscape [M]. Englewood Cliffs，NJ.：Prentice Hall，1993：17.

[22] Lash S and Urry J. The End of Organized Capitalism [M]. Oxford：Pinter，1987.

[23] Lefebvre H. The Production of Space [M]. Translated by D. Nicholson Smith. Oxford：Blackwell，1991.

[24] Lowe M. Britain's Regional Shopping Centres：New Urban Forms? [J]. Urban Studies，2000，37 (2)：261-274.

[25] Mansvelt J. Geographies of consumption：citizenship，space and practice [J]. Progress in Human Geography，2008，32 (1)：105-117.

[26] Robert T P. Encyclopedia of American Architecture [M] . USA: Mcgraw-Hill, 1994.

[27] Reilly W J. The Law of Retail Gravitation [M] . Albany, N. Y. : Knickerbocker Press, 1931.

[28] Scott A J. New Industrial Spaces: Flexible Production Organization and Regional Development in North America and Western Europe [M] . London: Pinter, 1988: 128.

[29] Sorkin M (ed.) . Variations on a Theme Park [M] . New York: Noonday Press, 1992: 261.

[30] Thill J C. A note on multipurpose and multistop shopping, sales, and market areas of firms [J] . Journal of Regional Science, 1986, 26 (4): 775-783.

[31] Warren S. Popular cultural practices in the "postmodern city" [J] . Urban Geography, 1996, 17 (6): 545-567.

[32] Wesleys, LeHew M, Woodside A G. Consumer decision-making styles and mall shopping behavior: Building theory using exploratory data analysis and the comparative method [J] . Journal of Business Research, 2006, 59 (5): 535-548.

[33] Zukin S. The Cultures of Cities [M] . London: Blackwell, 1995.

[34] Zukin S. Urban Lifestyles: Diversity and Standardisation in Spaces of Consumption [J] . Urban Studies, 1998, 35 (5-6): 825-839.

[35] 艾伦·布里曼．迪斯尼风暴：商业的迪斯尼化 [M] ．乔江涛译．北京：中信出版社，2006.

[36] 艾伦·斯科特，徐伟，宁越敏．关于智力—文化经济与全球城市—区域的对话 [M]//中国城市研究（第一辑）．北京：中国大百科全书出版社，2008：1-5.

[37] 奥罗姆，陈向明．曾茂娟．城市的世界：对地点的比较分析和历史分析 [M] ．任远译．上海：上海人民出版社，2005.

[38] 包亚明．消费空间与购物的意义 [J] ．马克思主义与现实（双月刊），2008 (1)：144-149.

[39] 包亚明．消费文化与城市空间的生产 [J] ．学术月刊，2006 (5)：11-13.

[40] 包亚明．游荡者的权力——消费社会与都市文化研究 [M] ．北京：中国人民大学出版社，2004.

[41] 卞显红．基于自组织理论的旅游产业集群演化阶段与机制研究——以杭州国际旅游综合体为例 [J] ．经济地理，2011，31 (2)：327 -332.

[42] 波特曼设计事务所．上海商城 [J] ．世界建筑，1993 (4)：42-43.

[43] 柴彦威等．城市空间与消费者行为 [M] ．南京：东南大学出版社，2010.

[44] 柴彦威，李昌霞．中国城市老年人日常购物行为的空间特征：以北京、深圳和上海为例 [J] ．地理学报，2005，60 (3)：401-408.

[45] 大连万达商业地产股份有限公司．商业地产投资建设 [M] ．北京：清华大学出版社，2014.

[46] 戴维．哈维．后现代的状况：对文化变迁之缘起的探究 [M] ．阎嘉译．北京：商务印书馆，2004：185.

[47] 董贺轩，卢济威．作为集约化城市组织形式的城市综合体深度解析 [J] ．城市规划学刊，2009 (1)：54 -61.

[48] Edward W. Soja. 后大都市：城市和区域的批判性研究 [M] ．李钧等译．上海：上海教育出版社，2006.

[49] 房超．中国商业地产蓝皮书 2009 [M] ．北京：中国建筑工业出版社，2009.

[50] 菲力普·科特勒．市场营销管理 [M] ．楼尊译．北京：科学技术文献出版社，1991.

[51] 冯健，陈秀欣，兰宗敏．北京市居民购物行为空间结构演变 [J] ．地理学报，2007，62 (10)：1083-1096.

[52] 弗兰克·莫特．消费文化——20 世纪后期英国男性气质和社会空间 [M] ．余宁平译．南京：南京大学出版社，2001：45.

[53] 高慧智，张京祥，罗震东．复兴还是异化？消费文化驱动下的大都市边缘乡村空间转型——对高

淳国际慢城大山村的实证观察［J］．国际城市规划，2014，29（1）：68-73.
［54］ 顾朝林等．中国城市地理［M］．北京：商务印书馆．1997.
［55］ 管驰明，崔功豪．1990年代以来国外商业地理研究进展［J］．世界地理研究，2003，12（1）：44-53.
［56］ 杭州市规划局．杭州市区大中型商业设施（综合体）布局规划研究［R］．2014.
［57］ 何深静，钱俊希，徐雨璇等．快速城市化背景下乡村绅士化的时空演变特征［J］．地理学报，2012，67（8）：1044-1056.
［58］ 亨利·列斐伏尔．空间：社会产物与使用价值［M］//包亚明编．现代性与空间的生产．王志弘译. 上海：上海教育出版社，2003：47-58.
［59］ 亨利·勒菲弗．空间与政治［M］．第2版．李春译．上海：上海人民出版社，2008.
［60］ 胡宝哲．东京的商业中心［M］．天津：天津大学出版社．2001.
［61］ 黄杉，武前波，崔万珍．国内外城市综合体的发展特征与类型模式［J］．经济地理，2013，33（4）：1-8.
［62］ 季松．消费社会时空视角下的城市空间发展特征［J］．城市规划，2011，35（7）：36-42.
［63］ 简·雅各布斯．美国大城市的生与死［M］．金衡山译．南京：译林出版社，2005.
［64］ 简·雅各布斯．城市经济［M］．项婷婷译．北京：中信出版社，2007.
［65］ John Friedmann. 生活空间与经济空间：区域发展的矛盾［J］．戈岳译．国外城市规划，2005（5）：5-10.
［66］ John Perry Barlow. 网络空间独立宣言［J］．赵晓力译．互联网法律通讯，2004（2）：4.
［67］ 克里斯塔勒．德国南部中心地原理［M］．常政，王兴中等译．北京：商务印书馆，2010.
［68］ 孔翔，钱俊杰．浅析文化创意产业发展与上海田子坊地区的空间重塑［J］．人文地理，2011，26（3）：46-50.
［69］ 理查德·佛罗里达．创意阶层的崛起［M］．司徒爱勤译．北京：中信出版社，2010.
［70］ 李常生．东西方城市主流商业空间架构的比较分析与借镜——以杭州、台北、新加坡、洛杉矶为例［D］．南京：东南大学，2008.
［71］ 李程骅．商业新业态：城市消费大变革［M］．南京：东南大学出版社，2004.
［72］ 李蕾．开放下的聚合——城市综合体的规划布局设计解析［J］．城市规划学刊，2009（6）：84-92.
［73］ 林耿．居住郊区化背景下消费空间的特征及其演化：以广州市为例［J］．地理科学，2009，29（3）：353-359.
［74］ 林耿，沈建萍．大城市健身消费与地方建构［J］．地理学报，2011，66（10）：1321-1331.
［75］ 林耿，王炼军．全球化背景下酒吧的地方性与空间性：以广州为例［J］．地理科学，2011，31（7）：794-801.
［76］ 林耿，许学强．广州市商业业态空间形成机理［J］．地理学报，2004，59（5）：754-762.
［77］ 凌晓洁．城市综合体前期定位方法研究［D］．北京：清华大学，2008：6.
［78］ 刘贵文，曹健宁．城市综合体业态选择及组合比例［J］．城市问题，2010（5）：41-45.
［79］ 龙固新．大型都市综合体开发研究与实践［M］．南京：东南大学出版社，2011：8.
［80］ 龙固新．城市升级的引擎——全球都市综合体典型案例集［M］．北京：中国财政经济出版社，2009：95-114，196.
［81］ 吕拉昌，李永洁，刘毅华．城市创新职能与创新城市空间体系［J］．经济地理，2009，29（5）：710-751.
［82］ 迈克·费瑟斯通．消费文化与后现代主义［M］．刘精明译．南京：译林出版社，2000：69.

[83] 迈克·克朗．文化地理学［M］．杨淑华，宋慧敏译．南京：南京大学出版社，2005.

[84] 尼尔·寇，菲利普·凯利，杨伟聪．当代经济地理学导论［M］．刘卫东等译．北京：商务印书馆，2012.

[85] 宁越敏．城市地理学进展［C］//全国第一次人文地理学发展前沿沙龙论文集．南京，2003：51.

[86] 宁越敏．从劳动分工到城市形态——评艾伦·斯科特的区位论（二）［J］．城市问题，1995（3）：14-16.

[87] 宁越敏．上海市区商业中心区位的探讨［J］．地理学报，1984，39（2）：163-171.

[88] 宁越敏，刘涛．上海 CBD 的发展及趋势展望［J］．现代城市研究，2006（2）：67 -72.

[89] 宁越敏，武前波．企业空间组织与城市—区域发展［M］．北京：科学出版社，2011.

[90] 乔尔·科特金．新地理——数字经济如何重塑美国地貌［M］．王玉平等译．北京：社会科学文献出版社，2010.

[91] 乔治·里泽．麦当劳梦魇：社会的麦当劳化［M］．容冰译．北京：中信出版社，2006：21.

[92] 让·鲍德里亚．物体系［M］．林志明译．台北：台北时报出版社，1997.

[93] 让·鲍德里亚．消费社会［M］．刘成富，全志钢译．南京：南京大学出版社，2008.

[94] Scott A J. 创意城市：概念问题和政策审视［J］．汤茂林译．现代城市研究，2007（2）：66-77.

[95] Scott A J. 新城市经济：智力—文化的维度［C］//上海：华东师范大学大夏论坛，2007.

[96] 斯科特·拉什，约翰·厄里．符号经济与空间经济［M］．王之光，商正译．北京：商务印书馆，2006：30.

[97] Sharon Z. 张廷诠．城市文化［M］．杨东霞，谈瀛洲译．上海：上海教育出版社，2006：36.

[98] 石崧．城市空间结构演变的动力机制分析［J］．城市规划汇刊，2004（1）：50-52.

[99] 丝奇雅．沙森．全球城市：纽约、伦敦、东京［M］．周振华等译．上海：上海社会科学院出版社，2001：178.

[100] 斯蒂芬·迈尔斯．消费空间［M］．孙民乐译．南京：江苏教育出版社，2013.

[101] 唐晓峰，周尚意，李蕾蕾．“超级机制”与文化地理学研究［J］．地理研究，2008，27（2）：431-438.

[102] 王超．基于多目标平衡的商业综合体营建体系及实证研究［D］．杭州：浙江大学，2011.

[103] 王德，朱玮．商业步行街空间结构与消费者行为研究——以上海南京东路为例［M］．上海：同济大学出版社，2012.

[104] 王德．上海市消费者出行特征与商业空间结构分析［J］．城市规划，2001（10）：6-14.

[105] 汪明峰．城市网络空间的生产与消费［M］．北京：科学出版社，2007.

[106] 汪明峰，孙莹．全球化与中国时尚消费城市的兴起［J］．地理研究，2013，32（12）：2334-2345.

[107] 王欧阳．香港太古广场［J］．世界建筑，1991（3）：42-43.

[108] 王兴中等．中国城市商娱场所微区位原理［M］．北京：科学出版社，2009.

[109] 王桢栋．当代城市建筑综合体研究［M］．北京：中国建筑工业出版社，2010：23.

[110] 韦江绿，罗震东．基于高端时尚消费品销售空间的中国城市控制力结构研究［J］．地理科学，2012，32（2）：162-168.

[111] 武前波，黄杉，崔万珍．零售业态演变视角下的城市消费空间发展趋势［J］．现代城市研究，2013（5）：114-120.

[112] 武前波，宁越敏．西方城市消费文化理论及其对中国的启示［J］．中国名城，2008（2）：49-55.

[113] 吴郁文．广州市城区零售商业企业区位布局的探讨［J］．地理科学，1988，8（3）：208-217.

[114] 仵宗卿，柴彦威，张志斌．天津市居民购物行为特征研究［J］．地理科学，2000，20（6）：534-538.

[115] 谢晓如，封丹，朱竑．对文化微空间的感知与认同研究：以广州太古汇方所文化书店为例［J］．地理学报，2014，69（2）：184-198.

[116] 徐放．北京市的商业服务地理［J］．经济地理，1984（1）：40-46.

[117] 徐巨洲．探索城市发展与经济长波的关系［J］．城市规划，1997（5）：4-9.

[118] 薛东前，黄晶，马蓓蓓等．西安市文化娱乐业的空间格局及热点区模式研究［J］．地理学报，2014，69（4）：541-552.

[119] 薛凤旋．中国城市及其文明的演变［M］．北京：世界图书出版公司，2010.

[120] 杨保军．城市公共空间的失落与新生［J］．城市规划学刊，2006（6）：9-15.

[121] 杨保军．人间天堂的迷失与回归——城市何去？规划何为？［J］．城市规划学刊，2007（06）：13-24.

[122] 杨建军，朱焕彬．城市综合体建设的空间影响效应——以杭州市城市综合体建设为例［J］．规划师，2012，28（6）：90- 95.

[123] 杨吾扬．北京市零售商业与服务中心的网点的过去、现在和未来［J］．地理学报，1994，49（1）：9-15.

[124] 虞大鹏．自我的存在——限研吾设计的北京三里屯 SOHO［J］．时代建筑，2011（3）：92-97.

[125] 约翰·汉涅根．梦幻之城［M］．张怡译．上海：上海书店出版社，2011.

[126] 臧华，陈香．文化政策主导下的创意城市建设［J］．城市问题，2007（12）：22-27.

[127] 张红．房地产经济学［M］．北京：清华大学出版社．2005.

[128] 张鸿雁．“嵌入性”城市定位论——中式后都市主义的建构［J］．城市问题，2008（10）：2-9.

[129] 张鸿雁．城市文化资本论［M］．南京：南京大学出版社，2010.

[130] 张京祥，邓化媛．解读城市近现代风貌型消费空间的塑造——基于空间生产理论的分析视角［J］. 国际城市规划，2009，24（1）：43-47.

[131] 张敏，熊帼．基于日常生活的消费空间生产：一个消费空间的文化研究框架［J］．人文地理，2013（2）：38-44.

[132] 张庭伟．1990 年代中国城市空间结构的变化及其动力机制［J］．城市规划，2001，25（7）：7-14.

[133] 张威．商业模式下的 HOPSCA（城市综合体）设计——以宣城市星隆国际广场为例［J］．华中建筑，2012（12）：23-25.

[134] 赵弘．总部经济［M］．北京：中国经济出版社，2004：30.

[135] 郑也夫．后物欲时代的来临［M］．上海：上海人民出版社，2007.

[136] 郑也夫．消费主义批判［M］//浙江人文大讲堂（第二辑）．浙江：浙江科学技术出版社，2007：50.

[137] 中国大百科全书编辑部．中国大百科全书［M］．第 2 版．北京：中国大百科全书出版社，2011.

[138] 中国商业联合会、中华全国商业信息中心．2014 年度中国零售百强榜［Z］．2015.

[139] 周尚意，吴莉萍，苑伟超．景观表征权力与地方文化演替的关系：以北京前门—大栅栏商业区景观改造为例［J］．人文地理，2010，25（5）：1-5.

[140] 周尚意，杨鸿雁，孔翔．地方性形成机制的结构主义与人文主义分析：以 798 和 M50 两个艺术区在城市地方性塑造中的作用为例［J］．地理研究，2011，30（9）：1566-1576.

[141] 周素红，郝新华，柳林．多中心下的城市商业中心空间吸引衰减率验证——深圳市浮动车 GPS

时空数据挖掘 [J]. 地理学报，2014，69 (12)：1810-1820.

[142] 周素红，林耿，闫小培. 广州市消费者行为与商业业态空间及居住空间分析 [J]. 地理学报，2008，63 (4)：395-404.

[143] 周向频，吴伟勇. 从“大世界”到“新天地”——消费文化下上海市休闲空间的变迁、特征及反思 [J]. 城市规划学刊，2009 (2)：110-118.

[144] 诸大建，黄晓芬. 创意城市与大学在城市中的作用 [J]. 城市规划学刊，2006，161 (1)：27-31.

附录A　国内外城市综合体典型案例汇总

编号	项目名称	城市等级	城市区位	功能组成	建筑面积（万 m^2）	占地面积（hm^2）	建成年份	功能比例
1	美国纽约洛克菲勒中心	西方发达国家	中心区	C1、C2、C3	160	10	1940	C3 41%　C1 45%　C2 14%
2	美国纽约布鲁克林改造区	西方发达国家	中心区	C1、C2、C3、R2	79.6（A区）	68.5＋40	2003～2013	
3	法国拉德芳斯	西方发达国家	中心区	C1、C2、C3、R2、G1	597.3	750（先期250）	1958～1987	S3 7%　S1 9%　G1 4%　C1 34%　R2 15%　C2 31%
4	英国伦敦金丝雀码头	西方发达国家	中心区	C1、C2、C3、R2	100		1981～1998	
5	英国利物浦天堂大街	西方发达国家	中心区	C2、C3、R2、其他	23.4	19.99	2000～2008	R2 4%　其他 9%　C3 9%　C2 78%
6	德国柏林波茨坦广场	西方发达国家	中心区	C1、C2、C3、R2	120	50	1993～1998	
7	澳大利亚悉尼情人港	西方发达国家	中心区			53		
8	加拿大多伦多伊顿中心	西方发达国家	中心区	C1、C2、C3、S1	56		1977～1981	
9	加拿大多伦多湖滨区	西方发达国家	中心区	C2、C3、R2、G1		40.47	1992	
10	加拿大蒙特利尔玛丽城广场	西方发达国家	中心区		14	3	1962	

续表

编号	项目名称	城市等级	城市区位	功能组成	建筑面积（万 m^2）	占地面积（hm^2）	建成年份	功能比例
11	日本东京六本木	亚洲一线城市	中心区	C1、C2、C3、C7、R2、G1	75.91	11.5	1986～2003	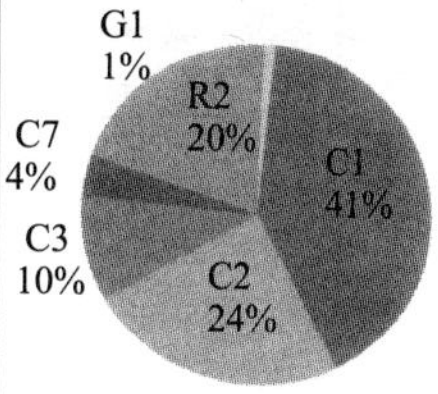 G1 1% R2 20% C7 4% C1 41% C3 10% C2 24%
12	日本东京中城	亚洲一线城市	郊区	C1、C2、C3、R2	57	10	2007	
13	日本东京阳光城	亚洲一线城市	郊区	C1、C2、C3		6	1980	
14	日本东京新宿区	亚洲一线城市	郊区	C1、C2、C3	200	16.4		
15	日本横滨未来 21 区	亚洲小城市	郊区	C2、R2、G1、T4	186		1986～2003	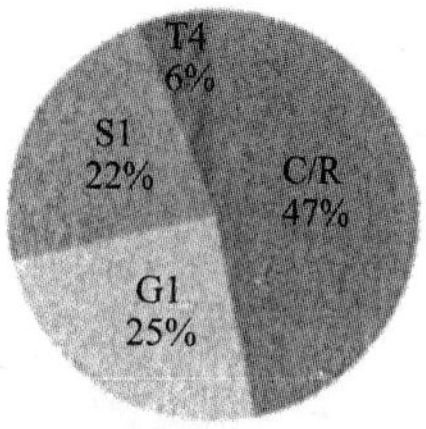 T4 6% S1 22% C/R 47% G1 25%
16	日本福冈博多运河城	亚洲小城市	中心区	C1、C2、C3、S3及其他	19 万 m^2	3.5 万 m^2	2002	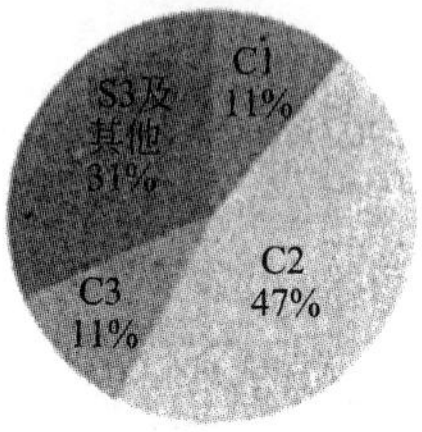 S3及其他 31% C1 11% C2 47% C3 11%
17	新加坡新达城	亚洲一线城市	中心区	C1、C2、C3	65		1984～1997	
18	泰国曼谷长春广场	亚洲小城市	中心区	C1、C2、R2	34		2002 年开业	
19	香港太古广场	亚洲一线城市	中心区	C1、C2、R2	145.11	46.5	1990	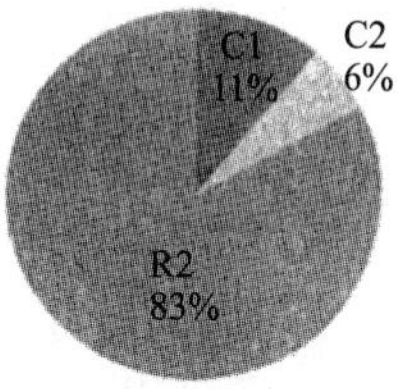 C1 11% C2 6% R2 83%
20	香港国际金融中心	亚洲一线城市	中心区	C1、C2、C3、S2	7.3（一期）	5.7（一期）	1998（一期），2003（二期）	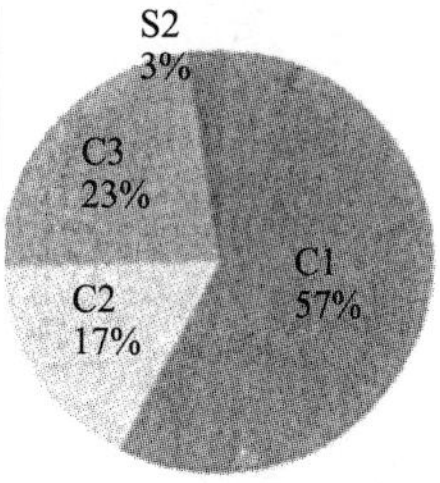 S2 3% C3 23% C1 57% C2 17%

续表

编号	项目名称	城市等级	城市区位	功能组成	建筑面积（万 m^2）	占地面积（hm^2）	建成年份	功能比例
21	香港地铁九龙站联邦广场	亚洲一线城市		C1、C2、C3、R2、T1	22（车站）	7.5	2010	
22	北京东方广场	中国一线城市	中心区	C1、C2、C3、G1	80	10	2001	
23	北京华贸中心	中国一线城市		C1、C2、R2	100	39	2007	
24	北京三里屯 village	中国一线城市	中心区	C2、C3、S3	17.2	5.3	2008（一期）、2009 年（二期）	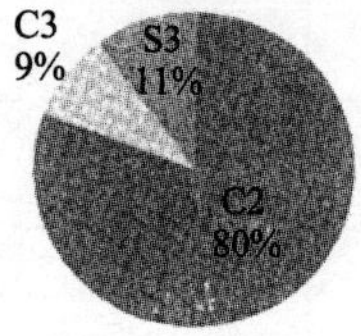 C3 9%; S3 11%; C2 80%
25	北京前门大街	中国一线城市	中心区	C1、C2、C3	6.6		2007～2009 年改造（一期）	
26	北京西单大悦城	中国一线城市	中心区	C1、C2、C3	20.5		2007	
27	上海浦东新鸿基 IFC	中国一线城市	中心区	C1、C2、R2	37		2010	
28	上海新天地	中国一线城市	中心区	C1、C2、C3、R2、G1	6	3	2001	
29	上海商城	中国一线城市		C1、C2	18.5		1990	
30	上海中信广场	中国一线城市	中心区	C1、C2	15	1.57	2010	
31	天津大悦城	中国二线城市	中心区	C1、C2、C3、R2	45	8.9	2001	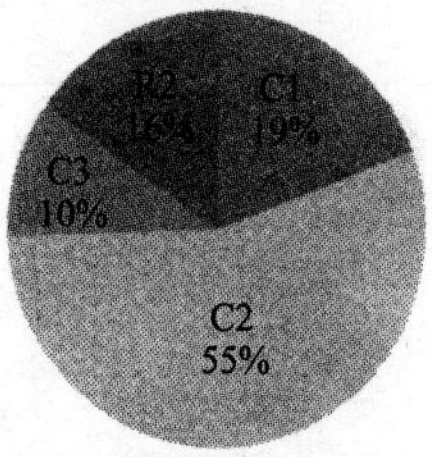 R2 16%; C1 19%; C3 10%; C2 55%
32	天津新意街	中国二线城市	中心区	C2、C3		52	2012	
33	广州中信广场	中国一线城市	中心区	C1、C2、C3	32	2.3	1997	
34	广州东莞华南 MALL	中国一线城市	郊区	C1、C2、C3、R2	89	45	2005	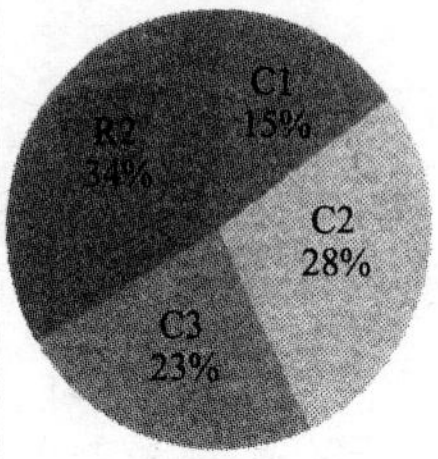 C1 15%; R2 34%; C2 28%; C3 23%

续表

编号	项目名称	城市等级	城市区位	功能组成	建筑面积（万 m^2）	占地面积（hm^2）	建成年份	功能比例
35	深圳信兴广场	中国一线城市	中心区	C1、C2、C3、S3	27	2	1996	S3 13%；C3 16%；C2 12%；C1 59%
36	深圳华润中心	中国一线城市	近郊区	C1、C2、C3、R2	55	10	2004	C1 15%；R2 26%；C2 30%；C3 29%
37	深圳中信广场	中国一线城市	中心区	C1、C2、S1、S2、S3	15	5.1	2005	S1 1%；S2 19%；C2 45%；S3 10%；C1 25%
38	成都宽窄巷子	中国二线城市	中心区	C2、C3	7	6.6	2004～2008	
39	济南恒隆广场	中国二线城市	郊区	C2、C3	25.6		2011	
40	杭州新天地	中国二线城市	中心区	C1、C2、C3、R2	115	56.7	2016	
41	杭州远洋·大运河商务区	中国二线城市	中心区	C1、C2、C3、R2	93	30	2017	R2 35%；C1 30%；C3 10%；C2 25%
42	杭州西溪天堂	中国二线城市	近郊区	C2、C3、R2、S1	30	26	2009	S1 30%；C2 39%；R2 20%；C3 11%
43	杭州新东站	中国二线城市	郊区	C1、C2 C3、T	40		2013	
44	杭州东部国际商务中心	中国二线城市	郊区	C1、C2、R2	25		2012	

续表

编号	项目名称	城市等级	城市区位	功能组成	建筑面积（万 m²）	占地面积（hm²）	建成年份	功能比例
45	杭州中国铁建国际城	中国二线城市	郊区	C2、C6	40	11	2011～2013	
46	杭州来福士广场	中国二线城市	郊区	C1、C2、R2	39		2012	
47	杭州万象城	中国二线城市	中心区	C1、C2、C3、R2	72		2010	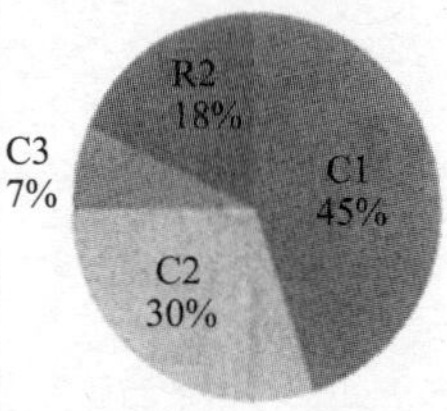 R2 18%; C1 45%; C2 30%; C3 7%
48	杭州杭氧杭锅	中国二线城市	中心区	C1、C2、C3	70	33	在建	
49	杭州银泰城	中国二线城市	郊区	C1、C2、C3、C4、S1	39		2009～2012	
50	杭州美达·北城天地	中国二线城市	中心区	C1、C2、C3、S1	13		2010	
51	长沙德思勤城市广场	中国二线城市	郊区	C1、C2、C3、C6、R2、G1、S3	100	37	2015	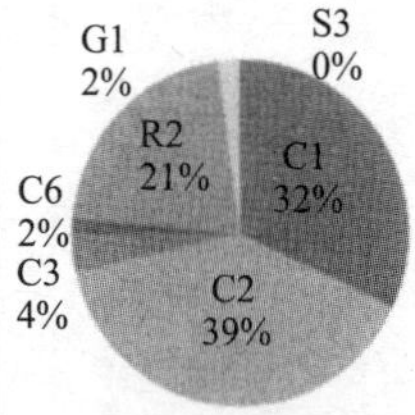 G1 2%; S3 0%; R2 21%; C1 32%; C6 2%; C3 4%; C2 39%
52	青岛宝龙城市广场	中国二线城市	郊区	C2、C3、R2	70	32	2009	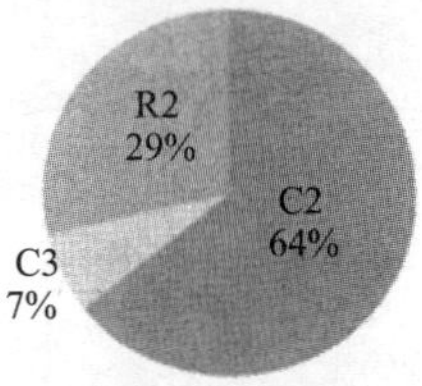 R2 29%; C2 64%; C3 7%
53	合肥信地城市广场	中国二线城市		C1、C2、R2、S3	100	28	2011	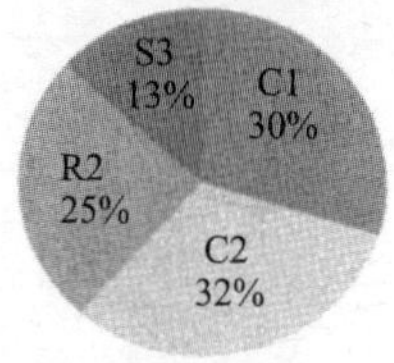 S3 13%; C1 30%; R2 25%; C2 32%
54	江苏昆山蝴蝶湾	中国三线城市	郊区	C2、C3、R2	122.5	71.78	2006	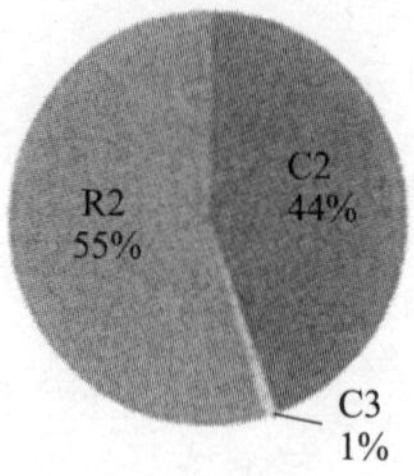 R2 55%; C2 44%; C3 1%

续表

编号	项目名称	城市等级	城市区位	功能组成	建筑面积（万 m^2）	占地面积（hm^2）	建成年份	功能比例
55	湖南岳阳天伦购物公园	中国三线城市	中心区	C2、R2、S2、S3	80	33	2012	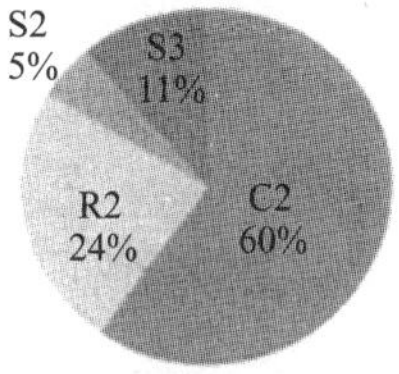 S2 5%　S3 11%　R2 24%　C2 60%
56	四川泸州城西城市综合体	中国三线城市	郊区	C1、C2、C3、R2	250	120	2016	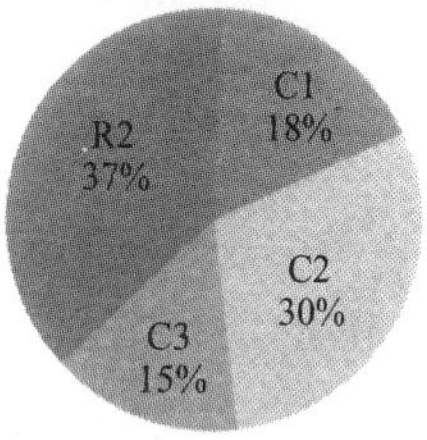 R2 37%　C1 18%　C2 30%　C3 15%
57	江苏溧阳上河城	中国四线城市	中心区	C2	18		2012	
58	合肥东方广场	中国二线城市	中心区	C1、C2、C3、S1	25	5.5	2010	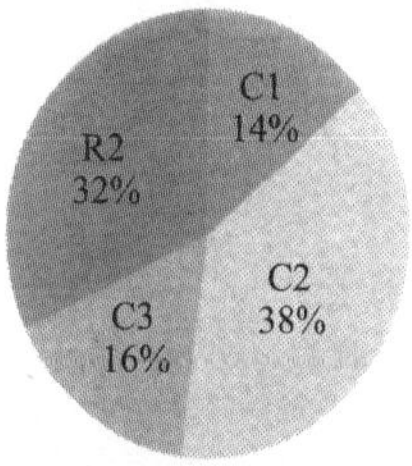 R2 32%　C1 14%　C2 38%　C3 16%
59	长沙中信广场	中国二线城市	中心区	C1、C2、C3、R2	225	165	2016	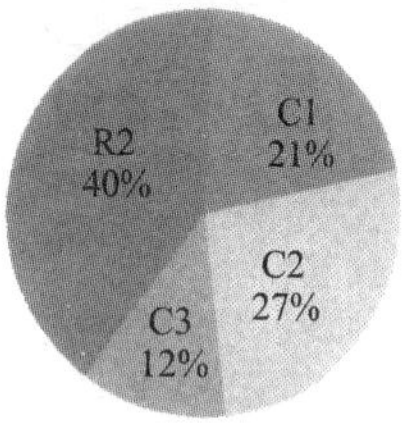 R2 40%　C1 21%　C2 27%　C3 12%
60	郑州宝龙城市广场	中国二线城市	郊区	C2、C3	25	19.34	2006～2008	
61	佛山东平广场	中国四线城市	近郊区	C1、C2、C3、R2、T2、其他	60	8.04	2011	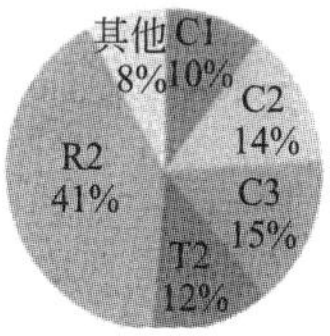 其他 8%　C1 10%　C2 14%　C3 15%　T2 12%　R2 41%
62	合肥包河万达广场	中国二线城市	郊区	C1、C2、C3、R2	70.4		2010	
63	济南魏家庄万达广场	中国二线城市	中心区	C1、C2、C3、R2	93	22	2010	
64	武汉积玉桥万达广场	中国二线城市	中心区	C1、C2、C3、R2	61		2012	

续表

编号	项目名称	城市等级	城市区位	功能组成	建筑面积（万 m^2）	占地面积（hm^2）	建成年份	功能比例
65	武汉菱角湖万达广场	中国二线城市	中心区	C1、C2、C3、R2、S1	51	9.47	2010	
66	湖北襄樊万达广场	中国三线城市	中心区	C1、C2、C3、R2	60	13.34	2010	C1 6%；C2 43%；C3 7%；R2 44%
67	北京(CBD)万达广场	中国一线城市	中心区	C1、C2、C3、S1	50	10	2006	

注：①各类综合体功能代码是依据城市规划用地分类代码划分，如 C（C1：商务办公；C2：商业零售；C3：酒店公寓），G 为绿地公园，R2 为住宅，S 为停车设施、广场，T 为交通枢纽，W 为仓储物流。②受数据获取限制，表中部分综合体的功能组成和功能比例相关信息并不完整，仅供作为定性判断参考。

附录 B　国内外典型综合体分类

一、商务办公综合体

该类综合体（代码：C1 型综合体）即为上述章节所提及的以写字楼为核心的综合体，可以细分为金融商务型、会展商务型、酒店商务型和总部商务型等（附表 B-1）。

商务办公综合体类型特征　　附表 B-1

主要类型	内涵特征	典型案例
金融商务型	位居国内外一线城市 CBD，以金融商务办公为主，汇聚国内外银行、保险、投资、证券等公司机构	纽约洛克菲勒中心、巴黎拉德芳斯、伦敦金丝雀码头、东京新宿副中心、香港国际金融中心、北京东方广场
会展商务型	位居国内外一线城市，以会展博览服务为核心，汇聚国内外大型贸易公司机构，成为采购商的贸易平台	上海中国博览会会展综合体、广州保利世贸中心、杭州奥体博览城
酒店商务型	以星级酒店、豪华公寓为中心，形成集办公、商场、展览、会所、休闲、娱乐等多种业态的城市综合体	横滨港未来 21 区、上海商城
总部商务型	位居国内外一线城市 CBD 或郊区总部基地，吸引并汇聚国内外 500 强及各行业大中型企业总部机构	纽约洛克菲勒中心、巴黎拉德芳斯、东京六本木、香港太古广场、北京华贸中心、上海浦东新鸿基、深圳信兴广场

代表案例：

1. 纽约洛克菲勒中心①

20 世纪最早出现的城市综合体之一，是当今世界上规模最为庞大的私人所有的商业、娱乐中心。它是一个集商业、娱乐和办公等城市功能于一体的大型建筑群。这个建筑在 1987 年被美国政府定为“国家历史地标”（National Historic Landmark），也是标志着现代主义建筑，标志资本主义的地标物。

洛克菲勒中心是历史上最浩大的都市计划之一，这块区域占地 22 英亩，由 18 栋建筑围塑出来的活动区域，对于公共空间的运用开启了城市规划的新风貌，完整的商场与办公大楼让中城区继华尔街之后，成为纽约第二个市中心。第五大道旁较为低矮的国际大楼缓缓起伏到第六大道旁最高的 GE 大楼（通用电气 69 层高楼），交错横贯之间的是供市民使用的广场（海峡花园“Channel Garden”、下层广场“Lower Plaza”等），这座城中城每天容纳上班、观光、消费的流量达 25 万人。

洛克菲勒中心在建筑史上最大的冲击是提供公共领域的使用，这种为普罗大众设计的空间概念引发后来对于“市民空间”（Civic Space）的重视，巧妙地利用大楼的大厅、广

---

① 内容主要参考：“洛克菲勒中心”维基百科，http://zh.wikipedia.org/wiki/%E6%B4%9B%E5%85%8B%E8%8F%B2%E5%8B%92%E4%B8%AD%E5%BF%83；“洛克菲勒中心”百度百科，http://baike.baidu.com/link?url=uZmsdraRc-Ff0OHcYECAbvZeUh2WoECx1T1kd8n8PjkFp2yn9DDcw6GmWgeFGkgT；图片来源为必应，http://cn.bing.com/。

场、楼梯间、路冲设计成行人的休息区、消费区，彻底落实为广大中产阶级服务的计划，建筑物不再是取悦上帝及皇帝的工具（附图 B-1）。

附图 B-1 洛克菲勒中心外观及主要室外公共空间

2. 巴黎拉德芳斯[①]

位于巴黎市的西北部，巴黎城市主轴线的西端。它既是巴黎市中心周围 9 个副中心之一，又是巴黎最大、最重要的商务、商业中心。该区的定位是工作、居住和游乐等设施齐全的现代化的商务区。法国最大的企业一半在这里，共 10 家；拥有欧洲最大的商业中心，包括很多的国际总部大厦；欧洲最大的公交换乘中心，RER 高速地铁、地铁 1 号线、14 号高速公路、2 号地铁等在此交会。

设计师把拉德芳斯广场和新区的代表建筑——大拱门建造在象征着古老巴黎的凯旋门、香榭丽舍大道和协和广场的同一条中轴线上，让现代的巴黎和古老的巴黎遥相呼应，相映生辉。经过 16 年分阶段的建设，拉德芳斯区已是高楼林立，成为集办公、商务、购

① 内容主要参考了“拉德芳斯”百度百科，http：//baike. baidu. com/view/1224444. htm？ fromenter＝%E6%8B%89%E5%BE%B7%E6%96%B9%E6%96%AF&enc＝utf8；图片来源为必应，http：//cn. bing. com/。

物、生活和休闲于一身的现代化城区。众多法国和欧美跨国公司、银行、大饭店纷纷在这里建起了自己的摩天大楼。面积超过 10 万 m^2 的“四季商业中心”、“奥尚”超级市场、C&A 商场等为人们提供了购物的便利。

拉德芳斯区交通系统行人与车流彻底分开，互不干扰，地面上的商业和住宅建筑以一个巨大的广场相连，而地下则是道路、火车、停车场和地铁站的交通网络（附图 B-2）。

附图 B-2 拉德芳斯中心外观及公共空间

二、商业零售综合体

该类综合体（代码：C2 型综合体）是指上述章节的以商业为核心的综合体，也可进一步细分为购物广场型、文化商街型、特色商场型、时尚街区型等（附表 B-2）。

商业零售综合体类型特征 **附表 B-2**

主要类型	内涵特征	典型案例
购物广场型	以商业购物为核心，集购物中心、商务办公、酒店公寓、休闲娱乐、餐饮美食为一体	多伦多伊顿中心、北京万达广场、上海恒隆广场、深圳华润中心、深圳中信广场、杭州万象城、东莞华南 Mall
文化商街型	围绕传统文化商业街区，以商业零售为主要业态，形成文化型、开放式商业综合体	利物浦天堂大街、悉尼情人港、北京前门大街
特色商场型	以商业零售为核心所形成的具有广泛影响力和吸引力的特色商场型购物综合体	伦敦西田购物中心、蒙特利尔玛丽城、日本福冈博多运河城
时尚街区型	将时尚文化作为定位标准，继承地方传统文化元素，涵盖商业零售、休闲娱乐各种业态	上海新天地、成都宽窄巷子、天津新意街

代表案例：

伦敦 Westfield 购物中心[①]

位于伦敦市哈默尔史密斯—富勒姆，由西田集团开发，耗资 16 亿英镑，于 2008 年

① 内容主要参考了“Westfield”百度百科，http://baike.baidu.com/view/4768086.htm；图片来源为必应，http://cn.bing.com/。

10 月 30 日开业。购物中心共有 5 层，以其庞大面积而闻名，共有零售面积 150000m²，相当于 30 个足球场地。在其开业时为英国第三大购物中心。拥有与众不同的设计师和高级品牌，伦敦 Westfield 购物中心提供了一站式购物体验。购物中心拥有来自 15 个国家的 265 家商店以及 16 个在英国从未出现的品牌。

伦敦 Westfield 购物中心是欧洲最大的市内购物中心，那波浪型的玻璃顶棚下令人惊喜地展现来自 15 个国家的 265 间零售商。其中最引人注目的是规模庞大的奢侈品部落（Luxury Village），这是一处奢华的天地，拥有超过 40 家国际最顶尖时尚和生活方式品牌。Westfield 购物中心 2008 年 10 月刚刚开业，但因其数量众多、包容万象的零售商和餐馆，再加上 70 多种礼宾服务，它已经成为伦敦最棒的消费体验场所。对任何想在同一个地方找到伦敦最佳商品的购物者来说，它是必到之处（附图 B-3）。

附图 B-3　伦敦 Westfield 购物中心外观及公共空间

三、酒店公寓综合体

该类综合体（代码：C3 型综合体）是指以酒店公寓、住宅别墅为核心的综合体，可进一步细分为主题酒店型、住宅公寓型（附 B-3）。

酒店公寓综合体类型特征　　附 B-3

主要类型	内 涵 特 征	典 型 案 例
主题酒店型	位居城市核心商圈或特色资源旅游区，以国际知名星级酒店、公寓为中心，综合商务、购物、会所、娱乐、餐饮等业态	上海商城、杭州西溪天堂、泰安蓬达国际度假酒店综合体
住宅公寓型	以住宅、公寓为核心，配套商业零售、商务办公、文化娱乐、生态公园等多种业态	多伦多湖滨区、成都龙湖时代天街、昆山世茂蝶湖湾

代表案例：

1. 上海商城（Shanghai Centre）①

位于上海市静安区中心，坐落于南京西路上，是一座集办公、剧院、酒店和商场为一体的综合性建筑。整个建筑内有 472 间豪华服务公寓，30000m² 的甲级写字楼，1 个城市

① 内容主要参考了“上海商城”百度百科，http://baike.baidu.com/view/569246.htm；波特曼设计事务所．上海商城［J］．世界建筑，1993（4）：42-43。

超市，3层高档商场，上海商城剧院，贸易展览中心，和1个五星级的酒店——波特曼丽嘉酒店。

2. 成都龙湖时代天街[①]

目前亚洲区域内规模最大、全球前三的一站式购物中心，成都最具投资价值的商业项目。项目占地458亩，总体量达到180万m^2，是超乎想象的超级商业综合体。时代天街位于成都主城区内唯一一个集中央居住区、中央教育区，国家保税区于一体的城市核心区——高新西区。

四、文化创意综合体

该类综合体是指以文化娱乐、创意产业为核心业态，涵盖商业零售、商务办公、文化体验、餐饮休闲、艺术展览等多样化内容，所形成的城市综合体（附表B-4）。

文化创意综合体类型特征 **附表B-4**

主要类型	内涵特征	典型案例
文化娱乐型	以文化体验、文化消费为主，包括休闲娱乐、购物餐饮、社交聚会等商业业态	北京三里屯Village、上海新天地、天津新意街
创意产业型	以文化生产、艺术创作为主，综合办公、零售、展览、休闲、娱乐等商务商业业态	纽约洛克菲勒中心、东京六本木、上海苏河湾、杭州LOFT49

代表案例：北京三里屯Village[②]

项目定位为潮流、时尚的文化、休闲、购物场所，抛弃传统商业模式，采用开放式的设计，集合了文化、休闲和购物的场所，成为北京潮流、文化、休闲的前沿地。

Village的定位是综合休闲娱乐区。它包括了世界一、二线知名品牌的旗舰店、各国美食以及独具特色的五星级精品酒店。Village的前身就是以前三里屯酒吧街的西区，作为北京使馆的核心，在过去十余年中，这里一直是各式中外酒吧、餐厅的云集之地。吸引着来自四面八方的艺术家、文人和游客。重建后的Village华丽变身，融合了世界各地的时尚、购物、音乐、商务和艺术，现已经成为北京一个地标式的时尚和现代的都市旅游景点，吸引着中外游客（附图B-4）。

项目由欧华尔顾问公司指导及日本前沿建筑设计师隈研吾领衔设计，三里屯Village的19座独立的建筑，采用了大胆的动态用色和不规则的立体线条，开放的空间加上点缀其中的花园、庭院，以及四通八达的胡同，营造出一种引人入胜的全新格局。在项目的创作中，隈研吾大量地运用自然材质，打造别具一格的空间感，使得三里屯Village从众多传统设计的购物中心里脱颖而出，成为北京城里的玩乐热点。

五、休闲旅游综合体

该类综合体（代码：C-G型综合体）是依托自然生态、历史人文或主题公园等特色旅

① 内容主要参考了“龙湖时代天街”百度百科，http://baike.baidu.com/view/4885703.htm。

② 内容主要参考了“三里屯Village”百度百科，http://baike.baidu.com/view/4861049.htm；虞大鹏．自我的存在——隈研吾设计的北京三里屯SOHO［J］．时代建筑，2011（3）：92-97。图片来源为必应，http://cn.bing.com/。

附图 B-4　北京三里屯 Village 外观及商业空间

游资源，融合商业零售、文艺表演、休闲娱乐、餐饮美食、酒店度假、公寓住宅等多种业态而形成的综合体（附表 B-5）。

休闲旅游综合体类型特征　　附表 B-5

主要类型	内涵特征	典型案例
主题公园型	以主题公园为业态核心，整合商业零售、休闲文娱、公寓住宅等多元化业态	香港迪士尼公园、深圳华侨城、天津华侨城
历史文化型	以历史文化资源为核心，根据不同定位所形成的商业零售、文化体验、餐饮美食综合体	北京前门大街、上海豫园、杭州良渚文化旅游综合体
自然生态型	以生态旅游资源为核心，涵盖住宿、休闲、度假、体验、购物、娱乐等多种业态	深圳东部华侨城、杭州西溪天堂、珠海海泉湾度假区

代表案例：杭州西溪天堂①

项目距离西湖不足 5km，距离市中心（武林广场）约 7.5km，项目占地面积 26hm^2，地上建筑总面积 15 万余平方米，项目总投资金额约 30 亿元人民币。西溪天堂定位为杭州国际旅游综合体，世界级的城市休闲和度假会议酒店群落。西溪天堂的整体构思即缘起于西溪湿地保护工程中配套停车场的概念，后演变成酒店加停车场的大型旅游公共服务中心，通过国际酒店咨询公司的可行性分析及开发团队的不断演进，建设性地提出酒店集群概念，随之演变成以国际酒店集群为核心，融合中国湿地博物馆、国际俱乐部、精品商业街、酒店式公寓、产权式酒店、旅游公共服务设施为一体的国际旅游综合体，与西溪国家湿地公园一起构成杭州作为国际知名休闲旅游城市的新平台（附图 B-5）。

① 内容主要参考了“西溪天堂”百度百科，http：//baike. baidu. com/view/9623424. htm；卞显红．基于自组织理论的旅游产业集群演化阶段与机制研究——以杭州国际旅游综合体为例［J］．经济地理，2011，31（2）：327－332。图片来源为必应，http：//cn. bing. com/。

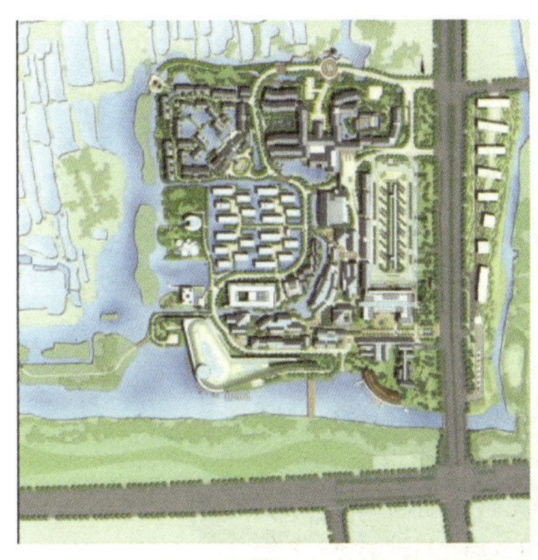

附图 B-5 杭州西溪天堂规划总剖面图及项目整体鸟瞰

六、交通物流综合体

该类综合体（代码：T 型综合体）依托城市交通枢纽、换乘集散地、轨道站点、物流基地等区位优势，逐步形成商务办公、商业零售、休闲娱乐、公寓住宅、商贸物流等多种业态的综合体（附表 B-6）。

交通物流综合体类型特征 附表 B-6

主要类型	内涵特征	典型案例
综合站场型	依托铁路站、航空港、港口、长途客运中心、旅游集散中心等，涵盖办公、零售、休闲、酒店、住宅等多种业态	香港地铁九龙站联邦广场、上海虹桥枢纽、佛山东平广场、杭州新东站
公交换乘型	以公交换乘枢纽或公交换乘中心为核心，包括商务、商业、酒店、公寓、会展等综合业态	巴黎拉德芳斯、上海人民广场
轨道站点型	依托轨道交通站优势，形成购物中心、商务办公、酒店公寓等生活综合体	香港太古广场、上海中山公园
仓储物流型	位居城市郊区，以物流基地为核心，涵盖商贸、物流、专业市场、大型仓储式购物中心等业态（代码：W 型综合体）	福州国际物流商贸城、杭州空港物流综合体、青岛新世纪物流综合体

代表案例：香港太古广场①

项目连接全部地铁站，包括香港和九龙地铁线的重要接驳点，面积超过 50 万 m^2，是全球最大的市区商业及零售商场之一。物业四周串联反射状的人行天桥，将不同功能、用途的物业贯穿，形成人流、物流、资金流共享互通（附图 B-6）。

太古地产于 2008 年开始耗资 21 亿港币的改建计划及翻新工程。其中酒店式住宅曦暹轩，改建为酒店“奕居”，提供 117 个房间，于 2009 年第四季落成。商场第一阶段翻新工程包括改装地下至二楼洗手间，以流线型木材创造波浪效果，拆卸第一期原有的升降机，并改建为贯穿地库停车场至四楼的透明升降机，以增加设施的互

① 内容主要参考了“太古广场”百度百科，http://baike.baidu.com/view/37020.htm?fromId=3116479；王欧阳．香港太古广场［J］．世界建筑，1991（3）：42-43。图片来源为必应，http://cn.bing.com/。

通性。此外，一期及二期地库各新建了一个停车场大堂，并有扶手电梯连接，令购物人士更加便利。

附图 B-6　太古广场外观

七、科教研发综合体

该类综合体（代码：C6 型综合体）依托大学城、职教城、大学科技园等科教与人才资源，涵盖科技、教育、研发、办公、商业、居住等多种业态，形成一种开放式大规模的生态型生活综合体（附表 B-7）。

科教研发综合体类型特征　　**附表 B-7**

主要类型	内涵特征	典型案例
大学园区型	以大学城或高教园区为核心，配套商业、办公、培训、酒店、艺术、展览、住宅等综合业态	杭州大学城高教综合体
科技研发型	以大学科技园或产业园为核心，包括产学研、商业、办公、咨询、设计、研发、酒店等业态	日本筑波中心、杭州浙大科技园综合体

代表案例：日本筑波中心①

1983 年 6 月完工，由日本著名建筑师矶崎新设计，是一个集文化娱乐、行政管理、商业服务和科技交流等为一体的群体建筑，也是日本 20 世纪 80 年代最成功的建筑作品之一。筑波中心大厦包括旅馆、市民会馆、音乐厅、信息中心、商业街等部分的复合建筑，位于筑波科学城中心。占地面积 $10642m^2$，总建筑面积 $32902m^2$。用地中心为椭圆形平面的下沉式广场，长轴与城市南北轴线重合，西北角有瀑布跌水，一直引入中心，两幢主体建筑成 L 形围合在广场东南侧。

八、体育运动综合体

该类综合体（代码：C4 型综合体）以大型体育运动设施为核心，包括购物、会展、赛事、文化、娱乐、休闲、酒店、餐饮等商业业态（附表 B-8）。

① 内容主要参考了“日本筑波中心”百度百科，http：//baike. baidu. com/view/620711. htm。

体育运动综合体类型特征 **附表 B-8**

主要类型	内涵特征	典型案例
体育休闲型	以体育文化为形象定位，综合商业、会展、休闲、娱乐、演出、比赛、酒店等多元业态	北京奥体文化综合区、杭州奥体博览城
运动场馆型	以运动场馆设施为依托，涵盖体育、运动、休闲、赛事等业态	南京奥体中心、济南奥体中心

代表案例：杭州奥体博览城①

杭州奥体博览城建设，是事关杭州经济社会发展的重大项目之一，是提高杭州市民生活品质的“民心工程”，是杭州发展现代服务业的“竞争力工程”，是加快滨江新城和钱江世纪城建设的“先导性工程”，是杭州从“西湖时代”向“钱塘江时代”迈进的标志性工程，是杭州市“十二五”城市建设发展的“亮点工程”。建设杭州奥体博览城，对于提高杭州市民的体育生活品质、文化生活品质、经济生活品质、环境生活品质都具有重大意义。建成后的奥体博览城，将成为具有时代特征、杭州特色、钱江特点，以体育和博览功能为主，集文化、商贸、旅游、居住、演艺、美食、休闲、度假、购物等功能的大型城市综合体，将成为杭州经济转型的新增长极。杭州奥体博览城规划总面积 583.89hm^2。其中，核心区面积 154.37hm^2，辐射区面积 429.52hm^2（附图 B-7）。

附图 B-7 奥体博览城规划设计及其效果图

九、健康医疗综合体

该类型综合体（代码：C5 型综合体）依托现有医疗保健机构或生态养生资源，整合各类健康医疗设施和发挥生态养生优势，逐步形成综合性医院、保健理疗中心、康复护理中心，配套各类商业零售、休闲娱乐、健身康体等公共设施（附表 B-9）。

健康医疗综合体类型特征 **附表 B-9**

主要类型	内涵特征	典型案例
医院疗养型	以城市中心各类医疗机构为依托，形成医院就医、康体保健、美容美体综合性服务中心	北京燕达国际健康城、南京医疗综合体
保健养生型	位居城市自然生态区，涵盖养生、健身、商业、休闲、度假、会所、别墅等多元化业态	北京 ONE 低碳养生综合体、绿城乌镇雅园

① 内容主要参考了“杭州奥体博览城”百度百科，http：//baike. baidu. com/link? url＝gTZGXyiDCd1vwpzxEkBd9 _ B1QItS6sIlZjRVwrJgJOhJp _ j _ zFupoGuXlvOvRrBtN6SbbtdUZBIU CqGaMz0z9 _ 。

代表案例：绿城乌镇雅园[①]

作为乌镇国际旅游区的重要组成部分，绿城乌镇雅园所处的综合性健康养生养老园区占地面积约 1km^2，规划养生养老、健康医疗和休闲度假 3 大主题，集养生居住区、颐乐学院、养老示范区、医疗公园、特色商业区和度假酒店区 6 大板块于一体。乌镇雅园总建筑面积约为 50 万 m^2，采用新民国建筑风格，以原生态自然景观加以江南园林式造林手法，诗情画意，师法自然。项目规划有单层别墅、多层公寓、小高层公寓等多种产品类型，主力户型以 50m^2、80m^2 和 110m^2 为主，全部绿城精装品质，营造舒适雅致居住氛围，轻松实现拎包入住。项目配套有建筑面积逾 2 万 m^2 颐乐学院，颐乐学院临摹古代书院布局形制，内有社区商业区、餐饮服务区、老年大学教学区、运动休闲娱乐区等完善功能，旨在为广大业主搭建圈层交友、健康向上、多姿多彩的生活平台，营造温馨舒适、开心乐观、悠然自在的生活享受。

① 内容主要参考了“绿城乌镇雅园”百度百科，http：//baike. baidu. com/view/10661171. htm。